BIBLIOTHÈQUE DES ACTUALITÉS INDUSTRIELLES — N° 141

MANUEL PRATIQUE

DE

DORURE, ARGENTURE

NICKELAGE

etc.

COLORATION DES MÉTAUX

PAR

J. GHERSI & P. CONTER

Édition française par

A. GAYET

Ancien Professeur de l'Université

PARIS

Librairie Bernard TIGNOL

PUBLICATIONS DE LA

LIBRAIRIE de l'ÉCOLE CENTRALE des ARTS et MANUFACTURES

53 bis, Quai des Grands-Augustins, 53 bis

MANUEL PRATIQUE

DE

DORURE, ARGENTURE, NICKELAGE

COLORATION DES MÉTAUX

BIBLIOTHÈQUE DES ACTUALITÉS INDUSTRIELLES, N° 141.

MANUEL PRATIQUE

DE

DORURE, ARGENTURE

NICKELAGE

COLORATION DES MÉTAUX

PAR

L. GHERZI et P. CONTER

TRADUCTION FRANÇAISE D'APRÈS LA DEUXIÈME ÉDITION ITALIENNE

PAR

A. GAYET

Ancien Professeur de l'Université.

PARIS

Librairie Bernard TIGNOL

PUBLICATIONS DE LA

LIBRAIRIE de l'ÉCOLE CENTRALE des ARTS et MANUFACTURES

53 bis, Quai des Grands-Augustins, 53 bis

MANUEL PRATIQUE

DE

DORURE, ARGENTURE, NICKELAGE

COLORATION DES MÉTAUX

INTRODUCTION

Lorsque la couche métallique qu'on se propose de réaliser, au moyen de l'électrolyse, doit être d'une certaine épaisseur et telle qu'on la puisse détacher de l'objet qui en est revêtu, on donne à la série d'opérations nécessitées par ce procédé artificiel de protection, le nom de *Galvanoplastie* (du grec : *plassein*, je forme).

Lorsque, au contraire, il s'agit de recouvrir un objet quelconque d'une couche très mince et adhérente d'un métal donné, soit dans un but de décoration artistique, soit simplement pour le garantir de toute altération possible, l'opération réalisée de la sorte prend le nom de *Métallisation* ou de *Galvanostégie* (du grec : *stégo*, je protège).

Les caractères physiques des métaux déposés, au moyen de l'électrolyse, dépendent de causes multiples, lesquelles varient d'influence suivant la nature du métal déposé.

Dans des conditions d'ailleurs égales, les résultats obtenus avec les divers métaux utilisés, sont des plus variables. C'est pourquoi, afin d'éviter ici toute répétition oiseuse, nous nous réservons d'indiquer, en traitant de chaque métal en particulier, les meilleures conditions opératoires pour obtenir des résultats satisfaisants.

L'opération dépend surtout de la nature du bain électrolytique, et de l'état matériel des surfaces qu'il s'agit de protéger.

C'est ainsi qu'une surface rugueuse réclame une rapidité de déposition inférieure à celle qui serait exigée par une surface lisse, bien qu'il s'agisse, dans les deux cas, d'obtenir une égale valeur du métal déposé.

En général, les dépôts galvanostégiques revêtent une apparence sensiblement identique à celle de la surface métallique sur laquelle ils sont appliqués ; c'est-à-dire qu'ils sont brillants ou ternes, suivant que la surface recouverte est lisse ou rugueuse.

Quant au degré d'adhérence, il est en raison directe du degré de polissage, ou du mode de décapage de désoxydation que l'on aura fait subir au métal, avant d'y appliquer le dépôt galvanique. Voilà pourquoi nous ne saurions trop insister sur la nécessité d'effectuer tel genre de polissage qui paraîtrait désirable, suivant le métal qu'on aura à traiter, et en s'entourant des précautions les plus minutieuses, ainsi que la pratique courante en a démontré la *nécessité absolue*, alors qu'il importe d'obtenir des résultats à tout prix satisfaisants.

Certains métaux, tels que le cuivre, l'argent et l'or, sont éminemment propres aux dépôts. D'autres, tels que le nickel, le platine, l'étain, le zinc, le plomb, le fer, le cadmium, etc., présentent, au contraire, de notables difficultés. Mais on a raison, d'ordinaire, de ces difficultés, grâce à des procédés extrêmement variables, empruntés tantôt à la chimie, tantôt à l'électricité, parfois à la mécanique, ainsi que nous le verrons au fur et à mesure des expériences que nous allons aborder.

La rapidité du dépôt dépend de l'intensité du courant employé, et celui-ci, de son côté, exerce la plus grande influence sur les propriétés de la couche déposée.

En général, un courant trop intense produit un dépôt pulvérulent. Un courant trop faible engendre, d'autre part, un dépôt granuleux ou cristallin, et même non métallique (sous-sel).

L'une des plus grandes difficultés que présentent la Galvanostégie et la Galvanoplastie, consiste précisément dans le réglage exact de l'intensité du courant et dans la proportion qu'il convient de lui donner pour l'adapter aux conditions variables du bain.

Il importe également de ne pas oublier que les résultats de l'électrolyse dépendent non seulement de l'intensité absolue du courant, mais encore de la surface des électrodes et de la distance qui les sépare. C'est pourquoi il est nécessaire d'indiquer avec précision, au cours des opérations, la valeur exacte de ces divers éléments : intensité, surface et distance.

La pureté du métal électrolytique dépend du degré de pureté des sels qui composent le bain électrolytique, mais surtout de la nature de ces mêmes sels.

Il est de toute évidence que si le bain électrolytique n'est pas en état de dissoudre les métaux étrangers contenus dans l'anode soluble, et faciles à déposer d'ailleurs, ceux-ci, à leur tour, ne sauraient être déposés intégralement sur le métal principal, et vice-versa.

Le revêtement métallique que l'on obtient par l'électrolyse est, dans la plupart des cas, de nature poreuse, en dépit de toute apparence contraire. Et c'est là pourquoi une telle opération ne saurait garantir de manière absolue le métal sous-jacent contre l'oxydation, défaut que l'on prévient ordinairement en ayant recours au procédé de dépôt par la fusion.

Néanmoins, les dépôts galvanostégiques sont couramment usités. Leur découverte a provoqué une véritable révolution dans nombre d'industries anciennes, et a donné naissance à nombre d'industries nouvelles, fort intéressantes.

Qu'il nous suffise de rappeler, en effet, les multiples applications de l'*argenture* ainsi que du *nickelage*, ces merveilleux procédés de préservation industrielle qui, en dehors de la durée presque indéfinie qu'ils semblent assurer aux instruments d'usage courant, ont réussi à faire pénétrer le luxe et l'hygiène parmi les classes sociales les plus humbles et les plus déshéritées.

Au point de vue purement industriel, les dépôts galvanostégiques se limitent aux métaux suivants : nickel, argent, or et cuivre. Quant au plomb, au zinc et à l'étain, ils ne viennent qu'en second lieu.

Relativement aux métaux qui ne figurent point dans l'énumération ci-dessus établie, ce n'est qu'à titre exceptionnel, et toujours dans des proportions notablement limitées qu'on les emploie à des dépôts galvanostégiques : tantôt à cause des difficultés qu'ils présentent (aluminium), tantôt par suite du petit nombre d'applications auxquelles ils ont pu donner lieu jusqu'à maintenant (fer, cobalt), tantôt, enfin, en raison de leur prix trop élevé (platine, palladium, iridium).

D'autre part, en ce qui concerne la question de revêtement, certains métaux, tels que le cadmium, l'antimoine et le bismuth, ne présentent que de faibles avantages.

Les opérations de galvanostégie sont, suivant les cas, avantageuses pour la petite industrie ou utilisables seulement pour la grande industrie.

C'est ainsi que l'*argenture* est susceptible d'un développement assez restreint dans la petite industrie, tandis qu'elle devient une source intarissable de profits pour les grands établissements industriels qui, au lieu de se borner à métalliser des objets empruntés aux industries voisines, fabriquent et argentent eux-mêmes les divers produits fabriqués par eux.

Le *nickelage*, par contre, se prête à n'importe quel genre d'industrie. Nous le voyons tantôt prospérer dans la grande industrie, lorsqu'il s'agit de revêtir des feuilles de zinc ou de cuivre propres à fournir de matière première l'industrie mondiale ; tantôt nous l'observons non moins prospère chez les petits fabricants qui pullulent de nos jours au sein de nos agglomérations européennes. Et c'est là surtout qu'il fournit un aliment continuel aux travaux que nécessitent tant d'industries grandes et petites, lesquelles, peu soucieuses de recourir à une coûteuse installation, procèdent ainsi avec facilité au nickelage de leurs divers produits. Non moins appréciable encore est le *nickelage* pour tout ce qui concerne les questions de réparation, si intéressantes pour les industriels.

Il importe de déclarer enfin que, de nos jours, le développement pris par les opérations de *nickelage* est tellement remarquable, qu'il est fort peu d'industries en état de se priver de ses inestimables ressources, si limitée d'ailleurs que soit leur production métallique.

Les dépôts à base d'or ne viennent qu'en troisième lieu, à cause du prix élevé de cette matière. Il convient de dire, toutefois, que ce genre de revêtement tend de plus en plus à se généraliser, à cause de l'extrême divisibilité de l'or, particularité qui le rend propre à être déposé en pellicules à peu près impalpables, ce qui fait qu'avec une quantité extrêmement réduite de ce précieux métal, on peut recouvrir une surface relativement importante.

Nous traiterons aussi des dépôts à base d'alliages, au nombre desquels le cuivre seul paraît susceptible d'applications industrielles intéressantes. Ce procédé de revêtement est employé spécialement pour les objets en zinc, ou pour les alliages de zinc, plomb, étain et antimoine.

Pareille observation peut être faite pour ce qui concerne le *bronzage*, bien que ce procédé de revêtement soit moins usité que le *cuivrage* sus-mentionné.

Pour conclure, nous allons établir, ci-après, les diverses conditions d'où paraît dépendre le plein succès des dépôts électrolytiques :

1° La force contre-électromotrice du bain ;

2° La résistance électrique du bain ;

3° L'intensité du courant.

La réalisation éventuelle de ces conditions indispensables s'obtient, dans la plupart des cas, au moyen d'un bain d'épreuve avec électrodes de quelques centimètres carrés de superficie, en ayant soin de faire varier l'intensité du courant grâce à un rhéostat, jusqu'à ce qu'on obtienne la proportion de dépôt voulue, dans un temps donné.

Afin de conserver à ce volume son caractère spécial, nous nous abstiendrons de décrire par le détail tous les générateurs de courant généralement usités. Nous avouerons seulement que, aussi bien pour le grand industriel que pour celui de moindre importance, il est préférable de réaliser une installation comprenant, en premier lieu, une dynamo actionnée par un moteur électrique avec rhéostat suffisant pour le réglage du courant ; en second lieu, des appareils de mesure : Voltmètre et Ampèremètre.

Grâce au courant d'origine mécanique, on arrive à éviter les nombreux inconvénients qui résultent de l'emploi de la pile, bien que ce dernier mode d'opération ne laisse pas d'être utilisable et ne donne d'excellents résultats dans nombre d'opérations particulières.

L'acquisition du matériel doit être effectuée auprès de maisons spéciales en état de garantir le bon fonctionnement des appareils fournis. Notre expérience personnelle nous autorise à ne conseiller l'emploi que d'une dynamo d'un voltage moyen. On pourra l'utiliser, dans ces conditions, pour des dépôts de n'importe quel métal.

CHAPITRE PREMIER

CUVES

Les récipients destinés à contenir des solutions mixtes de cyanure de potassium, doivent être de verre, de grès ou de terre émaillée; car si l'intérieur était enduit de n'importe quelle matière résineuse, celle-ci serait exposée à l'action corrosive du cyanure, et entraînerait par là la perte totale du bain.

Pour les bains de nickel de quelque importance, et destinés à être employés à l'état chaud, il faut avoir recours à des récipients munis de parois fort solides, et dépourvus de tout revêtement.

Pour les solutions de sulfate de cuivre acide, on a intérêt à se servir de grosses caisses de bois, consolidées extérieurement par des tirants en fer, et revêtues, à l'intérieur, de bitume.

Parmi tous les systèmes de récipients utilisés jusqu'à l'heure actuelle, dans la grande ou la petite industrie, il importe de signaler, pour son impeccable résistance, celui qui est, d'ordinaire, revêtu intérieurement de lames de plomb à soudure autogène. Revêtement qui est, à son tour, protégé soit par du bois, soit par toute autre substance résineuse ou non, suivant l'obligation où l'on est d'éviter de façon absolue tout contact immédiat avec l'anode ou la cathode. Certes, la dépense qu'impose le revêtement par le plomb n'est pas insignifiante; mais elle contribue à prévenir les multiples désagréments rencontrés par l'opérateur ordinaire. Notre expérience en la matière nous amène à déclarer qu'il n'existe aucun bois en état de résister à l'action corrosive des solutions électrolytiques. Il nous a été donné, en effet, de connaître certains industriels, et non des moindres, qui, pour éviter l'emploi relativement coûteux du plomb, se trouvaient contraints de vider leurs récipients, afin d'en renouveler le revêtement. De là, perte de temps et d'argent.

On conseille, à l'ordinaire, nombre de compositions aptes à recouvrir les parois internes des bains. Nous allons en faire connaître quelques-unes des meilleures.

1° Quand il s'agit d'un liquide non corrosif, on peut faire usage de caisses de bois blanc solidement clouées, en ayant soin d'interposer du papier ou du carton entre les parois ligneuses. On passe ensuite au minium l'extérieur de la caisse, et, après séchage complet de cette couche de peinture, on verse à l'intérieur du récipient de la paraffine bouillante, qui pénètre le bois et le papier de façon à en obstruer tous les interstices. On débarrasse finalement la caisse de l'excédent de paraffine, on la laisse soigneusement sécher, et l'on obtient ensuite de la sorte un bain parfaitement étanche ;

2° Une caisse en bois de chêne convenablement clouée est en état de résister à de longues expériences, si on a soin de l'enduire à l'aide de la composition suivante :

> Poix de Bourgogne . . . . 1.500 grammes.
> Vieille gutta-percha, en petits morceaux.   250   —
> Pierre ponce, en poudre fine.   750   —

On fait d'abord fondre la gutta, et, après l'avoir mélangée avec la ponce, on y ajoute, en dernier lieu, la poix.

Quand le mélange est liquide, on en revêt la caisse par couches successives. On prévient, d'autre part, toute rugosité, et l'on facilite la parfaite adhérence de cette composition, grâce à l'emploi d'un fer chaud. Le récipient ainsi préparé ne résiste pas néanmoins au bain de cyanure ;

3° Application, au pinceau métallique, de la composition suivante :

> Gutta-percha . . . . 1 gramme.
> Paraffine 1   —

Fondre le mélange au feu doux.

Le revêtement obtenu au moyen de cette composition, résiste aux alcalis et aux acides concentrés.

En repassant, à l'aide d'un fer chaud, le revêtement décrit ci-dessus, on obtient pour celui-ci tout le poli nécessaire ;

4° Faire fondre de la gomme élastique et de la gutta-percha dans le sulfure de carbone ; réduire cette solution à l'état semi-limoneux et l'étendre à l'aide d'un pinceau plat, en ayant soin d'en appliquer, dans les angles et les divers joints, une couche d'un centimètre d'épaisseur, afin d'obtenir une parfaite obturation ;

5° Mélanger à du silicate de potasse ou de soude, de la poudre très fine de pierre ponce, de manière à en former une bouillie que l'on puisse étendre soit à l'aide d'un fort pinceau, soit avec une truelle. Cet enduit, une fois sec, résiste parfaitement aux solutions acides et alcalines ;

6° Pour opérer le revêtement des petits récipients destinés à des opérations électrolytiques, on peut utilement employer un vernis de celluloïd qui se prépare en faisant macérer, pendant deux ou trois jours, des rognures de celluloïd dans l'acétone, ou dans l'acide acétique cristallisable, auquel on a soin d'ajouter une certaine quantité d'alcool à 40° ;

7° Pour obtenir des bains de faible importance, on peut faire usage de récipients en terre cuite, en verre ou en porcelaine, lesquels, bien que relativement chers et fragiles, sont parfaitement étanches et de nettoyage facile. Il importe, d'autre part, d'examiner si ces divers récipients ne sont pas fendillés, défectuosité qui doit les faire rejeter.

Vernis pour revêtement interne des cuves.

1° Pour revêtir l'intérieur des récipients destinés à contenir des solutions de bichromate de potasse et d'acide, on peut faire appel au procédé suivant, réalisé grâce à un mélange de :

Bitume de Judée	40	grammes.
Huile de lin	20	—
Essence de térébenthine	70	—

On opère la fusion de ce mélange à feu doux, en l'agitant avec précaution. Ce revêtement s'emploie d'habitude à chaud, en ayant soin, au préalable, de chauffer légèrement le récipient qu'on se propose de traiter.

Il faut surtout faire attention, au cours de l'opération, que le liquide n'entre pas en ébullition ;

2° Dans un récipient de fonte, contenant de quatre à cinq parties d'huile de coton, on verse graduellement vingt parties de plomb en fusion, tout en agitant sans cesse le mélange. Après complet refroidissement, on trouve environ dix-sept parties de plomb qu'il s'agit de refondre à nouveau et de verser dans l'huile, opération qu'il convient de répéter jusqu'à cinq fois de suite. L'huile devient alors de plus en plus épaisse et acquiert enfin la consistance ordinaire du vernis, ce qui la rend éminemment propre à résister aux acides.

Isolant pour récipient en bois. — On opère, à la température voulue, le mélange qui suit :

> Silicate de soude . . . . 1 gramme.
> Laque d'asphalte (bitume purifié) . . . . . 9 —

On applique ensuite à chaud ce mélange sur le bois. Grâce au refroidissement, cette sorte de vernis acquiert l'apparence d'un émail brillant, sans aucune trace de pores ni de craquelures, tout en offrant à l'usage la dureté du verre : particularité qui lui vaut de résister aux liquides corrosifs et de devenir ainsi un isolant de premier ordre.

Pâte plastique et résistante aux acides. — La composition de ce produit varie :

1° Suivant l'usage auquel on le destine ;

2° Suivant le degré de plasticité et de fusibilité qu'on désire obtenir.

Voici sa composition :

1° Huile de lin (crue ou cuite) ;

2° Gutta-percha ;

3° Résine ou gomme-laque ;

4° Asphalte.

Ce mélange doit être façonné à chaud et peut se prêter à n'importe quelle adaptation courante : plaques, cuvettes, accumulateurs, vases à piles, etc., etc...

On emploie également à cet usage une pâte de soufre, d'oxyde de fer et d'amiante. Le modelage doit en être opéré à chaud. Après complet refroidissement, cette pâte acquiert une certaine dureté et devient absolument inattaquable aux acides.

CHAPITRE II

MOULAGES

Stéarine. — Quand on a à traiter un modèle métallique, il faut, au préalable, le chauffer convenablement, et y appliquer ensuite la stéarine, en ayant soin qu'il ne reste point de bulle d'air adhérente au modèle. Cette épuration, pratiquée tant que la stéarine est liquide, se réalise à l'aide d'un pinceau. La plombagine ou la poudre de cuivre doivent être appliquées avant que le refroidissement de la matière ne soit complet, afin d'obtenir le degré d'adhérence voulu.

La stéarine est surtout employée pour le moulage des médailles et, en général, pour tous les objets qui réclament une certaine délicatesse d'exécution. Cette matière offre ceci de particulier que, étant donnée la contraction qu'elle subit au refroidissement, elle peut être employée utilement dans tous les cas où il s'agit d'obtenir une réduction quelconque d'un modèle donné. Pour ce faire, on n'a qu'à prendre des empreintes successives, d'après les reproductions galvaniques obtenues, et dont les proportions se réduisent graduellement, au fur et à mesure des diverses empreintes ainsi réalisées.

Étain. — On pose sur l'objet à modeler une feuille d'étain mince et lisse, en ayant soin de l'y appliquer fortement au moyen d'un tampon de cire à modeler. On retire ensuite la cire accompagnée de la feuille d'étain adhérente et pourvue elle-même de l'empreinte qu'il s'agissait d'obtenir dans ses plus délicats détails.

Après avoir mis le moulage en communication avec le pôle négatif d'une pile ou d'une dynamo, on l'immerge dans le bain de sulfate de cuivre. Cette méthode, qui rend inutile la métallisation préalable du moulage, est assez expéditive. De plus, elle n'amène pas la détérioration des objets et ne comporte aucun matériel spécial. Toutefois, elle ne peut être appliquée qu'aux seuls objets en état de supporter une certaine pression.

Alliages fusibles. — Quand on utilise les alliages fusibles à la confection des moulages, on est dispensé d'avoir recours à la métallisation, et l'on obtient l'avantage de pouvoir les relier facilement aux rhéophores. Ce qui leur permet de reproduire, avec la plus grande fidélité, les traits les plus délicats du modèle.

Voici la composition d'un alliage communément employé :

```
Bismuth.  . . . . . . . . . . . . 8 grammes.
Etain.  . . . . . . . . . . . . . 3   —
Plomb   . . . . . . . . . . . . . 5   —
```

Porter ce mélange à 94° et le verser en fusion dans un récipient plat de n'importe quelle nature. On le débarrasse ensuite soigneusement de toutes scories, et, lorsqu'il commence à se solidifier, on y laisse immerger le modèle, après l'avoir enduit légèrement d'huile. Au cas où l'immersion le demanderait on exercerait sur le modèle une forte pression, à l'aide d'une presse quelconque.

Colle ou Gélatine. — La colle ou gélatine est employée pour les objets à relief fortement accusé. On chauffe d'abord, au bain-marie, 400 grammes d'eau, en y ajoutant 50 grammes de sucre blanc, auquel, après solution complète, on ajoute 200 grammes de gélatine de première qualité. On parfait ce mélange au moyen de 5 grammes de tannin en poudre, en agitant le tout jusqu'à parfaite solution, à l'aide de baguettes de verre. La composition ainsi préparée présente une couleur incarnat prononcée ; grâce à son état de fluidité, elle peut pénétrer dans les plus fines entailles et se prêter à des empreintes excellentes.

Gélatine insoluble. — Prendre de la colle de belle qualité, y ajouter ensuite quelques gouttes de teinture de benjoin et faire dissoudre le tout au bain-marie. Après quoi, on corse le mélange par l'addition de quelques parties de résine fusible, avec — pour rendre le produit plus élastique — 2 pour 100 de glycérine, accompagnée d'une égale proportion d'alcool, propre à s'emparer de l'air contenu dans la solution. On laisse refroidir le mélange, puis on le refond au bain-marie, une ou deux fois s'il le faut. On obtient de la sorte une gélatine insoluble qui peut servir à des reproductions galvanoplastiques.

Cire. — Une matière à moulage généralement employée par les galvanoplastes, pour la reproduction des clichés ou compositions typographiques, se compose des produits suivants :

> Graphite en poudre . . . . 500 grammes.
> Paraffine 300   —
> Cire vierge 150   —

Voici comment on procède pour la confection d'un moulage, au moyen de ce produit. On étend tout d'abord la pâte de façon à former diverses feuilles que l'on traite au moyen d'un outil à satiner. On emploie ensuite ces feuilles à obtenir des empreintes négatives, grâce à l'intervention de la presse, et l'on applique, aussitôt après, de la plombagine dans les entailles, avant de passer le tout au bain de sulfate de cuivre. Ce procédé permet de reproduire, au moyen du cuivre, des pages entières de caractères typographiques, renforcés par l'addition du plomb et de l'antimoine.

CHAPITRE III

MÉTALLISATION DES SUBSTANCES NON CONDUCTRICES

Les objets ou les moulages composés de substances non conductrices de l'électricité, doivent être préalablement revêtus d'une couche très fine d'un produit bon conducteur, pour en prendre, par l'électrolyse, des empreintes variées; ou bien il faut les revêtir simplement, par voie électrique, d'une couche plus ou moins épaisse de métal.

Les substances ou les procédés auxquels on a recours, pour obtenir cette métallisation, sont de divers genres. Nous allons donner, à ce sujet, d'utiles indications pratiques :

1° Faire fondre du nitrate d'argent dans de l'alcool méthylique (esprit de bois) lequel a sur l'eau le grand avantage de s'évaporer rapidement et d'imprégner plus profondément l'objet de nature animale ou végétale qui contient toujours de l'air dans ses cellules. L'alcool ordinaire est plus coûteux et dissout moins bien le nitrate d'argent. En général, il suffit d'obtenir une solution à 10 pour 100, en y ajoutant 3 pour 100 d'acide nitrique, pour éviter la réduction du nitrate dans l'alcool.

Après une macération plus ou moins longue, suivant les cas, on met l'objet à égoutter, et puis on le fait sécher au moyen d'une rapide agitation de l'air. Tandis qu'il est encore humide, on aura soin de le baigner dans une solution ammoniacale. Quelques minutes suffisent pour la formation de l'azotate double d'argent ainsi que de l'ammoniaque, dont la réduction est d'ailleurs aisée à réaliser.

On sèche à nouveau l'objet à une température modérée, et, à ce moment, on a recours à l'intervention des vapeurs mercurielles. Dans une petite bassine à double fond, on place le mercure métallique et, au-dessous, de l'eau que l'on a soin de maintenir bouillante au moyen d'une flamme modérée. L'objet, maintenu à une faible distance de la surface du mercure, est complètement métallisé au bout de quelques instants. Il arrive parfois qu'il acquiert un brillant très vif, qui est dû à l'excès des vapeurs mercurielles.

Avec un peu d'habitude, on arrive facilement à connaître le moment précis où l'objet est prêt à être porté dans le bain. Il est bon d'effectuer ces opérations à l'air libre. Le procédé que nous venons de faire connaître est spécialement usité dans la préparation des objets fragiles et de délicate manipulation ;

2° On arrive à réaliser le dépôt d'une couche très mince de sulfure d'argent, sur un objet qu'on se propose de métalliser, grâce au procédé suivant :

On met à fondre *un* gramme de nitrate d'argent dans *deux* grammes d'eau distillée ; on y ajoute *deux grammes et demi* d'ammoniaque du commerce et *trois* grammes d'alcool absolu. On humecte légèrement, à l'aide d'un pinceau très fin, le moulage ou l'objet avec cette solution, en évitant avec soin tout excès de liquide pouvant obstruer les creux les plus délicats. Lorsque la couche déposée est à peu près sèche, on maintient l'objet sur un récipient d'où se dégage de l'hydrogène sulfuré, et l'on arrive ainsi à réaliser instantanément une couche délicate de sulfure d'argent qui se distingue, à la fois, par son reflet métallique et sa parfaite uniformité.

On laisse complètement sécher l'objet et, si les résultats obtenus semblent le réclamer, on répète l'opération ;

3° Trauttmann conseille l'usage du phosphore d'argent. Dans ce cas, l'objet est immergé dans une solution de phosphore et de nitrate d'argent véhiculée par une essence, celle de lavande par exemple ;

4° Falk recouvre l'argent par du collodion, de la gélatine ou de l'albumine contenant une solution de nitrate d'argent. On plonge ensuite l'objet dans une solution réductrice, afin de réduire l'argent.

Pour ce faire, on peut employer le sulfate de fer, l'acide pyrogallique, l'hydroquinone, l'iconogène, etc., etc... On peut également recouvrir l'objet de collodion iodé, le plonger dans une solution de nitrate d'argent, l'exposer à l'air et le soumettre ensuite à l'action d'une solution de sulfate de fer, qui fournit de la sorte un dépôt d'argent réduit et assez bon conducteur;

5° Conter, qui a véritablement industrialisé le cuivrage des fleurs décoratives, recommande de plonger les objets dans une solution alcoolique de nitrate d'argent, et de les soumettre ensuite à des émanations sulfureuses d'acide sulphydrique, dans un récipient exactement clos. Procédé excellent pour le traitement de n'importe quelle matière.

Dépôts métalliques sur verre et sur porcelaine. — La métallisation de la surface du verre ainsi que de la porcelaine constitue l'opération la plus difficile à réaliser. Une difficulté non moins grande découle du degré d'adhérence à rechercher entre la couche métallique donnée et les silicates alcalinoterreux des verres courants.

Hansen arrive à vaincre ces diverses difficultés, grâce à une solution d'or et de platine dans l'éther; solution que l'on rend visqueuse par une addition de soufre fondu dans de l'huile de paraffine. L'application se réalise au pinceau, ou bien par simple immersion.

Après avoir chauffé, au feu de moufle, les objets à traiter, on les recouvre d'une couche très légère d'or ou de platine. Sur ce genre de revêtement, devenu bon conducteur, il est d'ailleurs facile d'effectuer n'importe quels dépôts, par l'électrolyse, au moyen de tel métal donné.

Sherard Cowper Coles, de Londres, est arrivé à fabriquer des miroirs paraboliques, par le procédé suivant :

On exécute, tout d'abord, un moulage en verre à la surface duquel on dépose une couche d'argent préparée au moyen de la solution que voici :

Nitrate d'argent . . . . 2 grammes.
Potasse caustique. 2   —
Glucose 1   —

On fond tout d'abord le nitrate d'argent dans l'ammoniaque, puis on le précipite par la potasse, et l'on met ce précipité à fondre dans l'ammoniaque en y ajoutant le glucose. Une fois le moulage plongé dans le mélange que l'on vient de décrire, on obtient un dépôt d'argent qui se lave et s'essuie à l'aide du peroxyde de fer et du cotón. L'opération se termine par le bain électrolytique de cuivre.

Quand on a obtenu un dépôt d'apparence suffisante, on retire le moulage du bain, on en détache la plaquette de cuivre et on recouvre celle-ci d'une couche de palladium.

Les réflecteurs obtenus par ce procédé ont donné pleine satisfaction. Inférieurs, comme prix de revient, aux modéles précédemment usités, ils n'offrent point, peut-être, un égal degré de brillant dans l'argenture, mais ils ne ternissent jamais et sont doués, par ailleurs, d'un pouvoir de réflexion d'intensité constante.

CHAPITRE IV

POLISSAGE DES MÉTAUX

Aluminium.

1° Pour débarrasser l'aluminium en feuille des taches et des matières grasses qui le recouvrent, on le plonge d'abord dans la benzine ou dans l'essence de pétrole. Si l'on tient à voir prendre au métal un aspect de blancheur assez prononcé, il faut, au préalable, le plonger dans une solution concentrée de potasse caustique.

Le métal que l'on aura traité de la sorte, devra être ensuite introduit dans un mélange d'eau et d'acide azotique (deux tiers d'acide) en second lieu, dans une solution diluée d'acide azotique, et, finalement, dans un mélange, à parties égales, de vinaigre et d'eau. Après quoi, on lavera la feuille à l'eau pure et on la mettra à sécher dans de la sciure de bois chaude.

Si l'on désire que l'aluminium revête un degré de blancheur absolument remarquable, et propre à le rendre apte à la fabrication des objets de grand luxe, on aura recours à un mélange, à parties égales (au poids) d'huile d'olive et d'alcool, que l'on aura soin d'agiter fortement dans une bouteille, afin d'obtenir une parfaite émulsion.

On plonge le métal dans ce liquide, et l'on obtient aussitôt la blancheur et l'éclat qu'il importait de réaliser, sans avoir recours à un frottage excessif.

Afin de faciliter ces diverses opérations et de rendre l'aluminium aussi traitable que le cuivre, on en recouvre la surface avec un vernis composé de trois parties d'huile de térébenthine et une partie d'acide stéarique, ou bien avec un mélange d'huile d'olive et d'alcool. L'éclat voulu se réalise ensuite avec le brunissoir.

Si l'opération s'exécute à la main, on y emploie le pétrole, ou bien une mixture de deux cuillerées de borax dissous dans un litre d'eau chaude, avec addition de quelques gouttes d'ammoniaque.

Dans le polissage au tour, on aura soin de s'envelopper les doigts au moyen d'une flanelle de coton humectée de pétrole et tenue constamment en contact avec le métal.

2° On soumettra, d'autre part, la surface à brunir au polissage mécanique courant, puis on la plongera dans une solution à 1 pour 100 d'ammoniaque, avec ou sans addition de sel ammoniacal. La durée de l'immersion dans le bain doit varier suivant le degré de pureté de l'aluminium, ou l'intensité du reflet qu'on se propose d'obtenir, soit de une à trois heures.

La surface du métal acquiert, grâce à ce procédé, une couleur jaune plus ou moins teintée de brun, ou gris bleuâtre.

3° Le polissage de l'aluminium peut être également obtenu à l'aide d'une pâte composée de dix à quatorze parties d'oléine ou de une à deux parties de carbonate d'ammoniaque. On laisse reposer le tout pendant quelques jours, jusqu'à parfaite cessation de dégagement gazeux. On peut y ajouter une à deux parties de chaux éteinte, en poudre très fine, et de un quart à un cinquième de nitro-benzine.

Argent.

1° Eau un litre, sulfate d'ammoniaque 6 grammes, sel ammoniaque 10 grammes, crème de tartre 10 grammes, sel marin 10 grammes, alun 10 grammes.

Faire fondre les sels ci-dessus et porter le tout à l'ébullition. On plonge ensuite dans ce liquide, pendant quelques instants, les objets à polir. L'avantage de cette composition est de ne pas être nocive, ce qui ne laisse pas de se produire avec les composés à base de cyanure de potassium ;

2° Dans une quantité voulue de vinaigre, faire dissoudre :

50 grammes de crème de tartre, 50 grammes de blanc d'Espagne, 20 grammes d'alun, et passer le tout au tamis fin, pour en former une pâte que l'on mettra ensuite à sécher. Pulvériser cette composition, au fur et à mesure des besoins, et la réduire en bouillie, grâce à une addition d'eau convenable. Frotter enfin l'objet à polir, à l'aide d'une peau appropriée à cet effet;

3° Pour opérer le polissage à sec, on peut avoir recours au carbonate de magnésie, que l'on utilise au moyen d'une brosse ordinaire;

4° Au cas où un objet en argent présenterait une teinte noire persistante, plonger ledit objet, pendant un instant dans l'acide chlorhydrique bouillant, ou bien dans une solution de manganate de potasse, produits très efficaces pour faire disparaître les taches noires dues au sulfure d'argent.

On peut, également, faire usage des liquides suivants :

a. Sel marin.	35	grammes.
Alun	25	—
Savon	25	—
Eau.	2.000	—
b. Sel marin.	10	—
Crème de tartre.	10	—
Alun	10	—
Eau.	500	—

L'argenterie, que l'on mettrait à bouillir dans l'un de ces liquides, peut acquérir un lustre immédiat;

5° On peut utiliser aussi, dans ce but, l'hyposulfite de soude, que l'on emploie à l'aide d'un chiffon ou d'une brosse imprégnés de la solution saturée du sel ci-dessus, auquel on a eu soin d'ajouter l'une des poudres fines indiquées pour le polissage des métaux ;

6° On peut laver les objets à polir avec une solution de quatre ou cinq parties de carbonate de soude dans cent parties d'eau. Si l'on a des creux ou des entailles à traiter, on devra faire usage d'une brosse douce, et procéder ensuite à l'essuyage au moyen d'un morceau de toile sèche. Au cas où ce traitement resterait inefficace, on ferait un lavage avec une solution de cyanure de potassium ;

7° Voici la composition d'une bonne poudre à polir l'argenterie :

Carbonate de chaux (craie)	33 grammes.
Carbonate de plomb (céruse).	8 —
Carbonate de magnésie	3 —
Alun.	8 —
Silice	5 —
Peroxyde de fer	83 —

La poudre ci-dessus est des plus efficaces pour le nettoyage de l'argenterie, qui acquiert, grâce à elle, de la blancheur et de l'éclat.

Fer.

1° Un procédé excellent est celui qui permet de transformer l'oxyde de fer en sulfure double de soude et de fer, moyennant l'immersion des objets empreints de rouille dans une solution de penta-sulfure de soude. Bain qui doit se prolonger jusqu'au moment où le nettoyage à la brosse viendra démontrer l'efficacité du traitement en question.

2° Les objets débités en feuille ou sous forme de fils de fer, etc., peuvent être plongés, à fin de nettoyage dans de l'acide sulfurique étendu de vingt parties d'eau. On procède au lavage et l'on met à sécher dans la sciure. Après quoi, on plonge les objets pendant une ou deux secondes, dans l'acide nitrique, on les lave à nouveau à l'eau, puis on les sèche convenablement dans la sciure. On termine par un frottage énergique des pièces en traitement.

Cette méthode de polissage fournit, comme résultat, des surfaces presque aussi brillantes qu'une glace, ce qui ne pourrait être obtenu que difficilement par d'autres procédés.

3° La fonte et le fer se nettoient dans un bain formé de 10 litres d'eau et 800 grammes d'acide sulfurique concentré, dans lequel on aura fait dissoudre 60 grammes de zinc et 300 grammes d'acide nitrique.

La durée de l'immersion doit varier suivant le degré d'oxydation des surfaces métalliques à traiter.

On peut accélérer l'opération, en ayant soin de frotter, par

intervalles, les objets, au moyen de poudre de pierre ponce.
Quand on se trouvera en présence d'une forte couche de rouille
on emploiera, afin de ne pas attaquer la masse du fer, une solution concentrée de chlorure d'étain, puis on lavera les objets à
l'eau bouillante et l'on séchera finalement à la sciure.

4° Plonger l'objet en traitement dans une solution de chlorure d'étain presque saturée, et l'y laisser de douze à vingt-
quatre heures, suivant l'épaisseur de la rouille à détacher.

Cette solution ne devra pas contenir un excès trop élevé
d'acide, car, en pareil cas, le métal traité serait attaqué profondément.

Quand on aura retiré l'objet du bain, on devra, d'abord, le
laver à l'eau, puis à l'ammoniaque ; ensuite on finira par un
séchage rapide.

On obtient, de la sorte, un résultat comparable à l'éclat de
l'argent, que l'on atténuera, si l'on veut, par un frottage ration-
nel, afin de réaliser un aspect normal.

5° On pourra mélanger à de l'eau les substances suivantes,
pour en former une pâte :

> Cyanure de potassium . . . . 1 gramme.
> Savon blanc. 1   —
> Blanc d'Espagne 2   —

Frotter, avec cette pâte, les objets à traiter.

6° Voici, d'autre part, une recette assez semblable à la précédente et qui donne également des résultats satisfaisants :

> Cyanure de potassium. . . . . . . 25 grammes.
> Savon blanc 20   —
> Carbonate de chaux précipité . . . 55   —

7° Le pétrole et ses dérivés peuvent servir pour le nettoyage
des objets altérés par la rouille ; il suffit, pour cela, de frotter
convenablement ceux-ci à l'aide d'un chiffon imprégné de
pétrole.

8° On mélange, à parties égales, du tripoli et du soufre ; on y
ajoute quelque peu d'huile d'olive, et l'on obtient ainsi une pâte
couleur orange. Au moyen d'une peau, convenablement enduite

de ce mélange, ou bien encore avec une simple baguette de bois, on frotte le fer à traiter. Celui-ci acquerra aussitôt la netteté voulue, sans l'exposer aux stries qui résultent habituellement du papier émeri, ou d'autre matière analogue.

9° On peut nettoyer les objets rouillés avec de l'acide chlorhydrique, puis avec de l'huile contenant de la soude, enfin avec de la poudre de pierre ponce.

10° *Électrolyse*. — Les objets en fer que l'on désire recouvrir d'un revêtement métallique, soit par la galvanoplastie, soit par des procédés différents, devront être plongés dans une solution de sulfate ou de chlorure de fer, en ayant soin de les rattacher au pôle positif d'une source électrique dont le pôle négatif lui-même supportera une partie quelconque des objets à traiter.

Sous l'action du courant, l'électrolyse attaque et dissout la couche superficielle du métal au pôle positif, pendant qu'il se produit à la surface des objets rattachés au pôle négatif un dépôt d'égale quantité de métal. On aura donc provoqué, aux deux pôles, la formation d'une surface non oxydée et absolument polie.

Ce procédé est beaucoup plus économique que celui qui est dû au polissage des métaux par les acides.

Nickel.

1° Le nickel terni peut être ramené à son état normal, grâce au procédé qui suit : On mélange une partie d'acide sulfurique à cinquante parties d'alcool. On plonge ensuite les objets à polir dans ce liquide, de dix à quinze minutes ; on les place aussitôt après dans l'eau pure, pour les immerger enfin, durant quelques instants, dans l'alcool. On procède au séchage de rigueur dans la sciure de bois non résineux, ou bien on effectue l'essuyage avec un linge moelleux ou cotonneux.

2° On procédera au mélange des substances suivantes, que l'on réduira, par le broyage, en poudre très fine :

Potasse	1 gramme.
Craie	3 —
Tripoli blanc	2 —

Avant d'utiliser cette poudre, on aura soin de la convertir en bouillie, grâce à une addition convenable d'eau.

3° Lavage à chaud, au moyen de l'eau savonneuse, puis essuyage final soit avec un linge fin, soit (ce qui est préférable) avec une peau de chamois.

Or.

Or mat. — 1° On broie 90 grammes de chaux dans un mortier en porcelaine, en y ajoutant, au fur et à mesure, de l'eau, afin d'obtenir une sorte de bouillie fluide et parfaitement homogène. On verse cette bouillie dans une solution de quatre-vingts parties de bicarbonate de soude, à quoi l'on ajoute 20 grammes de sel marin dilué dans 3 litres d'eau. On agite le tout et on laisse reposer pendant quelques jours. Si l'on tient à conserver ce produit un certain temps, on aura soin de le mettre en bouteille, de boucher hermétiquement ce récipient et de le tenir en lieu frais. Les objets à polir, au moyen de ce liquide — que l'on agite avant l'usage — devront être placés dans une bassine et recouverts absolument par le bain.

On devra laisser le bain au repos durant quelques heures, puis on procédera au lavage des objets, on les passera ensuite à l'alcool et, finalement, on les séchera à la sciure.

2° On plonge les objets à traiter dans l'eau bouillante où l'on aura jeté quelque peu de sel ammoniaque. On aura soin de les retirer aussitôt de ce bain, puis de les essuyer avec du linge très fin, ensuite de les brosser au rouge anglais.

Le polissage des objets d'or et d'argent s'obtient également par la composition suivante : *poudre.* — On procède à une solution de fer dans l'acide chlorhydrique, on y ajoute de l'ammoniaque, puis on recueille ce précipité dans un filtre et l'on sèche le produit. L'évaporation devra être effectuée à une température telle que l'ammoniaque ne puisse se volatiliser.

Cuivre doré.

On confectionne une pâte très homogène et presque fluide, avec les matières suivantes :

Eau.	125	grammes.
Alcool.	50	—
Blanc d'Espagne ou craie très fine.	15	—
Carbonate de soude	7	—

On applique une couche de cette pâte sur l'objet à polir et on laisse sécher. On frotte ensuite les parties lisses avec un chiffon bien sec, ou mieux avec une peau de chamois, et les parties creuses avec une brosse douce.

Cuivre.

Voici diverses recettes de liquides efficaces pour le nettoyage du cuivre :

a.	Acide oxalique	20	grammes.
	Eau.	125	—
b.	Alun	8	—
	Acide sulfurique	60	—
	Eau.	125	—
c.	Acide oxalique	8	—
	Acide sulfurique	8	—
	Tuf fin.	64	—
	Eau.	1.000	—

Un procédé fort simple consiste à frotter fortement le cuivre avec une poignée de feuilles d'oseille sauvage et à laver ensuite à grande eau.

Les *serviettes magiques*, destinées au nettoyage du cuivre, se préparent avec de la toile de coton imprégnée de savon et de tripoli. Les doses propres à la confection de bandes de 40 centimètres sur 10, doivent être calculées comme suit : eau 10 grammes ; savon 2 grammes ; tripoli 1 gramme.

2° On dit grand bien d'une bouillie faite de son cuit, auquel on ajoute une légère quantité d'acide sulfurique, en ayant soin de mélanger le tout convenablement. Pour un litre de son, il faut une cuiller à soupe d'acide sulfurique. Au moyen de cette bouillie acide, on peut frotter les objets à polir jusqu'à parfait résultat, lequel n'est autre que la belle couleur rouge particulière au métal qui nous occupe. Ce résultat une fois obtenu, on lave à plusieurs reprises, dans l'eau pure, les objets divers en traitement, et on laisse refroidir les pièces ainsi préparées.

Alliages de cuivre.

1° *Recuit et dégraissage.* — On chauffe les objets à traiter sur un feu doux obtenu soit par la poudre de charbon, la braise, ou — ce qui vaut mieux — au four. Ce chauffage doit s'arrêter au rouge du premier degré. Quant aux objets délicats ou soudés, il convient, au contraire, de les faire bouillir dans une solution de potasse caustique mélangée à dix fois son poids d'eau ordinaire.

2° *Nettoyage.* — Le bain de désoxydation se compose de cent parties d'eau ordinaire et de cinq à vingt parties d'acide sulfurique à 66° B. On peut y plonger à chaud les objets qu'il s'agit de traiter, et les laisser dans le bain jusqu'à ce que leur surface accuse une teinte rouge d'ocre qu'il importait de réaliser.

Les objets dégraissés à la potasse devront être lavés et relavés à grande eau. A partir de ce moment, on ne devra plus y toucher avec les doigts; on devra procéder aux manipulations avec des manipulateurs de cuivre et, préférablement, de verre. Quant aux petits objets, leur maniement nécessite l'emploi des écumoires en porcelaine.

3° *Emploi de l'eau forte atténuée.* — On prépare une solution d'acide azotique très faible. On y plonge les objets et on les y laisse jusqu'à ce que la couche rouge disparaisse et laisse entrevoir, après lavage, une teinte métallique uniforme.

4° *Emploi de l'eau forte normale.* — Après avoir, au préalable, bien secoué et égoutté les objets en traitement, on les plongera dans un mélange composé de :

Acide nitrique à 36° B.	100 volumes.
Chlorure de soude	1 —
Suie calcinée (bistre)	1 —

Les pièces immergées ne devront séjourner que quelques secondes dans le bain, en évitant soit l'excès de chaleur, soit l'usage d'un bain trop froid. On procédera ensuite au lavage à l'eau froide.

5° *Emploi de l'eau forte au polissage ou au dépolissage.* — Les pièces qui devront acquérir un vif éclat, seront plongées, pendant une ou deux secondes, tout en les agitant convenablement, dans un bain froid de :

Acide nitrique à 36°	100 volumes.
— sulfurique à 66°	10 —
Sulfate de cuivre	1 —

Au sortir de ce bain, on passera les objets traités à l'eau forte, en répétant cette opération s'il le faut.

Si l'on désire obtenir un aspect *mat*, le bain devra se composer comme suit :

Acide nitrique à 36° B.	200 volumes.
— sulfurique à 66° B.	100 —
Sel marin	1 —
Sulfate de zinc.	1 à 5 —

La durée du bain variera de trois à vingt minutes, suivant le degré de *matité* qu'il importe d'obtenir. On lavera ensuite à grande eau. Les objets retirés du bain présentent tout d'abord un aspect terreux fort désagréable ; mais, en les immergeant rapidement dans le bain précédent (N° 1) et, en les lavant ensuite promptement, on obtiendra la disparition de la teinte terreuse en question.

6° *Emploi de l'azotate de mercure.* — On plonge, pendant une ou deux secondes, les objets dans un bain de :

Eau	10 litres.
Azote de bioxyde de mercure . . .	10 grammes.
Acide sulfurique.	20 —

On agite vivement ce mélange avant de s'en servir.

Tout objet mal nettoyé présentera, au sortir du bain, des taches de diverses nuances et n'offrira, d'autre part, qu'un très faible éclat métallique. Il est préférable, en toutes circonstances, de sacrifier un bain jugé trop vieux, que d'en renouveler les éléments.

Les objets que l'on aura passés, de la sorte, au nitrate de mercure, devront être lavés à grande eau, avant d'être soumis aux opérations de dorure ou d'argenture.

Autre procédé. — Le bichromate de potasse mélangé à deux fois son volume d'acide sulfurique, et dilué au moyen d'un égal volume d'eau, constitue un excellent détersif pour le bronze et le cuivre, qui deviennent susceptibles d'acquérir, par ce moyen, un éclat remarquable.

Il faut éviter avec soin l'usage de la sciure de bois pour effectuer l'essuyage des objets qui devront être ultérieurement soumis à la coloration chimique ou galvanique. En effet, la sciure contient généralement des poussières ou des résines qui altèrent la surface du métal, et cela est d'autant plus à craindre que l'habitude où l'on est de chauffer la sciure, avant de l'utiliser, accroît sensiblement le danger que nous signalons. Ce danger découle de l'excès de résine que l'exsudation ne manque pas de développer pendant le chauffage.

On pourra, toutefois, parer à cet inconvénient, en ayant recours à la sciure de bois non résineux, tels que le buis, l'acajou, etc.

Laiton, bronze et similaires.

1° Le bichromate de potasse, mêlé à deux fois son volume d'acide sulfurique, et dilué dans une égale quantité d'eau, constitue un excellent détersif pour le bronze et le laiton, auxquels il rend rapidement l'éclat et le poli nécessaires.

2° Plonger les pièces à nettoyer dans un bain composé de :

Eau.	1 gramme.
Acide sulfurique	1 —
— nitrique	3 —

Prolonger l'immersion jusqu'à complet nettoyage. On extraira ensuite rapidement les pièces et les lavera à la hâte à l'eau pure et froide. Le séchage devra être effectué à la sciure de bois chaude. Ce procédé permet d'éviter toute déperdition, et assure le contact parfait avec les matières traitées.

Pour les petits objets de laiton, cuivre ou métal blanc, on aura recours au composé suivant :

Acide sulfurique à 66° B . . . . 50 parties.
— nitrique à 36° B . . . . 100 —
Sel marin . . . . 1 —
Noir de fumée . . . . 1 —

On obtient encore un résultat plus certain, grâce au procédé qui suit. On dégraisse tout d'abord le métal, en le plongeant dans une solution chaude de soude caustique à 10 pour 100, puis on frotte à l'aide d'une brosse métallique imprégnée du liquide ainsi préparé.

Si l'on a affaire à des objets délicats, on devra recourir à un mélange de craie à polir et de chaux vive, à parties égales, qu'on appliquera prudemment en se servant de la solution de soude citée plus haut. On lavera ensuite les pièces à grande eau, en les plongeant dans le bain décrit ci-après :

Acide nitrique à 36° B . . . . 200 parties.
Sel marin . . . . 1 —
Noir de fumée . . . . 2 —

Prolonger l'immersion jusqu'à complète disparition des taches, laver ensuite les pièces à grande eau, les plonger dans l'eau bouillante aussitôt après, et finir par le séchage voulu. On terminera l'opération par un bain supplémentaire composé de :

Acide nitrique à 40° B . . . . 75 parties.
— sulfurique à 66° B . . . . 100 —
Sel marin . . . . 1 —

Il est de toute importance que les objets soient complétement secs avant d'être plongés dans le bain qui vient d'être décrit. Pour finir, on les lavera à l'eau froide, puis dans une solution de crème de tartre et, finalement, dans l'eau bouillante. L'essuyage devra être pratiqué à la sciure, et le séchage nécessaire au feu doux.

<h3 style="text-align:center">Étain.</h3>

Parmi les divers agents chimiques propres à déterger l'étain par la réduction de l'oxyde qui, d'ordinaire, le recouvre, les plus communément employés sont le chorure de zinc, le chlorure d'ammoniaque et la colophane.

On pourrait employer, avec un égal avantage, le borax, la soude, la potasse caustique, etc.

Il résulte des études publiées, à ce sujet, par Léo Vignon, que le meilleur dissolvant pour les oxydes des métaux communs, est le chlorure de zinc. Son action est précieuse non seulement quand on est en présence de soudures ou étamages, mais aussi du zingage du fer ainsi que des divers cas où la détersion des surfaces métalliques est due à l'intervention du feu.

Métal anglais.

On doit faire appel, pour traiter le métal anglais, à un mélange de tuf et de savon noir. La poudre de chaux éteinte donne également de bons résultats.

Zinc.

Pour le zinc, une simple préparation mécanique doit suffire.

Monnaies et médailles.

1° *Pièces d'argent*. — On prépare un bain composé d'acide sulfurique, une partie, et d'eau ordinaire, neuf parties. On y laisse plonger les pièces aussi longtemps que le réclame la disparition des traces de sulfure constatées, ce qui nécessite un bain de cinq à six minutes environ. On les retire ensuite et les plonge dans de l'eau pure ; après quoi on les savonne fortement à l'aide d'une brosse de bijoutier suffisamment douce. Quand le nettoyage paraît assez bien réalisé, on plonge à nouveau les pièces dans l'eau, on les essuie avec un linge moelleux et l'on finit l'opération par un polissage complet à la peau de chamois essentiellement neuve.

2° *Pièces de cuivre*. — Quand les pièces de cuivre ne sont point recouvertes de patine, on peut les traiter ainsi qu'on l'a fait pour les pièces d'argent ; mais au cas où ces pièces seraient bronzées, le moindre contact avec l'acide en altérerait le bronzage. On arriverait néanmoins à restituer partiellement celui-ci par un frottage au linge exécuté légèrement.

On pourra traiter ces pièces par un bain de benzine et un savonnage consécutif à la brosse douce, opération qui est semblable à celle que nécessitent les pièces d'argent.

Si les pièces à traiter n'offrent pas un degré d'altération trop prononcé, il est préférable de les frotter à la peau, tout simplement. Si, parfois, la substance cuivrée se trouvait mise à nu en certains points — ce qui arrive assez souvent pour les parties saillantes — il faudrait recourir à l'usage de la brosse dure, la passer préalablement sur de la cire jaune, la plonger ensuite dans un mélange de poudre impalpable d'ocre rouge et de plombagine, puis effectuer le frottage des pièces ou des médailles avec grand soin.

Il ne faudrait pas croire, néanmoins, que ces divers procédés soient de nature à restituer aux pièces en traitement l'aspect primitif qui les caractérisait à l'origine. On arrive seulement à une suffisante amélioration de leur éclat.

3° On peut réaliser également le but poursuivi, surtout quand il s'agit de vieilles médailles, en laissant celles-ci dans le jus de citron jusqu'à totale disparition des traces d'oxydation, ce qui réclame, en général, vingt-quatre heures. Toutefois, une immersion plus prolongée n'exposerait à aucun inconvénient regrettable.

Pour le nettoyage efficace des vieilles médailles de bronze fortement oxydées, il suffit de les plonger dans une solution de :

Acide oxalique . . . . 5 parties.
Acide sulfurique à 66° B . . . . 3 —

Si l'on voulait, ensuite, leur rendre un certain éclat, on n'aurait qu'à les frotter à l'aide d'un chiffon imprégné de la solution précédente, avec addition de tripoli, ou bien en faisant intervenir l'une des nombreuses pâtes préparées à cet effet par le commerce courant.

Bijoux.

Liquide apte à nettoyer la bijouterie dorée. — La plupart des praticiens ont recours à une solution, convenablement diluée, de cyanure de potassium, sans se préoccuper autrement de la teneur en sel de cette substance. Il peut néanmoins en résulter quelque inconvénient, car si la solution est trop concentrée, elle attaque le métal et le dépouille assez vite du dépôt qui le recouvre, ordinairement fort délicat. Si la solution, par contre, est trop faible, elle n'arrive pas à réaliser les fins qu'on se propose.

Voici un liquide dont la composition a paru donner toute satisfaction aux intéressés qui l'ont employé :

Cyanure de potassium. . . . . 30 grammes.
Hyposulfite de soude 20   —
Eau. . . . . 1 litre.
Ammoniaque liquide en quantité suffisante pour
    rendre le mélange non alcalin.

La solution s'effectue à froid et se conserve en bouteilles soigneusement bouchées. Quand on veut l'employer, on la verse dans un récipient de terre vernie et l'on y plonge les bijoux à nettoyer jusqu'à parfait résultat. On procède ensuite à un lavage dans l'eau pure et à l'essuyage final à l'aide d'une toile fine et moelleuse.

Il importe absolument que le bain recouvre complètement les objets immergés ; car si cela n'était pas réalisé, il se formerait, au niveau d'immersion, une ligne brune sur les objets en traitement et l'on aurait grand'peine à la faire disparaître.

Pâtes à polir les métaux.

1° Acide oxalique . . . . 30 grammes.
   Tripoli. 180   —
   Huile d'olive 30   —
   Eau pure en quantité suffisante.

Appliquer le mélange ci-dessus sur l'objet à polir et frotter au moyen d'une flanelle ou d'une peau moelleuse jusqu'à parfaite satisfaction.

2° Acide nitrique . . . . 5 grammes.
   Huile de stéarine 5   —
   Colcotar 5   —
   Noir animal. 9   —

Additionner ce mélange d'une légère quantité d'alcool, avant de s'en servir.

3° La pâte que voici est très employée :

Eau régale	25 parties.
Huile de stéarine	25 —
Colcotar	25 —
Noir animal.	45 —

Ce mélange pâteux doit être dilué, au préalable, par une légère addition d'alcool, afin d'obtenir le degré de fluidité voulu pour toute application efficace. Celle-ci se réalise au moyen d'un pinceau, après évaporation de l'alcool. On frotte ensuite les surfaces métalliques à l'aide d'un mélange sec composé de quarante-cinq parties de noir animal et vingt-cinq parties de colcotar.

Les parties métalliques traitées par ce procédé acquièrent un beau poli.

4° La pâte suivante ne contient aucune trace d'acide ; c'est pourquoi elle n'attaque pas le métal, auquel, d'ailleurs, elle communique un aspect irréprochable de netteté. On taille, à cette fin, en légers morceaux, 50 grammes de savon de coco et l'on en confectionne, à chaud, une bouillie très dense au moyen d'eau de source. Après complet refroidissement, on y mélange autant que possible intimement :

Rouge anglais.	5 grammes.
Carbonate d'ammoniaque	1 gr. 5

Conserver ce mélange en vase bien clos.

Polissage mécanique.

Pour communiquer aux métaux un beau poli, ou leur assurer un lustre suffisant, on emploie d'ordinaire des tours spéciaux, actionnés par un mouvement de rotation très rapide et ne donnant pas moins de 2.000 à 2.500 tours à la minute. Il existe diverses variétés de ces tours, suivant l'usage auquel on les destine ou l'importance des industries qui les utilisent. On les actionne ordinairement soit par des transmissions mécaniques, soit à l'aide de moteurs électriques dont l'axe, prolongé d'après des calculs exacts, permet d'assujettir à ses extrémités les diverses pièces qu'on se propose de traiter mécaniquement.

Les brunissoirs que l'on fixe d'ordinaire sur les tours, sont en bois très dur et recouverts, à la périphérie, d'une bande de cuir enduite avec une pâte composée d'une fusion de colle Givet, à laquelle on incorpore de l'émeri en grains de grosseur variable, suivant le degré de brunissage que l'on désire obtenir.

Lorsqu'il s'agit de traiter des surfaces présentant de fortes rugosités, l'opérateur doit faire intervenir l'usage de l'émeri en gros grains. Après quoi l'on passera à un second traitement à l'émeri de moyenne grosseur. Cette seconde intervention de l'émeri devra être effectuée dans le sens *opposé*.

Pour fixer l'émeri à gros grains, on enduit le cuir d'une couche de colle très dense et, tandis qu'elle est encore chaude, on y répand la poudre d'émeri, qui doit être bien sèche.

Quant à l'émeri de moindre grosseur, on l'ajoutera directement à la colle, avant d'appliquer celle-ci sur le cuir. Opération qui exige, d'ordinaire, l'emploi de trois couches consécutives, séchées *chaque fois* au four avec le plus grand soin.

Avant de commencer le polissage du métal, on doit avoir soin de graisser le brunissoir au suif, et d'obtenir que la couche d'émeri soit mise en contact avec un corps dur, destiné à abattre les aspérités trop vives de l'émeri auquel on a recours.

Le polissage du fer et de l'acier nécessite l'usage de l'émeri, que l'on emploie successivement dans l'ordre inverse de la finesse du grain. On sait, à cet égard, qu'il en existe trois sortes dans le commerce. Lorsque le métal à traiter présente des piqûres d'une certaine profondeur, on a recours à de petits brunissoirs en peau de phoque, du diamètre de 2 à 10 centimètres, enduits convenablement de colle et d'émeri, et fixés sur le tour. Quand on traite des alliages de cuivre et de laiton, on commence par l'emploi de l'émeri de grosseur moyenne, et l'on achève le polissage à l'aide d'un tampon de fort drap.

Le laiton, le métal blanc et le cuivre laminé se polissent à l'émeri très fin, avec usage final du drap à frotter. Pour obtenir des surfaces d'aspect absolument impeccable, il faut imprégner le drap à frotter de suif, de stéarine et de chaux.

Quand les métaux sont retirés d'un bain galvanique, on les polit au tour revêtu de drap ou de feutre. Il ne faut pas, en pareil cas, se préoccuper trop vivement du degré de faiblesse relative de la patine déposée par l'électrolyse.

Les objets qui ont été soumis au polissage mécanique doivent être convenablement dégraissés, soit en vue du nickelage, soit qu'on veuille les conserver en l'état réalisé par le premier nettoyage. Dans ce but, on les frotte à l'essence de pétrole et on les plonge ensuite, pendant quelques instants, dans une solution bouillante de soude caustique à 10 pour 100. On procède finalement à un lavage ordinaire et on termine l'opération du dégraissage au moyen d'une pâte composée, à parties égales, de chaux à peine éteinte et de craie à polir.

On lave ensuite à grande eau et l'on procède, pendant quelques instants, à une immersion des objets en traitement dans une solution de cyanure de potassium (5 pour 100). On répète soigneusement ce lavage, avant de procéder aux opérations de coloration industrielle.

Au cas où l'on tiendrait à conserver les pièces traitées de la sorte, en leur état de polissage courant, il faudrait les plonger dans l'eau bouillante, les sécher ensuite à la sciure de bois et les exposer à un feu suffisamment doux.

CHAPITRE V

DORURE

Dorure galvanique. — L'or est un des métaux les plus aptes
à revêtir les autres métaux, car il unit à l'inaltérabilité qui le
caractérise et à sa belle couleur, une extrême divisibilité.

Outerbridge a pu constater qu'on arrive, pour l'électrolyse, à
en déposer une pellicule d'une épaisseur de 0.000.025 millimètres, tandis que l'or battu atteint seulement une limite de
0.000.065 millimètres. Une pareille pellicule galvanique, examinée
au microscope, se présente sous un aspect parfaitement continu
et offre l'apparence véritable de l'or dans toute son étendue. En
dissolvant le cuivre, sur lequel la pellicule est venue se déposer,
au moyen de l'acide nitrique, on peut isoler ladite pellicule, qui
est transparente et offre ce ton *vert* qui est caractéristique de l'or.

Récipients. — Comme les bains destinés à la dorure fonctionnent pour la plupart à chaud, il y faut employer des récipients
en fer verni, ou bien en terre vernissée ou encore en verre,
plongés dans l'eau chaude ou soumis à un bain de sable.

Pour les bains à froid, on a recours à ces mêmes récipients,
ou bien aux récipients en bois revêtus intérieurement d'un
revêtement de caoutchouc ou de gutta-percha.

Composition des bains. — 1° La meilleure composition, pour
un bain de dorure, est celle où entre le cyanure double d'or et
de potasse. On peut la préparer par voie chimique, mais il est

peut-être préférable de recourir à l'électricité, procédé qui n'expose pas le préparateur à une perte d'or aussi sensible. Voici comment on opère :

On dissout tout simplement du cyanure de potassium dans l'eau distillée, grâce à un récipient de terre et moyennant la proportion suivante : quatre-vingt-cinq à cent-soixante-dix parties pour mille parties d'eau. On plonge dans le liquide deux grandes électrodes en plaquettes d'or pur, et l'on fait passer le courant de trois éléments Leclanché, en agitant le liquide jusqu'à ce qu'une cathode de packfung bien nettoyé et brillant, substituée brièvement à celle d'or, reçoive une couche d'or satisfaisante. Pendant l'opération, la température doit être maintenue environ à 65°.

2° On obtient également un bon bain en faisant dissoudre : 10 grammes de cyanure de potassium dans 150 grammes d'eau, en ajoutant à cette solution décantée 1 gramme de chlorure d'or.

Pour maintenir invariable le degré de saturation, on place au pôle positif une feuille d'or pur.

Grâce au bain ci-dessus, on obtient un dépôt de couleur jaune d'or pur. Si l'on tient, au contraire, à réaliser la nuance d'or cuivré, qui est plus commune, on préparera le bain comme suit :

Chlorure d'or	2 grammes.
Cyanure de cuivre.	2 —
Cyanure de potassium	20 —
Eau	500 —

On verse la solution chaude dans le récipient et, quand elle atteint 40°, on y plonge les objets à dorer pendant dix secondes à peine. Quant aux gradations diverses à observer, la pratique seule l'indique.

3° *Bain Kick* :

Chlorure d'or.	20-30 grammes.
Cyanure de potassium.	1.000 —
Eau distillée	20 litres.

On y ajoutera un peu de potasse caustique ;

4° *Bain Crooks*. — On dissout un kilogramme de cyanure de potassium dans un litre d'eau distillée ; puis, à part, on fait dis-

soudre 70 grammes d'or dans l'eau régale ; on évapore au bain-
marie la solution acide jusqu'à siccité et l'on dissout le chlorure
d'or qui s'est formé dans l'eau distillée. On y ajoute ensuite la
solution de cyanure et on dilue le tout à l'eau distillée.

On peut aussi préparer un excellent bain d'or, en dissolvant
du cyanure de potassium dans l'eau distillée et en y plongeant
deux feuillets d'or par que l'on reliera aux pôles d'une pile. On
laisse fonctionner celle-ci pendant un ou deux jours, jusqu'à ce
que le bain contienne une quantité d'or suffisante. Voir les ins-
tructions du bain nᵒ 1.

Comme le cyanure de potassium du commerce n'est pas toujours d'une égale pureté, il en faudra plus ou moins, suivant le
degré de pureté qu'il offre : particularité qui ne nous permet pas
de fixer d'une manière absolue les proportions exigées par les
formules spéciales qui nous occupent. Il faut, pour résoudre ces
difficultés, s'en remettre à la pratique ;

5ᵒ On fait dissoudre une partie de chlorure d'or dans cinquante
parties d'eau distillée ; à part, on dissout quatre parties de carbonate de potasse cristallisé dans cinquante parties d'eau ; et,
enfin, on fait une troisième solution avec dix parties de ferro-
cyanure de potassium et cinquante à soixante parties d'eau
distillée.

A la première solution, on ajoute la seconde, jusqu'à ce que
l'effervescence cesse ; on ajoute ensuite à la solution d'or celle
de ferro-cyanure et on chauffe jusqu'à l'ébullition, ajoutant goutte
à goutte la solution de carbonate de potasse qui aurait pu rester.
On laisse refroidir le liquide, on décante et on filtre.

Pour la dorure à chaud, on peut employer les bains suivants :

a. Chlorure d'or	18	grammes.
Cyanure de potassium	30	—
Carbonate de potasse.	15	—
Eau	10	litres.
b. Chlorure d'or	10	grammes.
Chlorure de potasse	10	—
Bisulfite de soude.	150	—
Phosphate de soude	500	—
Eau	10	litres.

Ces bains sont spécialement indiqués pour l'argent, le cuivre et tous les alliages riches en cuivre.

Pour le fer, la fonte et l'acier, on emploie cet autre bain :

Chlorure d'or.	20 grammes.
Cyanure de potassium.	10 —
Phosphate de soude	1.200 —
Bisulfite de soude	1.200 —
Eau.	10 litres.

La température du bain ne doit pas, au cours de l'opération, excéder 80°. La force électro-motrice du courant est suffisante à deux volts, et l'intensité par mètre cube de suface de cathode à dix ampères.

Marche de l'opération. — La dorure galvanique se fait à froid ou à chaud ; pour les objets de grandes dimensions, il est plus commode de l'effectuer à froid, mais, à égalité d'épaisseur, on obtient moins de vivacité dans la coloration, et la dorure est moins solide.

Au début, il importe que le dépôt soit lent, autrement il se produit une coloration rouge fort désagréable ; le courant, d'autre part, ne doit pas être *trop* faible, car, en pareil cas, on n'arriverait à recouvrir que les parties faisant face à l'anode.

Généralement, on emploie le courant fourni par deux couples Bunsen de dimension proportionnée à l'ampleur de la surface à dorer.

Comme l'anode ne se dissout pas assez rapidement dans le bain pour en maintenir constante la richesse en or, il faut y ajouter de temps à autre du chlorure d'or et du cyanure de potassium.

Il faut ensuite retirer l'anode du bain, quand le circuit est ouvert, car, sans cette précaution, elle continuerait à se dissoudre.

Quand on opère à chaud (50 à 80°) on peut faire usage d'anode insoluble en platine ; les objets sont alors suspendus à un petit crochet et agités continuellement dans le bain, afin que toutes leurs surfaces soient en contact avec le liquide.

Le courant doit avoir une faible intensité et peu de force électro-motrice. On obtient un bon dépôt avec un ampère par dix décimètres cubes de surface à dorer, et une différence de potentiel de un demi-volt entre l'anode et le cathode.

Quelques minutes suffisent pour avoir une bonne dorure ; une telle rapidité d'exécution constitue même une difficulté dans la pratique, car il faut prendre de grandes précautions afin d'assurer le succès immédiat de l'opération.

Dans un bain contenant 1 gramme d'or par litre, on arrive à déposer 25 centigrammes par heure et par décimètre cube.

On éprouve parfois quelque difficulté à effectuer la dorure des parties creuses de certains objets. En pareil cas, il faut polir à nouveau les pièces à la brosse mécanique et ajouter au bain un peu de cyanure de potassium. On agitera ensuite les anodes et l'on établira un courant un peu plus énergique.

Si l'on avait à dorer des objets en cuivre et d'autres en argent, on aurait soin de les dorer séparément, en commençant par les objets en argent.

Les bains nouveaux ne donnent parfois aucun résultat, quoiqu'ils n'aient tout d'abord aucune altération. En pareil cas, on retire les objets du bain, et l'on prend, en guise de cathode, un simple fil de cuivre entortillé à un anneau de dimension proportionnée au récipient, et on le plongera au fond du bain.

On établira le courant, en ayant soin d'immerger peu profondément l'anode. Au bout d'une demi-heure environ, le fil sera doré. Alors, on le remplacera par quelques petits objets à dorer, et, graduellement, on augmentera ainsi le nombre et la surface des objets en traitement. Le bain ne tarde pas, alors, à devenir apte à un fonctionnement normal.

L'observation qui a déjà été faite, à l'égard de la présence du cyanure de potassium libre, dans les bains d'argenture, peut être renouvelée en ce qui concerne les bains de dorure. Si le bain en contient trop, l'anode peut être rongée, même à circuit ouvert.

Si l'anode se couvre d'une croûte, le bain manque de cyanure ; si, au contraire, elle noircit et dégage des gaz, le bain contient peu d'or. On peut remédier à pareil inconvénient, en remplaçant l'anode par une autre de plus grandes dimensions.

Dorure des métaux.

Fer. — Pour dorer le fer et l'acier, on les revêt au préalable d'une pellicule de cuivre dans un bain alcalin, car ni l'or, ni l'argent n'adhèrent solidement au fer ou à l'acier tout convenablement nettoyés qu'ils soient. A la place du cuivrage, on peut faire usage, après avoir bien nettoyé les objets, d'un frottage convenable à l'aide d'un amalgame de soude.

Sprague indique cet autre procédé : faire dissoudre séparément 1 gramme d'argent et un gramme de mercure dans une quantité d'acide nitrique strictement nécessaire. Cet acide devra être dilué à froid par le mercure. On mélange ensuite les deux solutions, en ajoutant de l'acide nitrique en quantité suffisante pour que le fer soit légèrement attaqué. Les objets à dorer ou argenter, plongés dans ce liquide, se couvrent d'une poudre brune ; en les frottant à la brosse, dans l'eau même, ils acquièrent du brillant. A ce moment, on les introduit dans le bain de dorure ou d'argenture, et à peine les voit-on se couvrir d'or, on les retire, les lave, les sèche et les chauffe à environ 200°. Ensuite, on les polit mécaniquement, et, enfin, on les remet dans le bain de dorure pour achever le revêtement.

Pour la dorure du fer et de l'acier, on emploie le bain même qui a été décrit pour le cuivre et ses alliages, mais dilué. Voici la composition qui donne les meilleurs résultats :

Bain ordinaire pour dorure . . . . . . 20 parties.
Eau. 80   —
Cyanure de potassium. 1   —

On emploie ce bain à une température moins élevée que l'autre, avec courant moins intense.

Pour les objets de laiton, pacfung, etc..., on peut avoir recours à un bain de concentration moyenne.

Aluminium. — 1° On recouvre d'abord les objets d'une mince couche de cuivre, en se servant d'un bain composé de :

Eau. . . . . 100 grammes.
Sulfate de cuivre 1   —
Acide nitrique à 36° B. 60   —

Si l'on emploie des feuilles soudables, le cuivrage peut être effectué à courant faible, dans un bain alcalin composé de :

Ammoniaque	17,8 grammes.
Acétate de cuivre	31 —
Cyanure de potassium	14,5 —
Sulfate de soude	26,5 —
Eau	1 litre.

Ce dernier procédé doit être préférable à tout autre, car, grâce à lui, on peut obtenir une notable épaisseur de cuivre, sans que ce dépôt soit exposé à s'exfolier, ainsi que cela arrive avec les bains acides ;

2° Tout récemment Wagner, de Berlin, a essayé de surmonter les difficultés auxquelles on s'est heurté jusqu'à présent, dans les opérations de revêtement électrique de l'aluminium à l'aide d'autres métaux. Il a fait appel, dans ce but, à un revêtement préalable au moyen d'un amalgame d'argent. Pour réaliser cette opération, on plonge les objets, pendant une ou deux minutes, dans un bain bouillant de cyanure doublé d'argent et de mercure. L'amalgame qui s'y précipite préserve l'aluminium de toute action qui influencerait le cyanure de potassium et augmente la conductibilité électrique. Les objets ainsi préparés doivent encore être revêtus d'une légère couche de zinc, avant de subir le cuivrage, la dorure ou l'argenture ;

3° Le bain suivant s'emploie tiède et n'exige pas le cuivrage préalable de l'aluminium :

Eau	500 parties.
Chlorure d'or	15 —
Sulfate de soude	10 —
Phosphate de soude	30 —
Cyanure de potassium	25 —

Platinage du cuivre à dorer. — La dorure sur cuivre présente le grave inconvénient de ne pas empêcher, en bien des cas, l'oxydation du cuivre sous-jacent.

On remédie à cet inconvénient en platinant le cuivre avant de le dorer.

Dorure de l'intérieur des vases. — Quand on veut dorer

l'intérieur d'un vase métallique, on le remplit à l'aide de la solution habituelle ou électrolyte ; on y plonge, à titre d'anode, une feuille d'or, en prenant la paroi du vase comme cathode, et l'on établit le courant.

Quand, au contraire, on veut dorer le bord d'un vase à contour irrégulier, on transmet le courant par une anode d'or, à travers un drap imprégné de la solution d'or et tenu en contact avec la paroi à dorer.

Nuances diverses.

On peut varier à volonté la couleur de l'or, soit qu'on désire simplement un revêtement d'or pur, soit qu'on ait recours à l'alliance de l'or avec le cuivre ou avec l'argent.

Si l'on veut une belle dorure, riche de tonalité, il faut employer un bain concentré ; en pareilles conditions, les objets, au sortir du bain, ont une couleur jaune foncé ou une belle nuance orange tirant sur le brun. Grâce au polissage et au brunissage, la couleur voulue est bientôt acquise.

On obtient une belle couleur jaune, en ajoutant au bain une petite quantité de soude caustique.

On peut régulariser la couleur en faisant varier la surface immergée de l'anode. Le revêtement est jaune pâle si l'anode est à peine immergée dans le bain ; en le plongeant plus profondément, la couleur devient graduellement plus intense jusqu'au rouge.

La couleur du dépôt est pareillement influencée, soit par le mouvement de la cathode, à l'intérieur du bain, soit par l'arrêt de ce mouvement.

Avec une anode d'or de très faible dimension, la teinte du dépôt est jaune clair.

En se servant d'anodes en métaux de nature variable, on peut obtenir ces colorations diverses que l'on connaît sous les noms d'*or vert*, *or rouge*, etc....

On distingue, d'ordinaire, quatre nuances différentes usitées dans la dorure : le vert, le blanc, le rose et le rouge.

La dorure *verte* s'obtient en ajoutant au bain une solution de cyanure double d'argent et de potassium. Grâce à des variations opportunes dans l'intensité du courant, on arrive à obtenir le doré *blanc*.

Quant au doré *rose*, on l'obtient avec un bain composé de :

Eau.	10 litres.
Chlorure d'or	20 grammes.
— de potassium	4 —
Bisulfite de soude.	125 —
Phosphate de soude	500 —

Au bain ci-dessus, ajoutons encore le suivant :

Acétate de cuivre.	80 grammes.
Carbonate de soude	80 —
Cyanure de potassium	80 —
Bisulfite de soude.	80 —
Eau.	4 litres.

En employant un courant d'intensité plus élevée, on peut, avec le même bain, obtenir la coloration *rouge*.

On peut également obtenir un dépôt d'or *vert*, en plaçant dans le bain d'or ordinaire — contenant 5 à 6 grammes d'or par litre — une plaquette d'argent en guise d'anode. Lorsque le métal qui se dépose au pôle négatif a la teinte désirée, on remplace la plaque d'argent par une en or vert, et on suspend l'objet au pôle négatif.

La teinte rouge s'obtient en employant comme anode soluble une plaque de cuivre, et opérant pour le reste comme dessus.

Coloration des objets dorés. — Nous avons indiqué précédemment le moyen d'obtenir des dépôts d'or de teinte variable, grâce à des bains appropriés à cet effet.

On peut, à côté de cela, raviver la couleur des dépôts obtenus, en se servant d'une pâte composée de :

Albumine (blanc d'œuf).	1 partie.
Salpêtre.	2 —
Sulfate de zinc.	1 —
Sel marin	1 —

On brosse les objets à l'aide de cette pâte, puis on les place sur une plaque de fer chauffée au charbon de bois, jusqu'à ce qu'ils prennent une teinte presque noire. On les lave ensuite à l'eau froide.

On peut également employer à cet usage cette autre composition :

                Acide acétique . . . . 31 parties.
                Salpêtre . . . .   6 —
                Sel ammoniaque . . . .   6 —
                Sulfate de cuivre . . . .   3 —
                Vert-de-gris . . . .   7 —

On pulvérise le sulfate, le sel ammoniaque et le salpêtre ; on y ajoute le vert-de-gris et on verse peu à peu l'acide acétique, en effectuant le mélange. On plonge l'objet dans cette pâte et on chauffe sur une plaque de cuivre jusqu'à ce que l'objet paraisse noir ; on laisse refroidir, puis on le traite à l'acide sulfurique concentré. Il prend alors une très belle couleur d'or.

Dorure du verre et de la porcelaine.

Pour obtenir des dépôts métalliques sur le verre, la porcelaine et autres matières semblables et non conductrices, il faut, en premier lieu, recouvrir l'objet donné d'une substance conductrice de l'électricité ; et c'est là précisément que gît la difficulté, car cette substance, une fois le dépôt effectué, ne pourra plus être retirée. On pourra faire usage, dans ce but, d'une solution de chlorure d'or ou de platine dans l'éther sulfurique, à laquelle on ajoutera une quantité suffisante de soufre dissout dans l'huile dense, afin que le tout, après avoir été chauffé doucement, ait une consistance qui permette d'en étendre une couche au pinceau. On chauffe alors modérément, dans un moufle, l'objet recouvert de cette couche, jusqu'à complète volatilisation du soufre et du chlore. L'or et le platine sont alors adhérents à la surface, par couche très mince.

Pour obtenir un dépôt de cuivre, on emploie un bain composé de 2 parties de sulfate de cuivre pour 3 parties d'eau distillée.

                Eau . . . . 300 parties.
                Nitrate d'argent . . . . 17 —
                Cyanure de potassium . . . . 13 —

Pour la dorure, on dissout 7 parties d'or dans l'eau régale ; on précipite l'or avec l'ammoniaque, et le précipité, encore humide, est introduit dans une solution chaude de 9 parties de cyanure de potassium et 9 parties d'eau.

Si l'on emploie un mélange de 10 parties du bain d'or et une partie du bain d'argent, on obtient l'or *vert*. Si l'on substitue le bain de cuivre à celui d'argent, on aura l'or *rouge*.

Dorure du cuir.

Le cuir tanné peut être doré, argenté, platiné, nickelé, étamé à la pile ou à l'éponge ; il faut néanmoins le métalliser auparavant. Pour cela, on l'imbibe d'une solution d'acétate de plomb ou de cuivre (solutions à 1 pour 100) en exposant ensuite l'objet, dans un lieu approprié à cet effet, à l'action du gaz hydrogène sulfuré.

On répète deux fois l'opération, puis on lave le cuir et on le sèche.

Le cuir humecté s'étend sur une table destinée à cet usage, et on y applique, au moyen d'une éponge, une couche du liquide suivant, préparé au moment de s'en servir.

Solution de chlorure d'or contenant 15 grammes de ce sel, en 2 litres ; demi-litre d'une solution de soude à 40 grammes par litre ; 15 grammes de glycérine pure diluée par son volume d'eau.

L'or se dépose aussitôt ; après un quart d'heure, on lave le cuir, en ayant soin de recueillir l'eau afin d'en extraire l'or qu'elle contient.

On sèche, on frotte pour donner le brillant métallique, et on fixe la dorure à l'aide d'une solution d'albumine et de vernis copal souple.

On peut également utiliser le liquide suivant :

Eau	2 litres 5
Chlorure d'or	15 grammes.
Soude caustique	20 —
Alcool	15 —
Glucose	15 —

2. — On met en communication le pôle positif d'une pile Daniell à faible courant, avec une plaque d'or posée sur le fond du bain, et le pôle négatif avec des petites barres de cuivre appuyées sur les bords du bain même. On suspend à ces barres les pièces en cuir destinées à être dorées. La composition du liquide est la suivante :

Eau.	100 parties.	
Chlorure d'or	0 — 50	
Cyanure de potassium	3 —	

Pour obtenir une dorure de couleur plus ou moins foncée, on peut faire usage, au lieu d'une feuille d'or pur, d'un alliage d'or et d'argent, ou d'or et de cuivre. Si l'on veut se passer d'une anode soluble de cette matière, on fera terminer le pôle positif par un fil de platine ; si celui-ci est à peine immergé par la pointe, on obtient une dorure pâle. En l'immergeant plus profondément, la dorure deviendra jaune, et rouge s'il est totalement immergé.

La température convenable pour obtenir de tels résultats, est de 50°. Après six heures d'immersion, on renverse les objets et on les attaque par le côté qui, auparavant, était dirigé vers le bas. La durée totale de l'immersion est assez variable et ne peut être déterminée que par la pratique.

Nous allons donner la composition de deux autres bains de dorure pour le cuir :

a. Eau.	1.000 parties.	
Phosphate de soude	60 —	
Bisulfite de soude	10 —	
Cyanure de potassium.	1 —	
Chlorure d'or.	2 —	
b. Eau	1.000 —	
Borax	50 —	
Cyanure de potassium	5 —	
Chlorure d'or.	1 —	
Glycérine	10 —	

Procédés divers.

Par immersion. — C'est là un procédé de dorure dont le résultat est dépourvu de beauté et se distingue, en outre, par sa courte durée. On l'applique seulement aux petits articles de bijouterie ; il se pratique, la plupart du temps, sur le cuivre et ses alliages.

1° On prépare le bain comme suit :

Chlorure d'or	1 partie.
Bicarbonate de potasse	7 —
Eau.	130 —

On nettoie les objets par les procédés usités et, après les avoir rincés, on les plonge dans le bain ci-dessus, à la température d'ébullition. Quand le bain ne contient plus de bicarbonate de potasse, il n'est plus utilisable. L'immersion doit durer environ trente secondes.

On ravive la couleur de la couche d'or, en plongeant les objets dans la solution aqueuse et bouillante qui suit :

Salpêtre.	6 parties.
Sulfate de fer.	2 —
— de zinc	1 —

On fait ensuite sécher au feu vif, jusqu'à ce que les objets brunissent, et on les lave à l'eau pure.

Avec ce procédé, on peut dorer 1 kilogramme de bijoux avec 2 grammes d'or seulement.

2. — Au lieu du bain précédent, on peut employer celui-ci :

Potasse caustique	180 parties.
Carbonate de potasse.	20 —
Cyanure de potassium	9 —
Eau.	1.000 —

On fait ensuite dissoudre dans ce bain une partie et demie de chlorure d'or. Il faut l'employer à l'état bouillant ou à peu près. On ravive de temps en temps le bain, en y ajoutant à nouveau du chlorure ainsi que les autres sels, dans les proportions indiquées.

Le bain qui vient d'être donné sert spécialement pour la production d'un premier dépôt d'or sur les objets d'antimoine, d'étain, de zinc, de plomb, de métal anglais, d'alliage. Ce premier dépôt une fois obtenu, on porte les objets dans le bain de dorure galvanique, et on poursuit l'opération.

Ces mêmes objets peuvent être, d'autre part, recouverts d'une mince couche de cuivre, sur laquelle le dépôt d'or vient adhérer ensuite parfaitement.

3. — On prépare un bain avec une des formules suivantes :

1° Chlorure d'or	1 partie.
Ferro-cyanure de potassium	10 —
Sel marin	10 —
Eau	50 —
2° Chlorure d'or	1 —
Ferro-cyanure de potassium	6 —
Carbonate de potasse	4 —
Sel marin	6 —
Eau	10 —

On chauffe la solution, ou bien on la porte à l'ébullition, suivant le degré de rapidité qu'on désire obtenir. Ensuite, on immerge l'objet, parfaitement nettoyé, dans le bain même, le tenant en contact avec un morceau de zinc bien nettoyé. Il importe que le zinc ne soit immergé que partiellement, car l'or venant s'y déposer au cours de l'opération, il en résulterait une perte notable du précieux métal.

On retire de temps en temps du bain soit le zinc, soit l'objet à dorer, et on les polit avec soin afin que le contact ait lieu entre des surfaces aptes à telles fins, faute de quoi l'action électrique qui résulte du contact des deux métaux et à laquelle est due la décomposition du bain ainsi que la précipitation de l'or qui s'ensuit, serait sensiblement affaiblie.

La solution d'or diminue graduellement de valeur et finit, bien entendu, par ne plus être suffisante. Il faut alors y ajouter les substances voulues, ou bien un peu de bain nouveau pour la voir, de nouveau, fonctionner normalement.

Il faut, de plus, que la solution ne soit pas trop concentrée, ce qui pourrait nuire à l'éclat du doré.

Quant à la rapidité, voici quelques données expérimentales relatives à une plaque de 50 centimètres carrés (environ 7 centimètres de côté) à la température de 100°.

1re immersion de	2 minutes.	Or déposé.	.	0.012 grammes.
2e —	2 —	—	. .	0,012 —
3e —	2 —	—	. .	0,012 —
4e —	4 —	—	. .	0,022 —
5e —	3 —	—	. .	0,016 —
6e —	3 —	—	. .	0,018 —
7e —	15 —	—	. .	0.086 —
8e —	20 —	—	. .	0.120 —
9e —	20 —	—	. .	0.124 —
Total. .	71 minutes.	Or déposé.	.	0.422 grammes,

c'est-à-dire, environ 6 milligrammes par minute.

A 80° environ	. . . .	3 milligr.	68	par minute.
— 60° —	. . . .	1 —	25	—
— 40° —	. . . .	0 —	9	—
— 15° —	. . . .	0 —	3	—

4. — On prépare une composition d'or, en faisant dissoudre 10 grammes d'or pur dans 20 grammes d'eau régale, et en ajoutant une solution de 60 grammes de cyanure de potassium dans 80 grammes d'eau distillée. On réalise le mélange et on filtre.

On mélange, à part, 100 grammes de carbonate de chaux sec et passé au tamis, avec 5 grammes de crème de tartre en poudre, puis on ajoute à cette poudre la quantité convenable de la composition précédente pour en former une pâte assez fluide, de façon qu'on puisse l'étendre facilement au pinceau sur l'objet à dorer. On laisse sécher, puis on lave l'objet et le frotte à la brosse.

Pour argenter, on emploie au contraire un mélange de 100 grammes de carbonate de chaux avec 10 grammes de crème de tartre en poudre ; on fait une bouillie avec la solution d'argent, et on opère comme pour la dorure.

La dorure ainsi que l'argenture dues au procédé ci-dessus, ne sont applicables que sur le zinc ou sur les métaux zingués.

On peut procéder au zingage indispensable, grâce à une opération des plus simples qui consiste à plonger l'objet bien nettoyé à l'acide, dans un bain composé d'une solution concentrée de sel ammoniaque contenant une certaine quantité de zinc granuleux. On fait bouillir le tout pendant quelques minutes dans une capsule en porcelaine, et on en retire les objets couverts d'une couche de zinc.

Argent.

L'argent peut être facilement doré, en le plongeant dans le bain suivant, presque bouillant :

> Solution de chlorure d'or.
> Solution de sulfo-cyanure de potassium.

On verse la seconde solution dans la première, jusqu'à disparition du précipité qui s'est formé ; le liquide clair ainsi obtenu doit conserver une légère réaction. Si parfois celle-ci venait à manquer, par suite de l'excès de sulfo-cyanure, on y remédierait en ajoutant quelques gouttes d'acide chlorhydrique.

On maintient le degré nécessaire de concentration du bain, en y ajoutant graduellement l'eau qui s'est évaporée.

Cuivre, laiton et bronze. — On peut dorer ces divers métaux, en les plongeant dans un bain presque bouillant de cyanure double de potassium et d'or.

Aluminium. — a) On nettoie les objets en aluminium dans une lessive de potasse caustique ; on les lave à fond et les plonge, pendant deux minutes, dans un bain bouillant de cyanure de potassium additionné de cyanure de mercure. L'aluminium se recouvre, par ce moyen, d'une légère couche d'amalgame d'argent sur laquelle, ensuite, on pourra effectuer tel dépôt métallique désirable, grâce aux procédés que l'on connaît déjà. Ainsi, par exemple, on peut déposer le zinc avec un bain de chlorure de zinc et de sulfate de soude ; une telle couche de zinc se prête fort bien à tout dépôt ultérieur d'or, d'argent, de nickel, etc.

b) On polit avec soin la surface de l'aluminium, en le plongeant dans un bain d'acide chlorhydrique ou de soude caustique ; on le passe ensuite dans une solution de bichlorure de mercure, qui se décompose par l'amalgame de la surface. On le plonge de nouveau dans le premier bain et, finalement, dans une solution composée d'un sel emprunté au métal qui doit être employé à le recouvrir. Ce dernier se dépose rapidement en couche adhérente qui ne se détache pas quand on passe l'objet au laminoir.

Ce procédé est apte à la dorure, à l'argenture, etc... Le métal ainsi recouvert peut être soudé par les moyens ordinaires.

Procédé par frottage. — 1° On mélange intimement les substances suivantes, réduites en poudre très fine :

Chlorure d'or sec	20 grammes.
Cyanure de potassium	60 —
Blanc d'Espagne	100 —
Crème de tartre.	5 —

On en fait une pâte, à l'aide de 100 grammes d'eau environ.

On frotte les objets avec cette pâte, au moyen d'un morceau de flanelle. Il faut que les objets aient, au préalable, été bien nettoyés. Avoir grand soin de se laver les mains, après avoir employé la pâte ci-dessus, le cyanure qui entre dans sa composition étant un violent poison;

2° On ajoute une solution de ferro-cyanure de potassium (jaune) à une solution de chlorure d'or, ayant soin que le prussiate soit en excès. On attend qu'il se soit formé un dépôt bleu. On chauffe jusqu'à l'ébullition la solution ainsi préparée et, lorsqu'elle est refroidie, on en sépare le précipité, au moyen de la filtration. Le liquide obtenu, jaune d'or, doit être évaporé jusqu'à parfaite siccité.

Pour dorer, on immerge les objets dans la solution qui vient d'être indiquée, de manière qu'ils en soient complètement recouverts; ensuite on les touche à l'aide d'un bâtonnet de zinc qui détermine la précipitation du métal précieux.

Verre.

Dorure du verre. — 1° Le procédé suivant, de Pratt, est mis à contribution par la société *Glass Decoration C°*. Il est considéré comme un perfectionnement de la méthode ordinaire, en ce sens que la plaque de verre sur laquelle on verse le chlorure d'or, est placée sur un plan incliné afin que la couche d'or déposée soit assez légère. En outre, une solution de nitrate d'argent est versée sur cette couche d'or, de manière que l'or et l'argent, par leur combinaison, forment un dépôt très adhérent qui sera ensuite recouvert d'un vernis.

On affirme que ce procédé chimique est plus économique que l'application directe des feuilles d'or.

On peut obtenir à volonté un dépôt brillant ou mat. On peut de même reproduire des dessins et des textes d'inscriptions ;

3° On obtient un excellent dépôt d'or brillant, en se servant d'une solution de chlorure d'or dans l'essence de térébenthine ou de lavande, à laquelle on ajoute du nitrate de bismuth et du savon de chrome. Les proportions les plus efficaces sont :

Chlorure d'or	100	grammes.
Essence de lavande	900	—
Sous-nitrate de bismuth	5	—
Savon de chrome	50	—

Les pièces décorées au moyen de cette composition, sont séchées et chauffées au four. Les parties en évidence deviennent immédiatement brillantes.

Tulle.

Dorure du tulle. — On plonge le tulle dans une solution de nitrate d'argent au centième. Après un quart d'heure de bain, on l'évente et le plonge dans une solution de sel de *Rasching*, qui est un sel de potasse et d'hydro-silamine sulfaté.

Le nitrate est immédiatement réduit, et l'argent se dépose sur les fibres qu'il rend imperméables. On évente, on lave et l'on évente à nouveau. On recouvre ensuite d'or ou d'argent avec le bain galvanique formé de cyanure double, d'or et d'argent.

On peut, de la même façon, dorer les mousselines, les voiles, etc... etc...

Dorure directe sur bois. — On commence par appliquer sur le bois deux ou trois couches de colle de peaux contenant en suspension de la poudre d'or, dans les proportions suivantes :

Or	1	gramme.
Colle de peau	2	—
Eau	8	—

On chauffe ce mélange à feu doux, pour obtenir la complète solution de la colle. Il suffit ensuite d'une simple application sur le bois, en ayant soin d'agiter quand on veut employer de nouveau le liquide, afin de maintenir l'or en état de suspension. Il faut appliquer trois couches consécutives.

Quand le séchage est complet, on procède au brunissage des parties qui doivent être brillantes.

Cuir.

Dorure du cuir. — On ramollit le cuir dans un bain de soude peu concentré, et l'on proportionne la durée de l'immersion à la grosseur de la peau, laquelle doit être nettoyée de toute matière grasse. Après l'avoir séchée on l'enduit d'une solution de colle de poisson et d'alun, et l'on sèche de nouveau à l'air. Ensuite on la passe une ou deux fois au collodion brut, auquel on ajoute 2 grammes d'huile de ricin par chaque kilog. Quand le cuir est sec, on le passe dans une solution de caoutchouc à la benzine.

Finalement, on applique le vernis gras ordinaire destiné à la dorure, et préparé avec de l'huile de lin cuite, de la litharge et de la térébenthine. Quand le vernis prend corps, c'est-à-dire quand il est encore faiblement visqueux, on applique les feuillets d'or ou d'argent, suivant le procédé courant, et on recouvre le tout avec une solution de mastic ou de sandaraque dans l'alcool.

2° On mouille la peau avec une éponge humide, et on l'étend sur un support quelconque ; quand elle est sèche on l'enduit à la colle de parchemin. On bat ensuite des œufs en neige (le blanc seul) et on laisse déposer, après quoi on en passe une couche sur le cuir et l'on y applique rapidement les feuilles d'argent. On a soin de tamponner légèrement cette application, à l'aide de tampons de coton, en essayant de parer à toute discontinuité de la feuille d'argent. Quand tout est bien sec, on passe sur la partie argentée un vernis de laque jaune, et l'on obtient ainsi une belle couleur d'or. La peau ainsi préparée peut être taillée de n'importe quelle manière, mais il faut avoir soin qu'elle soit bien sèche, avant le dernier encollage.

3° Pour appliquer directement l'or sur le cuir, on commence par l'enduire d'une couche de colle de peau.

On laisse sécher et puis on passe dessus du blanc d'œuf battu, à l'aide d'une éponge souple ; on laisse à nouveau sécher et on répète l'opération deux ou trois fois s'il le faut. Sur la dernière couche de blanc d'œuf, encore humide, on passe un morceau de drap enduit de suif légèrement. On pose alors les feuilles d'or sur le mordant, en les fixant au fer chaud, s'il s'agit d'ornements très contournés, etc... On enlève les parties non fixées à l'aide d'un peu d'ouate ;

4° Les relieurs effectuent la dorure grâce au procédé qu'on va lire. Ils commencent par enduire le cuir au blanc d'œuf battu, puis ils font chauffer le fer à dorer et le pressent fortement sur la feuille d'or étendue sur le cuir. L'adhérence est parfaite partout où le fer a été appliqué ; dans les autres parties, on enlève facilement l'or à l'aide d'un blaireau. On obtient de la même façon les motifs dorés ainsi que les titres appelés à orner le cuir, grâce à des compositions typographiques ou à des moulages divers véhiculés par le rouleau de l'opérateur.

Dorure du cuivre au feu. — Le cuivre peut être doré par l'application à sa surface d'un alliage de plomb et d'or, ainsi que pour l'amalgame d'or. Grâce à l'intervention du feu, le cuivre s'allie au plomb, et l'or reste sous forme de couche très mince et adhérente.

Récupérage de l'or des bains épuisés. — 1° Les bains contenant des sels d'or destinés au dorage par immersion, accusent ordinairement une teneur de 3 gr. 5 de métal précieux par litre, tandis que ceux destinés à la dorure galvanique ne contiennent que de 0 gr. 75 à 1 gramme du même métal.

Pour la précipitation, il faudrait réaliser théoriquement une teneur de 1 gr. 74 et, proportionnellement, 0 gr. 37 à 0 gr. 5 de poudre de zinc.

Dans les bains à peu près épuisés, la teneur sera forcément moindre, mais en vertu de leur excès de zinc la déposition de l'or s'opère beaucoup plus rapidement ; c'est ainsi que, en général, on emploie de 250 à 500 grammes de poudre de zinc par hectolitre de bain.

La poudre d'or est, par conséquent, altérée non seulement par des traces de cuivre et d'argent, mais encore par du zinc. C'est

pourquoi il convient de la laver à l'acide chlorhydrique tout
d'abord, afin d'éliminer le zinc, et enfin à l'acide nitrique, pour
dissoudre le cuivre et l'argent. Le cyanure de potassium qui
reste dans les solutions traitées par le procédé décrit, peut être
converti en ferro-cyanure de potassium, en le chauffant au lait
de chaux et sulfate de fer, on peut ensuite le séparer des autres
sels par cristallisation fractionnée. L'utilisation du cyanure peut
être faite aussi en le transformant en bleu de Prusse et précipitant les solutions avec du sel de fer en solution acide.

2° L'extraction de l'or des vieux bains peut être opérée d'une
manière analogue à celle indiquée plus loin pour l'argenture, en
employant naturellement une feuille d'or au lieu d'une en argent.
Ou bien, on fait évaporer tout le liquide, réduisant le sel à sec ;
on y ajoute égale quantité de litharge et l'on soumet le mélange
à une haute température. Traitant ensuite à l'acide nitrique
l'alliage de plomb et d'or obtenu, on transforme le plomb en
azotate, isolant aussi l'or, lequel demeure sous forme de masse
spongieuse et noire.

3° Les objets dorés et anciens, ceux qui paraissent défectueux
peuvent être soumis à la récupération de l'or qui les recouvre, en
les employant comme anode dans une solution aqueuse de cyanure de potassium au 10 pour 100. Quant aux autres liquides qui
pourraient contenir des parcelles d'or, on peut suivre diverses méthodes pour les utiliser ou bien pour en extraire le précieux métal.

Mais ces méthodes sont assez compliquées et ne sont mises en
pratique que dans de grands établissements industriels.

Ordinairement, on procède de façon beaucoup plus simple.
On rassemble tous les résidus liquides ou solides qui pourraient
contenir du métal précieux, et on les empâte avec de la sciure de
bois hors d'usage (celle qui a servi au séchage des objets à dorer)
ou à l'aide de toute autre substance pulvérulente. On fait passer
ensuite cette pâte dense sur un bon feu de charbon de bois disposé sur une grille, et l'on recueille les cendres. Celles-ci sont,
après cela, vendues aux raffineurs de métaux précieux, qui les
paient en raison de leur richesse, à la suite d'une épreuve préalable, ainsi qu'on le fait pour les cendres et résidus provenant
des laboratoires de bijouterie.

CHAPITRE VI

ARGENTURE GALVANIQUE

Des bains. — Les bains destinés à l'argenture galvanique se préparent, pour la plupart, au cyanure double d'argent et de potassium, dissous dans un excès de cyanure de potassium.

La concentration du bain, ou, mieux, sa teneur en argent, varie beaucoup. Pour l'argenture ordinaire, il suffit d'une teneur de 10 grammes par litre.

On peut employer d'autres sels d'argent, à la place du cyanure; mais, avec celui-ci, on obtient des dépôts très adhérents, tandis qu'avec les autres sels, il arrive assez souvent que le dépôt s'exfolie au brunissage, spécialement sur le zinc, l'étain, le plomb, ou sur les alliages qui contiennent ces derniers métaux. La plupart des praticiens préconisent l'usage du bain au cyanure double indiqué ci-dessus.

Pour le préparer, on commence par faire une solution de nitrate d'argent au 1 pour 100, et on y ajoute, graduellement, une solution de cyanure de potassium au 10 pour 100, jusqu'à la formation d'un précipité blanc. Quand ce précipité cesse de se former, on agite la solution et puis on la laisse reposer. On décante ensuite et on lave le précipité à grande eau. Après quoi, on prépare une solution de cyanure de potassium au 20 à 25 pour 100, dans laquelle on fait dissoudre le précipité précédent, qui est du cyanure d'argent. On filtre et on dilue de manière que le liquide obtenu contienne environ 10 grammes d'argent par litre.

Il est préférable, pour la préparation des diverses solutions que nous venons d'indiquer, d'employer l'eau distillée ou, tout au moins, l'eau de pluie. De toute façon, s'il arrivait que, par le fait de la présence, dans l'eau employée, de chlorures ou de substances organiques, on constatât des dépôts de chlorure d'argent ou d'argent réduit, on mettrait de côté ces derniers dépôts pour le récupérage ultérieur du métal dont nous aurons à parler bientôt.

Quant au dosage du bain, on le réalise comme suit :

<pre>
Cyanure de potassium . . . . 13 parties.
    —   d'argent 27   —
</pre>

On ajoute ensuite à la solution un excès de cyanure de potassium, lequel sert à dissoudre le cyanure d'argent insoluble qui se forme à l'anode, pendant l'électrolyse du bain.

Par suite des réactions qui se produisent dans le bain, le degré de concentration et la composition ne se conservent pas uniformes dans la masse entière. De là, la nécessité de procéder mécaniquement, et sans arrêt, à l'agitation du bain — ou, tout au moins, de produire une agitation intermittente.

L'addition du cyanure de potassium s'effectue dans la proportion d'environ huit fois le poids de l'argent contenu dans le bain, lequel poids d'argent, de son côté, est de 4 à 8 grammes par litre, et peut même atteindre 20 grammes suivant le but qu'on se propose de réaliser.

Beaucoup de praticiens conseillent l'emploi de deux bains : l'un destiné à mettre l'argenture en train, l'autre pour la suite de cette opération.

Le premier de ces bains se compose de :

<pre>
Cyanure de potassium . . . . . . 420 parties.
    —   d'argent 70   —
Carbonate de soude 110   —
Eau . . . . 2.000   —
</pre>

Le second bain contient :

Cyanure de potassium . . . . 60 parties.
— d'argent . . . . 20 —
Eau. . . . . 2.000 —

Pour le premier bain, on emploie de deux à trois éléments ; avec le suivant, un seul suffit.

Un dépôt d'argent de 100 grammes dure de trois à quatre heures, au moyen de la dynamo, et huit à douze heures à la pile. L'épaisseur de la couche d'argent peut varier de 1/9000 à 1/40 de millimètre ; c'est un excellent revêtement, quand il arrive à correspondre à 3 gr. 5 par décimètre carré, ce qui équivaut à l'épaisseur d'une feuille de papier à lettres.

Industriellement parlant, pour ce qui est, par exemple, des couverts de table, on a recours à un dépôt de 80 à 100 grammes par douzaine de couverts. Trois grammes par décimètre carré, telle est la proportion moyenne de la maison Christophle.

Bains d'amateurs. — Un bain contenant 10 grammes d'argent par litre suffit amplement, en pareil cas. On l'obtient en faisant fondre 150 grammes d'azotate d'argent (ce qui correspond à 100 grammes d'argent métallique) dans 10 litres d'eau, et y ajoutant ensuite 250 grammes de cyanure de potassium pur. On agite jusqu'à parfaite solution et on filtre.

En général, on argente à froid, excepté pour ce qui concerne les objets de petites dimensions. Le fer, l'acier, le zinc, le plomb et l'étain, préalablement cuivrés, s'argentent mieux à chaud. Dans les bains à froid, on emploie des anodes de platine ou d'argent.

Les bains vieux donnent de meilleurs résultats que les nouveaux. Ceux-ci peuvent être vieillis artificiellement, en y ajoutant 1 à 2 millièmes d'ammoniaque.

On remonte les bains en y ajoutant, par parties égales, du sel d'argent et de cyanure de potassium. Si l'anode noircit, le bain est pauvre de cyanure, et le dépôt est trop lent. Si, au contraire, l'anode blanchit, il y a excès de cyanure ; alors, le dépôt se forme rapidement, mais il n'adhère pas.

On obtient un fonctionnement régulier, quand l'anode devient grise au passage du courant et redevient blanche quand celui-ci est interrompu. La densité du bain peut varier entre 5° et 15° B.

Pour un bain contenant 30 grammes d'argent par litre, on peut donner comme densité moyenne du courant nécessaire, un dépôt de 2 grammes par heure et par décimètre carré.

Bains sans cyanure. — Le cyanure de potassium constituant un redoutable poison, on a cherché à substituer aux bains à base de cyanure, des bains moins dangereux. On a essayé, dans ce but, le sulfite double d'argent et de soude, et l'hyposulfite de ces mêmes sels, mais sans résultat satisfaisant.

Cela est dû peut-être à la propriété qu'ont les sels en question, de précipiter l'argent au contact direct du cuivre. De plus, l'adhérence entre la couche d'argent et le cuivre n'est jamais parfaite, car le cuivre passe dans la solution et la décompose peu à peu. Enfin, l'hyposulfite de soude et d'argent est assez instable et se recouvre facilement d'une couche noire de sulfure d'argent.

Zinin a essayé de substituer au bain de cyanure, un bain au tartrate d'argent et d'ammoniaque ; les résultats furent meilleurs, lorsque, surtout, on eut la précaution de couper le courant, au moment de l'immersion de la cathode dans le bain. Néanmoins, l'anode d'argent paraissait insuffisamment soluble dans le bain, et l'acide tartrique de la solution alcaline, en présence d'un excès d'ammoniaque, produisait un précipité d'argent sous forme de poudre très fine.

Zinin propose encore un bain ne présentant aucun des inconvénients qu'on vient de constater. Ce bain se compose d'une solution aqueuse d'iodure d'argent et de potassium, contenant un excès d'iodure de potassium.

On dissout 6 gr. 7 d'azotate d'argent dans un litre d'eau, en y ajoutant 500 grammes d'iodure de potassium. Il se forme de l'azotate de potasse qui reste dans la solution, et l'iodure jaune d'argent se dissout peu à peu dans l'excès d'iodure de potassium.

Quant à l'azotate de potasse qui s'est formé en petite quantité, il n'a, sur le bain, aucune action nuisible.

Les objets de cuivre doivent être chauffés au rouge pour les dégraisser, puis immergés dans un mélange de 100 parties d'acide nitrique à 38° B, 1 partie de sel marin et 1 de noir de fumée, et enfin soumis à l'action d'un mordant que l'on peut obtenir comme suit :

Acide nitrique	75	parties.
— sulfurique	100	—
Sel marin.	1	—

Ou bien encore comme suit :

Sel marin.	12	parties.
Sulfate de zinc.	10	—
Eau.	100	—
Acide sulfurique à 66° B.	2,000	—
— nitrique à 36° B.	3,000	—

L'objet ne doit pas rester plus de une à trois minutes dans les deux premiers bains, et cinq à vingt minutes dans le troisième. On le lave ensuite abondamment et le plonge dans le bain à iodure, en se servant, comme anode, d'argent pur, ou bien d'un alliage d'argent et de cuivre.

Tant que la proportion du cuivre de la solution n'excédera pas celle de l'argent, l'argent seul se déposera sur le cathode. Quand le cuivre lui-même commencera à se déposer, il faudra éliminer l'iodure de cuivre, ce qui s'obtient en ajoutant au bain une solution de potasse caustique jusqu'à ce qu'il se forme un précipité blanc. On enlèvera le précipité d'hydrate de cuivre ainsi formé, au moyen de la filtration. L'excès de potasse caustique donne lieu à une précipitation d'argent, sous forme d'oxyde brun.

Le courant devra être faible. Un seul élément Leclanché — dont le zinc est plongé dans une solution de sulfate de magnésie, et le cuivre dans une solution saturée de sulfate de cuivre contenant encore des cristaux de ce même sel — donne un courant trop fort pour le bain d'iodure. Pour l'affaiblir, on emploie l'eau pure pour le zinc, et une solution assez diluée de sulfate de cuivre pour le cuivre.

L'argenture est suffisamment forte, au bout de dix à trente minutes ; elle est blanche mais sans éclat ; l'adhérence est assez prononcée pour supporter l'intervention du brunissoir.

Avant de rincer l'objet extrait du bain, on le passe dans une solution de 1 partie d'iodure de potassium et 4 parties d'eau.

Afin que, pendant l'opération, la richesse en argent du bain ne subisse aucune diminution, il faut que la surface de l'anode soit au moins égale à celle de l'objet à argenter, et même un peu supérieure si possible.

Grâce au bain d'iodure, on peut obtenir une forte épaisseur d'argent, comme dans la galvanoplastie du cuivre, ce qui est très difficile à réaliser avec le bain au cyanure.

Quand on a obtenu l'épaisseur voulue, on met à fondre le moulage en cuivre dans le perchlorure de fer.

Le bain d'iodure est plus cher que le bain au cyanure ; mais il offre l'avantage de contribuer à obtenir des dépôts de forte épaisseur, beaucoup d'adhérence, une grande facilité de manipulation ainsi qu'une appréciable économie de temps.

Bain du docteur Iordis. — On ajoute à une solution de nitrate d'argent à 10 pour 100, une quantité de lactate d'ammoniaque additionnée d'ammoniaque, jusqu'à ce qu'on obtienne l'alcalinité convenable du bain.

On opère à l'aide d'un courant de 0,7 ampère par décimètre carré de surface du cathode. L'anode doit être en argent.

Nous citerons encore un bain dont le mérite consiste principalement dans l'économie qu'il permet de réaliser : On fait une solution de 10 parties de cyanure de potassium dans 150 parties d'eau, et après que l'on a obtenu parfaite limpidité de ce mélange, on y ajoute 1 gramme de chlorure d'argent.

Essai du bain. — Si le bain est bien conditionné, en y plongeant une plaque de cuivre nettoyée, sans intervention d'aucun courant, cette plaque ne doit pas s'argenter rapidement. Dans le cas contraire, le bain contient un excès de cyanure de potassium.

L'anode est alors corrodée et le bain s'amende de lui-même. Il est pourtant préférable que cela ne se produise pas.

On reconnaît encore le parfait état du bain, en examinant l'anode pendant le passage du courant. Si l'anode paraît grise pendant que fonctionne le courant, et blanche quand celui-ci est interrompu, le bain est bon. Si l'anode paraît foncée et même noire, le bain contient peu de cyanure de potassium ou trop d'argent.

Nous allons indiquer un autre moyen pour reconnaître si le bain contient les proportions voulues. On verse 25 parties, au poids, du bain dans un verre, et on y ajoute, abondamment d'abord et goutte à goutte ensuite, une solution de nitrate d'argent au 10 pour 100 ; pendant cela, on agite le liquide sans interruption. Si la solution du précipité se réalise promptement, le bain manque d'argent ; si la solution ne s'opère point, même en agitant le liquide vivement, c'est le cyanure qui fait défaut. Si, par contre, le précipité se dissout complétement, le bain est constitué dans les proportions voulues.

Anodes. — On doit employer des anodes d'argent pur ; la manière dont ces anodes sont reliées aux piles et aux dynamos, n'est pas indifférente ; on doit employer à cet usage des fils de cuivre platiné, ou des bandes de platine qui viennent s'unir à des conducteurs de cuivre argenté. Si l'on rattachait directement les anodes aux fils de cuivre, ceux-ci seraient dissous dans le bain.

Les anodes doivent être plongées complétement dans le bain, faute de quoi elles seraient rapidement rongées au niveau de leur point d'émersion. La surface des anodes doit être à peu près égale à la surface totale des objets à argenter, et la distance qui les sépare de ces objets doit être, au minimum, de 10 centimètres.

Intensité du courant. — L'intensité du courant doit être approximativement d'un ampère par deux décimètres carrés de surface à argenter. Le dépôt produit par un ampère, en une heure, est d'un peu plus de 4 grammes ce qui vaut, pour les conditions indiquées, un dépôt d'environ 2 grammes par heure et par décimètre carré.

Marche de l'opération. — A ce que nous avons dit concernant les bains et l'intensité du courant, nous ajouterons quelques indications d'une certaine importance relativement à la marche des opérations et aux soins qu'elles nécessitent de la part du praticien.

Après un quart d'heure d'immersion dans le premier bain, on retire les pièces en traitement pour examiner l'état du dépôt. On les brosse à la crème de tartre, on les rince et les plonge ensuite dans une solution chaude de cyanure de potassium. Après un nouveau rinçage, on les immerge dans le second bain, ou bien à nouveau dans le premier, au cas où la couche d'argent n'offrirait pas assez d'uniformité.

Avant de retirer du bain les objets argentés, il faut interrompre le courant, sans quoi ces objets seraient légèrement colorés en jaune par l'action de la lumière sur le sous-cyanure d'argent. En laissant, au contraire, les objets dans le bain, après suppression du courant, le cyanure de potassium dissout le sous-cyanure d'argent, et la lumière n'a plus aucune influence fâcheuse sur le dépôt électrolytique.

Les objets extraits du bain seront plongés dans une solution de cyanure de potassium, lavés à l'eau bouillante et séchés à la sciure de bois (buis ou acajou); exclure avec soin le sapin, le pin et, en général, les bois résineux.

On traite finalement les objets au tour à brosser, brunissoir, etc. (Voir *Nickelage*.)

C'est un fait généralement admis que l'usage des bains vieux est préférable à celui des nouveaux. Voilà pourquoi on gagne à enrichir un bain nouveau d'une addition quelconque empruntée à un bain ancien. On peut également vieillir un bain nouveau, ou bien l'améliorer, en le faisant bouillir pendant plusieurs heures, et plus simplement, en y ajoutant 1 ou 2 pour 1.000 d'ammoniaque.

Quand le bain contient trop de cyanure de potassium, ou bien si l'anode est trop grande par rapport à la surface à argenter, la proportion de l'argent contenu dans le bain augmente, pendant que celle du cyanure libre diminue.

Bien entendu, c'est le contraire qui arrive, quand l'anode est trop petite.

Le poids spécifique du bain peut varier entre 1 gr. 035 et 1 gr. 115, sans préjudice pour le dépôt. Les solutions trop denses sont difficiles à régulariser; les couches inférieures du bain peuvent à peu près se saturer d'argent, tandis que les couches supérieures en demeurent dépourvues. On remédie à cet état de choses, comme il a été dit déjà, en agitant le bain d'une façon continue ou périodique.

Cependant, lorsque la densité du bain outrepasse la limite indiquée, il faut diluer la solution, grâce à une addition d'eau.

Au cas où le bain serait trop dense et qu'on aurait omis de l'agiter ou de l'étendre d'eau, le dépôt d'argent revêtirait une forme cristalline. De toute façon, l'épaisseur du dépôt serait plutôt variable dans les couches supérieures que dans les inférieures. Si l'excès de densité était dû à des sels étrangers, formés accidentellement par l'introduction de métaux ou d'autres substances susceptibles d'être attaqués par le bain, les sels en question pourraient se déposer, sous forme de cristaux, à la surface des objets à argenter, au plus grand préjudice du revêtement.

Au cas où le bain serait trop dilué, il deviendrait moins bon conducteur, ce qui provoquerait un ralentissement dans la déposition et contribuerait à donner au dépôt une teinte blanche mate. On remédie aussitôt à cet inconvénient en ajoutant au bain les deux sels constitutifs qui le caractérisent et en observant les indications fournies à ce sujet.

Si le bain est pauvre en cyanure libre, on obtient un dépôt granuleux, par suite d'insuffisance de conductibilité.

Il peut se faire également que le bain s'altère, à cause de l'accumulation graduelle de sels de potasse produits par l'action de la lumière et de l'air sur le cyanure de potassium, ou bien par suite des impuretés de ce dernier produit.

En pareil cas, le dépôt n'offre plus sa belle couleur primitive et perd de sa solidité. Il faut, pour y obvier, retirer les anodes et remettre le bain en son état normal.

Au nombre des procédés divers, le plus connu est certainement celui qui suit :

On verse la solution dans une grande bouteille munie d'un tube avec entonnoir de sûreté, et d'un tube de dégagement relié, par un tube de caoutchouc, à un autre tube de verre dont l'extrémité plonge de 15 centimètres dans une solution de nitrate d'argent contenue dans un autre récipient.

On y ajoute ensuite, et graduellement, par le tube muni d'un entonnoir de sûreté, de l'acide sulfurique jusqu'à production d'un nouveau précipité, en ayant soin de laisser l'effervescence se calmer, et agitant le récipient comme il convient. Puis on chauffe la bouteille au bain de sable, et on maintient la solution bouillante jusqu'à ce qu'il se forme un précipité dans l'autre récipient.

Ce précipité est du cyanure d'argent pur, et l'on n'a plus qu'à le dissoudre dans le cyanure de potassium pour rétablir le bain.

Le précipité contenu dans la bouteille est, pareillement, du cyanure d'argent, mais impur, que l'on peut réduire par le zinc et l'acide chlorhydrique.

Par suite de l'inégale densité du bain d'argent dans ses couches diverses, et de l'action variable du courant suivant les distances, la couche d'argent déposée électrolytiquement sur les objets n'est pas toujours d'épaisseur uniforme.

On remédie en partie à cet inconvénient, en changeant opportunément de place les objets immergés dans le bain, et mettant en face des anodes les surfaces où il s'agira de déposer une épaisseur de métal plus importante.

Dépôts brillants. — Le dépôt que l'on obtient par les bains d'argent usuels est généralement terne ; en y ajoutant une faible quantité de bisulfure de carbone, on obtient un dépôt brillant.

Il suffit, pour cela, d'une quantité minime de bisulfure, soit 2 centigrammes par litre dans chaque bain. Cette addition doit être aussi, suivant la composition du bain, variable de dosage. En voici un exemple. Composition du bain :

Cyanure de potassium	450 grammes.
Cyanure d'argent	56 —
Eau	4,5 litres.

On ajoute alors, tous les jours, 0 gr. 02 de bisulfure de carbone. Le meilleur procédé de préparation d'un bain destiné à produire l'argenture brillante, consiste à prendre un litre du bain d'argenture sus-indiqué, d'y ajouter 8 gr. 5 de bisulfure de carbone et d'agiter le tout. Laisser ensuite reposer vingt-quatre heures. Prenant alors 2 gr. 5 de solution, par litre de bain, l'agitant et laissant au repos pendant une nuit, on aura un bain convenablement préparé.

L'argenture se fait dans le bain ordinaire. Les objets seront ensuite plongés dans le bain au bisulfure, pendant quinze minutes, afin de leur communiquer le degré de brillant voulu.

Comme, dans ce bain, le dépôt s'effectue fort lentement, il faudrait prolonger trop longtemps le bain pour réaliser, par son intervention, l'argenture complète.

Le dépôt obtenu par un tel bain est très dur, et ressemble à de l'argent fondu.

Il faut avoir soin de ne pas toucher, avec les doigts, aux objets, pendant leur immersion dans le bain.

L'addition de bisulfure de carbone ne doit pas être réalisée par excès, car on obtiendrait alors une coloration brune sur les objets non argentés.

Le mélange de bisulfure noircit peu à peu, mais on préviendra cette altération par l'addition, après chaque prélèvement qu'on lui aura fait subir, d'un égal volume de vieux bain d'argent, ou bien de solution concentrée de cyanure de potassium.

Quand on retire les objets argentés du bain additionné de sulfure de carbone, il faut les plonger immédiatement dans l'eau bouillante et les y laisser un certain temps, faute de quoi ils noircissent rapidement.

D'autres substances encore exercent, sur le dépôt électrolytique d'argent, une action semblable à celle du bisulfure de carbone ; telles sont, par exemple, le soufre, le collodion, la solution d'iode et de gutta-percha dans le chloroforme, les sulfures alcalins. Mais le bisulfure de carbone, est, néanmoins, le plus usité.

Blanchiment. — On arrive à blanchir les objets argentés par la galvanoplastie, alors même qu'ils offriraient une teinte peu satisfaisante. Voici le procédé à suivre, dans ce but :

On fait une bouillie de borax et d'eau, et on y plonge les objets à blanchir. On les retire couverts de borax et on les chauffe pour que cette couche se fonde et se calcine. On effectuera cette dernière opération au feu de charbon de bois, ou, ce qui vaut mieux, au moufle. La température requise ne devra pas excéder le rouge cerise, sans quoi les objets traités restent couverts de dessins. On les lavera ensuite à l'eau acidulée et les séchera finalement à la sciure de bois non résineux.

Ce procédé est également applicable à la dorure.

Argenture sur divers métaux.

Nous allons aborder maintenant l'argenture de divers métaux et alliages.

Cuivre, laiton, maillechort, pacfung. — Ce sont là des métaux qu'il est facile d'argenter. On les nettoie grâce aux procédés indiqués. (Voir *Polissage* et *Nickelage*.)

Fer, zinc. — On argente fort bien ces métaux, en les revêtant au préalable d'une couche de cuivre par voie galvanique. On peut également avoir recours à un revêtement de laiton, lequel est spécialement recommandé, quand il s'agit d'objets ou d'ornements en zinc fondu.

On conseille également un amalgame élémentaire des objets à traiter, lequel s'obtient grâce à l'action du nitrate de mercure. Voici un résumé du procédé à suivre :

On plonge les objets, après nettoyage convenable à l'acide chlorhydrique dilué, dans une solution de nitrate de mercure, en ayant soin de réunir les objets traités avec le zinc d'une pile Bunsen. Le fer se couvre rapidement d'une mince couche de mercure et, grâce à cela, peut être facilement argenté, si on le plonge dans un bain d'argent préparé à cet effet.

En exposant ensuite l'objet à une température de 360°, le mercure se volatilise et l'argent adhère fortement à la surface qu'il importait de recouvrir ainsi.

Pour économiser l'argent, on peut recouvrir le fer d'une couche d'étain. Dans ce but, on dissout une partie de crème de tartre purifié, dans huit parties d'eau bouillante, et l'on met en communication une ou plusieurs feuilles d'étain avec le pôle de charbon d'une pile Bunsen, en se servant, pour cathode, d'une feuille de cuivre. Quand ce dernier est recouvert d'une couche d'étain suffisante, on y substitue les objets en fer, lesquels une fois convenablement étamés, peuvent être argentés ensuite de façon plus économique.

Étain, britannia, alliages de plomb et d'étain. — Ces métaux ne doivent pas être nettoyés dans des bains acides, mais dans la potasse caustique bouillante. On les brosse ensuite mécaniquement et les plonge dans le bain préparatoire déjà décrit, pendant quelques minutes, puis on établit un fort courant et l'on plonge les pièces dans le bain ordinaire pour compléter le dépôt. On doit faire usage de grandes anodes.

Les objets en Britannia (Queen's metal, métal anglais) pourront être aussi argentés à l'aide d'un bain spécial composé de :

Cyanure de potassium	30 parties.
Cyanure d'argent	10 —
Cyanure de nickel	120 —
Eau	1.000 —

Avec le bain ordinaire, l'argent n'adhère pas au britannia, tandis qu'avec le bain au nickel, il adhère aussi bien sur le britannia que sur le fer, le plomb, l'étain, etc...

Plomb. — On traite les objets en plomb par les mêmes procédés usités pour le métal anglais, après avoir préalablement nettoyé les pièces, grâce au nettoyage mécanique habituel.

Fonte. — On nettoie la fonte à l'aide d'un bain obtenu en mélangeant les deux solutions suivantes :

a.	Nitrate d'argent	3 parties.
	Cyanure de potassium	6 —
	Eau	50 —
b.	Sel marin	3 —
	Eau	150 —

Avant de porter les objets dans le bain d'argenture, on les plonge encore, pendant quelques minutes, dans l'acide nitrique, puis on les lave à plusieurs reprises.

Aluminium. — En général, on procède à l'argenture de l'aluminium, après l'avoir recouvert de cuivre. En utilisant le bain qui suit, on peut se passer de cuivrage :

Eau	1.000 parties.
Nitrate d'argent	35 —
Cyanure de potassium	60 —

On doit l'employer à froid.

On recouvre l'objet à l'aide d'une couche du liquide suivant :

Eau	1 litre.
Glycérine	50 grammes.
Cyanure de zinc	25 —
Iodure de zinc	25 —

Après un contact d'une heure, on chauffe fortement l'objet (à 400°). Après refroidissement, on le lave à l'eau pure, au moyen d'une brosse dure, et on le plonge ensuite dans le bain d'argenture ou de dorure galvanique.

On pourra également avoir recours au bain suivant, au lieu et place de celui qui précède :

Alcool	100 grammes.
Essence de lavande	100 —
Cyanure de mercure	10 —
Cyanure d'argent	19 —

Procédés divers d'argenture.

1. — Voici quelques données expérimentales concernant l'argenture du laiton par immersion :

1° En frottant le laiton avec du chlorure d'argent pur et sec, on obtient une argenture très faible ;

2° Si on humecte le chlorure et qu'on le chauffe jusqu'à ébullition, le laiton est rongé mais non argenté ;

3° L'argenture est très faible, quand on fait chauffer le laiton dans l'eau contenant le chlorure d'argent en suspension ;

4° Dans les mêmes circonstances, le cuivre ne décompose pas le chlorure d'argent ;

5° L'argenture s'effectue bien et rapidement, en frottant le laiton dans un mélange humide de :

Chlorure d'argent	1 parties.
Chlorure de soude	6 —
Crème de tartre	6 —

Elle se réalise mieux, également, lorsqu'on fait chauffer le laiton dans une solution concentrée de sel marin ou de sel ammoniaque avec le chlorure d'argent ;

6° Le sel d'ammoniaque agit plus efficacement que le sel marin ;

7° Ses diverses argentures, obtenues avec les procédés qui précèdent, présentent une teinte jaune-verdâtre qui disparaît au frottage à la crème de tartre ;

8° Si l'on frotte le laiton avec un mélange de chlorure d'argent, de sel marin et de mercure, il prend l'aspect du mercure. Si on le chauffe pour volatiser le mercure, il prend une teinte noire qui se dissipe en le frottant à la crème de tartre. Alors, le laiton offre un aspect blanc des plus agréables, et il est argenté solidement.

Le chlorure d'argent s'obtient en versant une solution de sel marin dans une autre de nitrate d'argent, jusqu'à ce qu'il ne se forme plus aucun précipité. On laisse en repos, et on recueille ensuite le précipité blanc caséeux, qui est le chlorure d'argent.

Il faut l'employer aussitôt, car il se décompose à la lumière.

2. — On confectionne un bain avec :

Cyanure d'argent	1 partie.
Cyanure de potassium	5 —
Carbonate de potasse	5 —
Eau salée (saturée)	2 —
Eau	5 —

On chauffe ce bain de trente à quarante-cinq minutes, afin de dissoudre le chlorure d'argent, en ayant soin de remplacer graduellement l'eau évaporée.

Il importe de faire remarquer que si le bain est quelque peu dilué, cela n'est pas fait pour nuire à la beauté de l'argenture, laquelle, tout en devenant plus lente, acquiert un brillant tout à fait exceptionnel.

La solution qui vient d'être donnée, une fois refroidie, doit être décantée, afin de l'isoler d'un précipité rouge qui n'aura pas manqué de se former.

On nettoiera avec le plus grand soin les objets à argenter.

Les pièces en acier bruni doivent être d'abord traitées au moyen d'un acide dilué (acide sulfurique). On prend ensuite un récipient de verre ou de terre vernie sur le fond duquel on déposera quelques morceaux ou plaques de zinc, ayant soin de les appuyer sur des supports d'argile cuite, de verre ou de toute autre substance similaire.

Un grillage en fil de zinc remplirait assez bien cet office.

Les pièces à argenter doivent être déposées sur le zinc, les unes à côté des autres, de manière qu'elles se touchent en divers points. On verse alors sur ces objets la solution chaude décrite ci-dessus, tout en la maintenant à cette température au moyen d'un fourneau, toujours à portée de l'opérateur.

En moins d'une minute, on remarque sur les objets une mince couche d'argent ; couche qui augmente rapidement de blancheur et d'épaisseur ; de telle sorte que, au bout de deux à trois minutes, l'argenture est parfaite.

Cette opération réussit particulièrement, en traitant les alliages de cuivre et le cuivre pur lui-même. Aussitôt après avoir obtenu l'argenture désirée, on lavera les objets à l'aide d'une solution de crème de tartre, puis on les brunira ou les polira au rouge anglais.

L'argenture réussit également à froid. S'il se produisait parfois des taches sombres aux points de contact avec le zinc, on les ferait disparaître en les frottant au blanc d'Espagne et en plongeant ensuite l'objet dans le bain, de manière qu'il n'y ait plus contact avec le zinc, surtout aux endroits précédemment atteints.

Le procédé d'argenture que nous venons d'étudier est d'une simplicité remarquable, ainsi que d'un prix de revient et d'une résistance parfaitement démontrés. Un fil de cuivre argenté, grâce à ce procédé, a pu subir un tréfilage qui en a décuplé la longueur, sans que l'argenture s'en soit trouvée altérée le moins du monde.

3. — Procéder à une solution de nitrate d'argent, à l'état pur mais non rectifié. On y versera ensuite une autre solution de chlorure de soude (sel marin) jusqu'à ce qu'il ne se forme plus de précipité. On laisse reposer quelque peu et on décante le liquide des couches supérieures, recueillant le précipité caséeux de chlorure d'argent qui se sera formé. On lavera ce précipité à plusieurs reprises, puis on y versera peu à peu, tout en l'agitant, une solution de cyanure de potassium à 15 pour 100, jusqu'à complète solution du précipité. Filtrer et conserver en bouteilles de verre foncé.

Quand on voudra argenter, on versera la solution ci-dessus dans un récipient en porcelaine ou un vase de verre. On y plongera l'objet à argenter, préalablement nettoyé, et l'on touchera cet objet à l'aide d'une plaquette de zinc également bien nettoyée, ou — ce qui vaut mieux — fraîchement limée.

Après dix minutes d'immersion, l'objet sera complètement argenté.

Si la solution est chauffée de 50 à 60°, l'argenture se réalisera subitement, sans le secours du contact par le zinc.

Enfin, pour rendre plus brillante cette argenture, on pourra frotter les surfaces traitées avec une bouillie de crème de tartre, les laver avec soin et frotter à la peau de chamois ;

4° Chlorure d'argent et crème de tartre, en parties égales ;

<pre>
5° Crème de tartre . . . .   8 parties.
    Chlorure d'argent.   1   —
    Alun   2   —
    Sel commun   8   —
6° Plâtre   1   —
    Chlorure d'argent.   1   —
    Sel commun . . . .   1,25 —
    Potasse 3   —
7° Chlorure d'argent, ou autre sel d'ar-
      gent 15   —
    Hyposulfite de soude. 100   —
</pre>

Après avoir préparé l'une des quatre compositions précédentes, on y ajoutera un peu d'eau, jusqu'à ce que la masse liquide acquière la consistance de la crème. On agitera dans ce milieu les objets à argenter et les frottera de ce liquide jusqu'à ce qu'il en résulte le degré de blancheur désirable ;

8° Immerger l'objet en traitement dans une solution contenant les deux formules *a* et *b* qui suivent, convenablement mélangées entre elles :

<pre>
a. Eau . . . . 100 parties.
    Bisulfite de soude.   20   —
b. Eau 100   —
    Nitrate d'argent . . . .   0.2 —
</pre>

Une fois que l'on aura obtenu le revêtement en argent, on lavera à l'eau additionnée d'un peu de soude, et puis à l'eau pure ; ensuite on séchera à la sciure de bois.

Avec le procédé ci-dessus, on peut argenter à froid le fer, le laiton, le bronze et le cuivre ;

9° On commence par préparer un précipité impalpable d'argent réduit, en faisant dissoudre 20 grammes d'argent dans 60 grammes d'acide nitrique, que l'on mélange à une solution de 20 grammes de potasse caustique dans 50 grammes d'eau. On filtre et dilue jusqu'à 22°, à l'eau distillée.

Quand on veut utiliser cette composition, on commence par nettoyer avec grand soin les objets à argenter, au moyen d'une solution de potasse dans l'acide chlorhydrique dilué ; puis, après les avoir essuyés et séchés en chauffant légèrement, on les plonge dans la solution sus-indiquée, en les changeant de place doucement, pendant quelques minutes d'immersion.

On les retire ensuite, on les essuie à la sciure et les frotte au blanc d'Espagne, à l'aide de la peau de chamois ;

10° Le procédé suivant, est dû à Ebermayer, est un des plus rapides et des plus sûrs.

On commence par préparer une poudre impalpable d'oxyde d'argent, en mélangeant les deux solutions ci-après :

a. Acide nitrique	60	grammes.
Argent.	20	—
b. Potasse caustique	20	parties.
Eau distillée	50	—

On recueille soigneusement le tout, lave le précipité, et traite ensuite, grâce à la solution suivante :

Cyanure de potassium	100	grammes.
Eau distillée.	300	—

Cette solution, filtrée au papier, se dilue jusqu'à 21 B. à l'eau distillée.

Pour s'en servir, on y plonge les objets bien nettoyés et chauffés, ayant soin de les agiter quelques minutes. On les retire ensuite du bain, puis on les frotte au blanc d'Espagne et à la peau de chamois ;

11° On dissout 110 grammes d'argent dans 650 grammes d'acide nitrique ; puis, à part, on dissout 680 grammes de chlorure de soude dans sept litres d'eau ; on mélange les deux solutions ; on laisse reposer le liquide obtenu et, quand il est clarifié, on décante. On lave alors le précipité, qui est du chlorure d'argent. Après quoi, on fond ensemble 680 grammes de ferro-cyanure de potassium et 340 grammes de carbonate potassique, et, quand la masse est froide, on ajoute au chlorure d'argent sept litres d'eau, on fait bouillir le mélange et l'on filtre. La composition, à ce moment, est prête à être employée. Si l'on veut argenter, on plonge les objets dans ce bain, les tenant en contact avec un morceau de zinc ;

12° A une solution de nitrate d'argent on y ajoute une autre de cyanure de potassium, jusqu'à ce que le précipité de cyanure d'argent qui s'est formé dès le commencement, se soit complète-ment dissout à nouveau. On fait évaporer avec précaution le liquide clair, jusqu'à parfaite siccité, et l'on obtient de la sorte la poudre à argenter.

Pour s'en servir, on en fait une solution dans l'eau, que l'on chauffe jusqu'à ébullition. On y verse alors les objets convena-blement nettoyés, en les touchant à l'aide d'un bâtonnet de zinc, lequel détermine la précipitation de l'argent sur le métal qui forme la base des objets immergés ;

13° On immerge le cuivre, convenablement poli, dans une solution de nitrate d'argent et d'eau. Quand la précipitation de l'argent est complète, on sèche avec du papier.

On frotte ensuite le cuivre avec le mélange suivant :

Eau	1	partie.
Tartrate de potasse	3	—
Chlorure de soude	3	—
Alun	2	—

La blancheur de l'argent se manifeste aussitôt et s'accuse davantage, en employant un morceau de peau.

Argenture au frottoir. — On confectionne une pâte composée d'eau et de :

Nitrate d'argent	12	parties.
Sel marin	35	—
Crème de tartre	20	—
Craie très fine	100	—

On frotte, avec cela, les objets à argenter, après les avoir dégraissés en les lavant dans la potasse caustique.

      2. Blanc d'Espagne . . . . 15 parties.
         Cyanure de potassium 4   —
         Nitrate d'argent 2   —

On frotte l'objet bien nettoyé, avec cette poudre convenablement humectée.

Procédé à chaud. Laiton. — On peut argenter le laiton parfaitement poli et désoxydé, par le procédé suivant. On place l'objet sur une couche de sciure de bois, et l'on chauffe à moins de 100°. On recouvre ensuite le métal d'une feuille d'argent qui vient si bien adhérer au laiton, qu'on n'a plus qu'à brunir celui-ci pour en obtenir l'argenture voulue.

Fer et acier. — D'après Villiers, la méthode d'argenture qui suit, pour le fer et l'acier, est préférable au nickelage et s'obtient plus facilement.

Il fait usage de l'alliage que voici :

      Étain . . . . 80 à 90 parties.
      Plomb . . . . 9 » 18   —
      Argent . . . . 1 » 2   —

On nettoie l'objet dans une solution au 10 pour 100 d'acide sulfurique ou chlorhydrique, on le rince, le sèche au moyen d'une éponge, puis on tient pendant cinq minutes, à la température de 70 à 80°, dans un fourneau à moufle. Il suffit alors de le plonger, pendant deux minutes, dans l'alliage en fusion, qui sera maintenu parfaitement liquide, en l'agitant au moyen d'un morceau de bois de pin ou de peuplier. Finalement, on retire l'objet et le plonge au plus vite dans l'eau froide. Il faut réaliser cette opération rapidement, afin que l'objet ne devienne fragile.

D'après l'inventeur, ce revêtement rend les objets inoxydables.

Fausse argenture du fil de fer. — Voici de quelle façon on peut donner au fil de fer l'apparence de l'argent.

On nettoie le fil en le plongeant dans un bain d'acide sulfurique dans lequel une feuille de zinc aura été suspendue. On le retire de ce bain et le met en contact avec une autre feuille de zinc, plongeant le tout dans un second bain formé d'une solution de deux parties d'acide tartrique dans cent vingt parties d'eau, à laquelle on ajoute trois parties de perchlorure d'étain et trois parties de soude.

On laisse le fil dans ce bain, pendant quelques heures, puis on le polit et le passe à la filière.

Substances organiques. Verre, etc...

On prépare les deux solutions suivantes :

a. Chaux vive.	2	parties.
Sucre	5	—
Acide gallique.	2	—
Eau	650	—

On filtre et on conserve dans des bouteilles bien pleines et bien bouchées :

b. Nitrate d'argent	20	parties.
Ammoniaque liquide.	20	—

On dilue dans six cent cinquante parties d'eau distillée.

Au moment d'opérer, on mélange les deux liquides à parties égales, on agite afin de réaliser le mélange intime qui est poursuivi, et l'on filtre.

Soie, laine, cheveux et autres matières fibreuses. — On lave avec soin les matières en traitement, on les plonge quelques instants dans une solution saturée d'acide gallique, ensuite dans une autre solution de vingt parties de nitrate d'argent et mille parties d'eau distillée.

On recommence cette double immersion jusqu'à ce que l'aspect terne de l'objet soit converti en une faible teinte argentine. On plonge ensuite les objets dans le liquide que nous avons précédemment indiqué (a et b) jusqu'à ce qu'ils soient complètement argentés. Enfin, on les fait bouillir dans une solution aqueuse de crème de tartre, on les lave et les sèche.

Corne, os, cuir, papier, etc... — On peut remplacer, en ce cas, l'immersion par le traitement au pinceau.

Stuc, faïence, etc... — On doit, au préalable, vernir ces matières, ou les enduire de stéarine. Si elles offrent une porosité accentuée, elles devront, avant tout, être silicatées, ou fluosilicatées; on leur appliquera ensuite les solutions argentifères indiquées ci-dessus.

Verre et porcelaine. — On nettoiera d'abord avec soin à l'eau distillée ou à l'alcool, puis on traitera à la solution composée dont nous avons donné la formule, opération qui devra être effectuée dans une bassine en métal.

La précipitation de l'argent commence au bout de cinq minutes, et se termine en quelques heures. Après quoi, on lave, on sèche et l'on recouvre les objets d'un vernis protecteur.

Si l'on tient à opérer plus rapidement, on élèvera la température de quelques degrés.

Ivoire. — On plonge ces objets dans une solution diluée de nitrate d'argent, jusqu'à ce qu'ils présentent une coloration jaune foncé. On les immerge ensuite dans l'eau pure et, au sortir de là, on les expose à l'action directe des rayons solaires.

Au bout de trois heures, l'argent apparaîtra complètement noir ; mais, en le traitant au moyen d'une peau souple, il acquerra bientôt un beau degré de brillant.

Traitement du cuir à l'éponge. — De même que pour la dorure, on traite, dans le cas qui nous occupe, grâce à l'un des liquides dont nous donnons, ci-après, la composition :

a. Eau	10 litres.	
Nitrate d'argent	100 grammes.	
Ammoniaque	65	—
Acide tartrique	15	—
b. Eau	10 litres.	
Glucose	100 grammes.	
Chaux vive	40	—
Nitrate d'argent	10	—

Traitement galvanique. — On l'effectue, comme pour ce qui est du dorage, à l'aide du bain que voici :

Eau	100 litres.	
Nitrate d'argent	0 kil. 3	
Cyanure de potassium	2 — 3	

Procédé direct. — On l'exécute comme il sera dit pour le dorage, ci-après.

Soie. — On dessine, sur la soie, à l'aide d'un pinceau ou d'une plume spéciale et neuve que l'on trempera dans une solution de nitrate d'argent additionnée d'un peu de gomme, afin de la rendre moins liquide. On laisse quelque peu sécher et l'on place ensuite la partie dessinée sur un récipient d'où se dégage de l'hydrogène. Ce gaz s'obtient en mettant dans le récipient un peu d'eau acidulée à l'acide sulfurique, et quelques petits morceaux de zinc.

Peu après, l'argent se trouve réduit et adhère assez bien à l'étoffe.

Les dessins obtenus par ce procédé sont d'un effet très gracieux.

Cristal et miroir. — On polira soigneusement la surface traitée, et on la placera horizontalement sur une table. Pour traiter une surface de un mètre carré on prépare les deux solutions suivantes :

> *a.* Eau distillée . . . . 1 litre.
> Tartrate double de soude et de potasse. . . . . 10 grammes.

On met le tartrate dans un récipient émaillé, avec un quart de litre d'eau. On y ajoute environ 0 gr. 5 de nitrate d'argent ; on fait bouillir jusqu'à complète solution, puis on y ajoute l'eau qui reste et l'on filtre.

> *b.* Nitrate d'argent fondu . . . . . 5 grammes.
> Ammoniaque pur. . . . . 3 —
> Eau distillée . . . . 1 litre.

On fait dissoudre le nitrate dans l'ammoniaque, poursuivant le mélange jusqu'à complète solution. On ajoute l'eau et l'on filtre.

On mélange les deux solutions au moment de s'en servir, et on en verse vingt centimètres cubes environ sur la plaque traitée, étendant le liquide au moyen d'une peau de chamois bien propre. On verse ensuite, d'un seul coup, toute la préparation restante, qui s'étendra d'elle-même sur la plaque en traitement. L'argent sera précipité sur la plaque à l'état métallique ; au bout de trente à quarante minutes, et y adhérera fortement.

On enlève alors le liquide, en soulevant la plaque par le côté ; on y passe légèrement l'éponge et l'on rince.

On met la plaque à sécher en la plaçant dans une position verticale et, quand elle est sèche, on l'enduit à l'aide d'un pinceau d'une couche de vernis préservatif.

Si l'on désire obtenir une argenture plus solide, on devra répéter l'opération.

Pour obtenir des résultats satisfaisants, il faut que la température ambiante soit maintenue entre 25 et 30°. De plus, il faut employer l'eau distillée, même pour le nettoyage des ustensiles.

Cette argenture présente, néanmoins, quelques inconvénients. Le reflet du métal est toujours un peu jaunâtre ; parfois la pellicule n'adhère pas au verre, ou se soulève sous l'action des rayons solaires. En outre, le vernis ne garantit pas toujours l'argent contre l'action des gaz sulfureux.

Lenoir chercha à remédier à de tels inconvénients au moyen du procédé suivant :

La plaque, une fois argentée, est soumise à l'action d'une solution diluée de cyanure double de mercure et de potassium. Il se forme un amalgame d'argent d'aspect blanc et resplendissant qui adhère fortement au verre.

Pour faciliter l'opération et utiliser tout l'argent employé, Lenoir — économisant le cyanure double de potassium et de mercure — saupoudre la plaque, au moment où elle est recouverte de la solution mercurielle, d'une poudre de zinc très fine qui précipite le mercure et régularise l'amalgamation.

Les plaques ainsi préparées donnent des images assez claires, et résistent aux émanations sulfureuses beaucoup mieux que les plaques argentées au mercure ou par l'autre méthode indiquée.

2. — Dans une solution au 1 pour 100 de nitrate d'argent, versez goutte à goutte de l'ammoniaque ; il se forme alors un précipité qui disparaît ensuite. On suspendra l'addition d'ammoniaque un peu avant que la solution ne soit tout à fait limpide. A ce moment, on versera avec précaution une solution au 3 pour 100 d'acide tartrique, on agitera et verra un nouveau précipité appelé aussitôt à disparaître. Quand il sera près de devenir stable, on interrompra l'addition d'acide, et le liquide

sera prêt. Les verres à argenter, bien nettoyés au préalable, seront plongés dans les couches les plus superficielles du liquide et y seront laissés jusqu'à ce que l'argenture soit accomplie.

3. — Dans un récipient d'eau distillée, on met de l'oxyde tartrique d'argent que l'on maintiendra en suspension par l'agitation prolongée de l'eau. On y versera ensuite avec précaution une solution d'ammoniaque assez diluée, jusqu'à ce que tout l'oxyde soit dissous. On pourra laisser une partie de l'oxyde non dissous, mais il faut que l'odeur de l'ammoniaque ait tout à fait disparu.

On met dans ce liquide l'objet de verre à argenter, après l'avoir bien nettoyé. On le verra alors se recouvrir d'une couche d'argent resplendissante, dans l'espace d'environ dix minutes.

Si l'on veut argenter un seul côté de l'objet, on suspend celui-ci de manière que le côté en question soit seul en contact avec le liquide.

La couche d'argent augmentera d'épaisseur, en répétant l'opération décrite ci-dessus.

Quant à l'oxyde tartrique d'argent, voici comment on le prépare:

On fait deux solutions à l'eau : l'une de 17 grammes de nitrate d'argent et l'autre de 28 grammes de tartrate de potasse et de soude. En mélangeant les deux solutions, il se formera un précipité d'oxyde tartrique d'argent en poudre blanche, que l'on purifiera en le faisant passer trois fois par un filtre, au moyen d'eau distillée. Cet oxyde doit être conservé dans l'eau distillée et gardé en bouteille de verre foncé ou noir.

4. — Auguste et Louis Lumière ont remarqué que l'aldéhyde formique donne facilement, grâce à des solutions ammoniacales de nitrate d'argent, des miroirs adhérents et susceptibles d'être polis sans difficulté.

Il est à noter qu'avec ce procédé presque tout l'argent contenu dans les liquides d'argenture se dépose sur les objets, prévenant de la sorte toute déperdition possible ou toute utilisation éventuelle des résidus. En outre, la méthode que l'on vient d'étudier offre cet avantage, qui est d'être extrêmement simple.

Après de longues expériences, les praticiens que nous venons

de citer ont proposé néanmoins une recette encore plus satisfaisante. C'est celle que voici :

On prend, par exemple, 100 centimètres cubes d'une solution
à 10 pour 100 de nitrate d'argent à laquelle on ajoute, goutte à
goutte, une quantité d'ammoniaque exactement suffisante pour
dissoudre le précipité qui s'est formé au début.

On devra avoir soin d'éviter tout excès d'ammoniaque, ce qui
pourrait nuire à la formation du dépôt.

On portera ensuite le volume du liquide à 1 litre, grâce à une
addition convenable d'eau distillée, et l'on obtiendra de la sorte
la solution A.

On diluera ensuite, à part, au moyen de l'eau distillée, la solution à 40 pour 100 d'aldéhyde formique du commerce, de façon à
obtenir une solution au 1 pour 100.

Cette nouvelle solution, que nous dénommerons B, se conserve assez longtemps, en raison de son degré de dilution.

On polira alors avec soin les surfaces à argenter, au moyen
d'une peau de chamois imprégnée de rouge anglais, et, au
moment d'opérer, on prendra :

Solution A. . . . . 2 volumes
    —   B. 1   —

On effectuera le mélange complet et rapide de ces deux éléments, puis on versera ce mélange sur le verre qu'il s'agit d'argenter ; opération qui devra être exécutée d'un seul coup, sans
aucun arrêt. Au bout de cinq à dix minutes, à la température
de 15 à 19°, tout l'argent de la solution se sera déposé sur le
verre, en couche brillante, que l'on lavera sous un jet d'eau.

On laissera sécher, et il ne restera plus qu'à vernir, au cas où
l'on aurait à utiliser la pièce en traitement en guise de réflecteur.
Au contraire, on polira tout simplement, grâce aux précautions
d'usage, au cas où la couche même, ainsi obtenue, serait destinée à faire partie d'un instrument astronomique.

La précaution la plus importante, en tout cas, consiste à effectuer l'opération ci-dessus de manière que le liquide recouvre
d'un seul coup toute la surface à traiter.

Le dépôt d'argent métallique se forme en cinq ou six minutes. On lave ensuite abondamment.

Glaces ternies. — Il arrive quelquefois, dans la fabrication des miroirs, qu'il se produit des taches dans la couche d'argent. D'après Jolles et Wild, ces taches seraient dues à la présence dans le verre de composés sulfureux susceptibles de réagir sur l'argent.

Il est difficile, par le simple lavage, de libérer le verre du soufre ; et même avec un frottage violent, il arrive qu'on met à nu d'autre sulfure de sodium.

Les taches obscures peuvent être enlevées en maintenant les plaques de verre, dépourvues de toute couche d'argent, dans une solution chaude de soude caustique. Pour détacher le sulfure d'argent, il suffit d'avoir recours, pendant une minute, à l'ébullition dans la lessive, à 10 pour 100, de soude caustique.

Ce procédé est applicable à tous les verres que l'on veut argenter, quand il s'agit d'éviter la formation de taches, au cours de l'opération. Il faut également que le chauffage à 100° se réalise avec précaution, graduellement, dans des caisses appropriées à cet effet, afin d'éviter tout danger de rupture.

Quand on soumet à ce traitement des verres non encore argentés, il est préférable de faire usage de carbonate de soude, au lieu de soude caustique. De cette façon, la surface du verre est moins exposée à la corrosion, et l'acide silicique, le soufre et le sulfure sont également éliminés.

On pourrait éviter d'avoir recours à un pareil traitement des pièces, en analysant le verre afin de reconnaître s'il contient du sulfure de soude.

Porcelaine et verre. — On emploie un mélange de 25 à 30 pour 100 de borate de plomb et de 70 à 75 pour 100 d'argent en poudre, soigneusement trituré sur une lame de verre avec un peu d'essence de térébenthine, et rendu pâteux ou semi-fluide par l'addition de 10 pour 100 d'huile de pied de bœuf très fine.

Après avoir appliqué ce mélange, au moyen d'un pinceau, sur les pièces à traiter, on fait sécher au four, puis on porte les objets, au moyen du moufle, à une température assez élevée pour que le borate de plomb fondu morde la porcelaine ou le verre, et s'y attache, recouvert d'une couche d'argent conductrice.

Si l'on suspend ensuite la porcelaine ainsi préparée, dans un bain électrolytique, les parties argentées se recouvrent du dépôt électrolytique voulu, dépôt assez adhérent d'ailleurs.

Verre. — Böttger indique le procédé suivant :

On dissout 4 grammes de nitrate d'argent pulvérisé dans l'ammoniaque concentré, en y ajoutant 2 grammes de sulfate d'ammoniaque et 350 centimètres cubes d'eau. On dissout à part 1 gr. 2 de sucre de fécule ou de raisin et 3 grammes de potasse caustique dans 350 centimètres cubes d'eau distillée.

Au moment d'opérer, on prend des volumes égaux des deux liquides ci-dessus, et l'on applique ce mélange sur les surfaces que l'on veut argenter.

Matras en verre. — On chauffe le matras avec précaution et on y verse dedans un amalgame chaud composé de deux parties de mercure, une partie de bismuth, une de plomb et une d'étain.

On fait tourner le matras de façon que l'amalgame soit mis en contact avec toute sa surface intérieure.

Désargenture.

On est obligé, en certains cas, d'enlever l'argenture qui recouvre un objet donné, soit qu'elle ait été partiellement usée, soit que le dépôt n'ait pas complétement réussi à se former.

Cette opération s'effectue au moyen d'un liquide en état de dissoudre l'argent sans attaquer le métal sous-jacent, lorsque celui-ci est composé de cuivre ou d'un alliage de cuivre.

Voici la composition de ce liquide :

```
Acide sulfurique concentré  . . . . .  10 litres.
  —    nitrique à 40° B . . . . . . .   1  —
```

On suspend les objets dans ce véhicule jusqu'à parfaite solution de tout l'argent qui les revêt. Le sel d'argent se précipite au fur et à mesure qu'il se forme. On active l'opération en ajoutant peu à peu de l'acide azotique en petite quantité.

On peut également désargenter avec rapidité en chauffant de l'acide sulfurique concentré dans une capsule en porcelaine et en y projetant, peu à la fois, du salpêtre, alors que la température aura atteint 150°.

Il suffit d'une immersion de quelques instants.

Pour désargenter le fer, la fonte, le plomb et le zinc, il faut les plonger dans un bain de cyanure, en les mettant en communication avec le pôle positif du générateur d'électricité.

Pour utiliser le nitrate d'argent précipité au fond du vase, quand on emploie le liquide a, on dilue ce liquide avec de l'eau fortement salée et on agite. Le nitrate se transforme en chlorure d'argent insoluble. On laisse reposer quelques heures, puis on décante. On lave le précipité à plusieurs reprises, ensuite on le mélange avec moitié de son poids de carbonate de soude cristallisé ; on en fait une pâte homogène et l'on fait sécher sur une feuille de fer-blanc. On introduit cette pâte, par petits morceaux à la fois, dans un creuset fortement chauffé. Après fusion complète, on laisse refroidir sans agiter, et on recueille au fond du creuset un fragment d'argent pur.

Argenture et dorure partielle.

Si l'on désirait argenter ou dorer une partie seulement d'un objet donné, on enduirait les autres parties d'un vernis isolant qui ne devrait pas être composé exclusivement de cire, guttapercha ou poix, parce que ces substances seraient attaquées ou dissoutes par le cyanure de potassium contenu dans les solutions argentifères ou aurifères. Une excellente composition destinée à ce faire est celle que Roseleur a conseillée, et qui se compose de :

Cire jaune	60 grammes.
Colophane	100	—
Cire d'Espagne très fine.	40	—
Rouge anglais à polir.	30	—

On met à fondre dans une capsule en porcelaine, au bain-marie, la colophane et la cire d'Espagne, ensuite on y ajoute la cire jaune. Quand les trois substances sont bien liquides, on y ajoute, peu à peu, le peroxyde de fer, en ayant soin d'opérer le mélange sans discontinuer, à l'aide d'un morceau de bois. La capsule une fois retirée du feu, on continue le mélange jusqu'à parfaite condensation de ladite composition. Si, après avoir retiré la capsule du feu, on ne continuait pas le mélange, le rouge anglais, en raison de son poids, précipiterait le tout au fond du récipient.

La composition précédente s'applique assez bien sur les objets traités, en réchauffant légèrement les parties sur lesquelles on aura à l'étendre. Pour l'enlever, on trempera les objets dans l'essence de térébenthine ou la benzine, et on lavera ensuite à l'eau chaude avec 10 pour 100 de potasse caustique, puis l'on passera à l'eau froide et séchera à la sciure.

Utilisation de l'argent des vieux bains.

1. — Dans le but de précipiter les dernières traces de métal précieux qui demeurent dans les bains constituant un résidu d'argenture galvanique et contenant des cyanures alcalins, il suffit d'une immersion de feuilles de zinc bien nettoyé, pendant deux jours consécutifs. L'opération deviendra plus parfaite encore, si on y ajoute, en même temps, des feuilles de fer.

Tandis que, dans le premier cas, il arrive parfois que l'argent adhère au zinc, dans le second, on l'obtient au contraire sous forme de poudre. Celle-ci contient, d'habitude, de faibles quantités de cuivre. Mais, si l'on veut obtenir un métal tout à fait pur, il faudra dissoudre à chaud la poudre en question dans l'acide sulfurique et, après avoir dilué le produit dans une eau abondante, précipiter à nouveau le résultat avec du cuivre métallique.

Si la proportion du cuivre qui souille l'argent est faible, l'épuration pourra s'effectuer en fondant la poudre métallique avec du salpêtre et du borax.

2. — On verse peu à peu dans le bain de l'acide chlorhydrique, lequel provoque la précipitation de l'argent sous forme de chlorure que l'on pourra utiliser ensuite tel quel pour de nouveaux bains. On peut également en extraire l'argent, en

plongeant dans le bain des petites barres de fer ou de zinc, et procédant ensuite à la fusion voulue.

3. — Le procédé qui suit donne directement l'argent en feuille : il suffit de suspendre au pôle négatif une petite feuille d'argent et, faisant passer le courant dans le bain, amener tout l'argent véhiculé par celui-ci à se déposer sur la petite feuille d'argent.

CHAPITRE VII

NICKELAGE

Procédé galvanique.

Règles générales. — 1° Pour obtenir de bons dépôts de nickel, il faut observer quelques règles essentielles que l'on peut résumer dans les paragraphes suivants :

1° Traitement préalable des pièces, avant de les plonger dans le bain ;

2° Choix judicieux et préparation soignée du bain ;

3° Courant électrique d'intensité et de force électro-motrice exactement proportionnées ;

4° Exécution soignée de l'opération et surveillance continuelle de sa marche.

Pour ce qui concerne le paragraphe 1, il nous suffira de dire que les objets doivent être préalablement soumis à un dégraissage et un nettoyage des plus *scrupuleux*, car l'adhérence du dépôt à effectuer dépend du degré de perfection du polissage subi par les diverses surfaces métalliques.

Relativement au bain, nous fournirons ultérieurement la composition de tous ceux qu'il importe de connaître. Quelle que soit, d'ailleurs, leur valeur ou leur composition, il est de toute nécessité de veiller à leur extrême pureté ; l'eau qui les véhicule devrait, autant que possible, être distillée. Afin d'éviter toute dépense superflue à cet égard, on pourra utiliser l'eau de pluie, non altérée par les poussières.

Le courant électrique doit être proportionné à la composition du bain ; en tout état de cause, on devra commencer l'opération avec un courant de force élevée et, après avoir obtenu la première pellicule, diminuer l'intensité du courant. Celle-ci, au demeurant, est en étroite relation avec l'ampleur de la surface à recouvrir, avec la distance des anodes et diverses circonstances différentes que nous indiquerons en temps opportun.

Il importe, enfin, de surveiller continuellement la marche de l'opération, soit pour le réglage du courant, soit pour assurer le bon état du bain, veillant avec soin à conserver la neutralité de ce dernier, car le dépôt effectué peut facilement changer d'aspect et de structure, suivant les modifications subies par le bain, durant l'évolution des divers phénomènes électrolytiques.

2° Nous allons aborder, maintenant, les particularités relatives aux opérations du nickelage.

Au point de vue industriel, on peut distinguer trois sortes de produits susceptibles d'être nickelés :

1° Les objets brunis à éclat vif ;

2° Les objets bruts ;

3° Les articles de fantaisie à bon marché.

Les premiers devront être laissés dans le bain jusqu'à ce que le dépôt devienne gris-bleuâtre. On les en retire alors, et on les passe à l'eau froide, puis à l'eau bouillante, et, finalement, on les sèche à la sciure de bois.

Pour reconnaître le degré de solidité du dépôt, il suffira de frotter fortement l'un des objets traités sur un morceau de bois blanc bien raboté, et cela jusqu'à ce que l'objet acquière un certain degré de chaleur.

Si le dépôt de nickel résiste à un tel frottement, sans autre altération, on le tiendra pour excellent.

Les objets bruts et dépourvus de tout lustre doivent, en général, être laissés dans le bain jusqu'à ce qu'ils présentent un aspect gris-bleuâtre sans aucune trace de brillant. On en examinera le dépôt, à l'aide d'une brosse à fils d'acier.

Quand on a à nickeler nombre de petits objets, il vaut mieux les enfiler à l'aide d'un fil de cuivre, tout en les isolant au moyen de perles de verre.

Pendant l'opération, qui ne dure que quelques minutes, on ne cessera d'agiter ce fil.

Les objets de faible grosseur, tels que les boutons, les dés, les vis, etc., etc., se déposent dans une passoire en porcelaine au

Fig. 1. — Passoire.

fond de laquelle on dispose un fil de laiton très mince, entortillé à l'anse, et que l'on met en communication avec le pôle négatif de la source électrique. On déposera les divers objets sur le fond de la passoire, de façon qu'ils ne forment qu'une couche de faible épaisseur, que l'on aura soin d'agiter fréquemment, afin que les pièces immergées, changeant constamment de place, puissent offrir à l'opération du nickelage toutes leurs surfaces.

On tiendra d'une main la passoire (fig. 1) et, de l'autre, l'anode, relié au pôle positif, et l'on aura soin qu'il n'entre pas en contact avec les objets immergés.

L'opération qui vient d'être indiquée réussit assez bien à chaud.

Préparation des objets. — On devra, tout d'abord, les passer dans une solution bouillante de potasse caustique. L'acier, le laiton, le fer, peuvent demeurer dans un tel bain jusqu'au moment où on les traitera à la brosse et à la pierre ponce ; mais l'étain, et, en général, les objets soudés à l'étain ne devront séjourner que peu d'instants dans la potasse caustique, en raison des atteintes graves qui pourraient en résulter pour ces divers genres de métaux.

On doit procéder au polissage préalable des objets à plonger dans le bain, attendu que l'aspect du revêtement qu'on se propose de leur communiquer doit correspondre exactement à l'aspect des surfaces à recouvrir.

Cette opération s'effectue ordinairement grâce aux procédés mécaniques généralement usités : brosses plates, brosses rotatives, meules à émeri ou meules en cuir imbibées d'huile et d'émeri (fig. 2).

À Vienne, on emploie des disques en bois de tilleul garnis de cuir et enduits de glu, substance gélatineuse et visqueuse. Ces

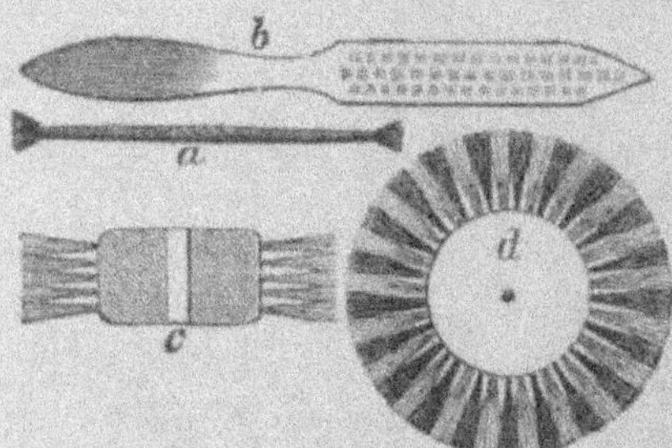

Fig. 2. — Brosses à galvanoplastie.

disques sont, par précaution, saupoudrés d'une composition propre à polir. D'autres disques de drap et de la poudre de chaux vive très fine servent à donner la dernière façon à cette opération de polissage.

La vitesse de rotation imprimée à ces divers disques est assez élevée; on peut l'évaluer environ à 50 mètres par seconde, à la périphérie.

Après le polissage, le laiton doit être plongé, pendant quelques instants, dans un bain de potasse, ensuite dans une solution de cyanure de potassium de moyenne concentration. Après un lavage à grande eau, on brossera à la pierre ponce, réduite en poudre très fine.

On lavera à nouveau et l'on plongera les objets traités dans le cyanure de potassium. On finira les opérations par un dernier bain, et l'on procédera finalement au nickelage.

Il faudra toujours s'assurer, en cette circonstance, si l'objet immergé est totalement recouvert par le bain, car de cette condition, plus ou moins bien observée, dépend le succès de l'opération.

On aura garde, au cours des manipulations diverses que cette opération exige, de ne point toucher aux pièces en préparation, soit avec les doigts, soit à l'aide d'un chiffon humide. Afin d'éviter ces contacts, on fixe les objets traités à un fil de cuivre, ce qui facilite les manipulations.

Il convient absolument de ne pas laisser sécher à l'air libre les pièces en traitement. Il faut, au contraire, les plonger dans le bain dès qu'on aura terminé le polissage.

Quand il s'agira de traiter des objets en fer, en acier ou en fonte, il sera bon, après le dégraissage, de les soumettre à un nettoyage par l'acide. Dans ce but, on les plongera dans l'acide sulfurique dilué, ensuite on les lavera à l'eau pure, avant de les introduire dans la solution de cyanure de potassium qui doit toujours précéder l'emploi du bain spécial.

Les objets en cuivre, ou à base d'alliage de cuivre, pourront être nettoyés, après dégraissage, en les plongeant, durant quelques secondes, dans une solution d'acide nitrique à 10 pour 100. On pourra, également, avoir recours au procédé que voici.

Plonger les objets en préparation dans un bain de chaux vive véhiculée par de l'eau en quantité convenable, de telle façon que le liquide soit d'apparence laiteuse. Au sortir de là, on procédera à un lavage à l'eau pure et l'on finira par une solution de 1 gramme d'acide chlorhydrique par litre d'eau. Dernier lavage consécutif à l'eau pure ensuite.

On aura toujours grand soin de ne point toucher aux pièces en traitement, soit directement, soit à l'aide de corps gras.

Bien que la fonte, le fer et l'acier puissent être nickelés directement, on peut néanmoins les revêtir tout d'abord d'une légère couche de cuivre sur laquelle le nickel vient adhérer mieux que sur le fer lui-même. D'autre part, il est plus facile de reconnaître les défectuosités du polissage sur un revêtement de cuivre que sur le fer ou la fonte.

Composition du bain. — Il importe, en toute circonstance, d'examiner attentivement les données exactes d'un bain pour se rendre compte de ses propriétés ainsi que de la valeur rigoureuse qu'on lui attribue communément.

En général, il est de règle constante que tous les sels que l'on ajoute à une solution, afin d'en accroître l'activité, ne doivent pas avoir d'action décomposante sur les sels de nickel. Ils ne doivent pas, non plus, contenir de métaux étrangers, tout en demeurant, autant que possible, absolument neutres.

Un bain pauvre est rapidement annihilé, tandis qu'un bain trop concentré peut donner lieu à des cristallisations, à des dépôts noirs, etc...

Nous donnerons, ci-après, un choix des principales formules proposées par divers auteurs, pour la confection des bains propres au nickelage. On pourra, de la sorte, s'arrêter à la formule qui paraîtra offrir des avantages pour tel cas spécialement donné.

La plupart des formules indiquées sont basées sur l'emploi d'un sel double de nickel et d'ammoniaque.

Un bain alcalin donne toujours des dépôts plus ou moins foncés, tandis qu'un bain faible d'acide fournit des dépôts très clairs.

Au lieu de l'acide citrique, indiqué par certaines formules, quelques établissements font usage de l'acide chlorhydrique chimiquement pur, parce qu'il est moins coûteux. Les résultats demeurent identiques, mais l'acide citrique est de manutention plus aisée.

A l'encontre de toutes les autres solutions électrolytiques (or, argent, cuivre, laiton, etc.) qui contiennent du cyanure de potassium, il faut, en ce qui concerne le nickel, s'abstenir absolument d'avoir recours à ce sel.

Après une certaine durée, les bains propres aux opérations de nickelage arrivent à s'altérer, en devenant alcalins ou acides. Au début, une certaine acidité du bain est toujours préférable, pourvu qu'elle soit légère.

Quand la solution devient trop alcaline, il se produit une bouillie jaune-verdâtre qui trouble le bain et donne aux objets un aspect jaunâtre désagréable.

Lorsque, au contraire, la solution est trop acide, le dépôt demeure blanc, mais il adhère fort mal et s'exfolie immédiatement.

Il résulte de ces observations qu'il est de toute nécessité de veiller à l'état du bain et de l'éprouver au tournesol, afin de le corriger comme il convient ; car il importe de le conserver faiblement acide.

Quant au degré de concentration, s'il est inférieur à 8° le dépôt se formera trop lentement ; s'il est supérieur à 10° les sels de nickel se cristalliseront, en se déposant sur les parois du récipient ainsi que sur les anodes.

Dans les usines, le chauffage des bains s'effectue à la vapeur. Il est bon, en pareil cas, d'employer des tubes de métal vernis, ou de terre cuite, afin de prévenir l'altération du bain.

Nous pourrions, certes, fournir ici un nombre considérable de formules spéciales. Mais il est de notre devoir de faire remarquer, une fois pour toutes, que le succès des opérations dépend de la composition du bain, et encore de la pureté des produits utilisés, ainsi que des soins, de la vigilance et surtout de la scrupuleuse propreté que semblent réclamer de telles manipulations.

    1° Sulfate de nickel ammoniacal . . . . . 1 kil.
       Eau distillée. . . . . 10 litres.

La formule ci-dessus correspond à peu près à une solution saturée de sulfate de nickel ammoniacal pur.

2° Formule de *Roseleur* :

    Eau distillée . . . . 10 litres.
    Sulfate double de nickel et d'ammoniaque. 0 kil. 4
    Carbonate d'ammoniaque. . . . . 0 — 3

On dissout séparément les deux sels à chaud, dans une partie d'eau. On verse peu à peu la solution de carbonate d'ammoniaque dans celle de nickel (sulfate) en ayant soin de ne pas outrepasser la neutralisation.

3° A l'aide du bain suivant, on peut déposer une forte couche de nickel sur n'importe quel métal, en un temps relativement limité, et en utilisant un courant de faible intensité :

    Sulfate de nickel. . . . . 1 kil. »
    Tartrate neutre d'ammoniaque . . . . . 0 — 725
    Acide tannique . . . . 0 — 005
    Eau . . . . 20 litres.

Le tartrate neutre d'ammoniaque s'obtient en saturant de l'acide tartrique avec l'ammoniaque. Le sulfate de nickel doit être employé neutre.

On commence la solution dans une quantité de deux ou trois litres d'eau, que l'on fait bouillir environ un quart d'heure; on y ajoute ensuite le reste de l'eau et l'on filtre. Le bain peut servir indéfiniment, pourvu qu'on y ajoute de temps en temps les sels indiqués par la formule ci-dessus.

Le dépôt de nickel obtenu par ce procédé, est blanc, ductile et homogène.

Lors même que la couche ainsi obtenue serait de forte épaisseur, il serait difficile d'y observer aucune défectuosité de dépôt, ni aucune tendance à l'exfoliation. Il est arrivé que l'on a obtenu de forts dépôts sur la fonte, soit à l'état brut, soit à l'état poli, et cela grâce à un prix de revient à peine supérieur a celui qui est exigé par un dépôt de cuivre.

4° Dans cent litres d'eau, on dissout 8 kilogrammes de sulfate de nickel ammoniacal; puis on rend ce liquide légèrement alcalin, en y ajoutant une quantité suffisante d'ammoniaque pour que le papier de tournesol passe à la teinte azurée.

On procède alors à l'ébullition, on filtre ensuite, après complet refroidissement, puis on ajoute de l'acide citrique jusqu'à ce que le papier de tournesol prenne une teinte rouge légère.

5° On peut former un bain excellent avec :

Sulfate de nickel ammoniacal	5 kil. »
Tartrate d'ammoniaque.	3 — 750
Acide gallique.	0 — 025
Eau	100 litres.

On peut substituer au tartrate d'ammoniaque un mélange d'acide tartrique et de sel ammoniacal, parfaitement neutre.

6° Le docteur Potts conseille le bain suivant, comme étant très stable :

Acétate de nickel	2 kil. 75
— de chaux	2 — 50
Eau	100 litres.

On ajoute au liquide 700 grammes d'acide acétique de densité 1,047.

On peut opérer sur l'hydrate de nickel précipité moyennant une solution de carbonate de soude, laver ensuite le dépôt et le dissoudre à nouveau à chaud dans l'acide acétique; l'acétate de chaud s'obtiendra par solution directe de la craie dans l'acide acétique chaud. Il faut filtrer le bain.

7° Sulfate de nickel ammoniacal	5 kil.	»
— d'ammoniaque	2 —	»
Acide citrique	0 —	5
Eau	100 litres.	

On fait bouillir et on filtre.

8° Sulfate de nickel ammoniacal	8 kil.	»
Sel d'ammoniaque	1 —	»
Oxalate de baryte	0 —	5
Eau	100 litres.	

On peut aussi utiliser ce bain sans l'oxalate de baryte :

9° Sulfate de nickel ammoniacal	6 kil.	
Sel d'ammoniaque	3 —	5
Sulfate d'ammoniaque	2 —	5
Eau	100 litres.	

10° Sulfate de nickel ammoniacal	5 kil.	»
— d'ammoniaque	1 —	»
Eau	100 litres.	

11° Powell trouva, après de longues recherches, que l'addition d'une petite quantité d'acide benzoïque à un sel de nickel, permet d'obtenir un dépôt blanc et brillant, que l'acide benzoïque soit libre ou combiné. On ajoute l'acide benzoïque au bain complétement préparé, à la dose de 1 à 2 grammes par litre, sans outrepasser cette proportion.

Voici, à ce propos, les recettes recommandées, pour dix litres d'eau :

a. Sulfate de nickel	270 grammes.	
Citrate de nickel	200	—
Acide benzoïque	70	—

     b. Chlorure de nickel. . . . . . 140 grammes.
         Citrate   — 140   —
         Acétate   — 140   —
         Phosphate   — 140   —
         Acide benzoïque 70   —
     c. Sulfate de nickel 200   —
         Citrate   — 200   —
         Benzoate   — 70   —
         Acide benzoïque 15   —
     12° Eau . . . . 100 litres.
         Chlorure de nickel. . . . . . 5 kil. »
         Acide borique . . . . 2 — 5

13° L'un des bains les plus usités par les industriels se compose de sulfate de nickel ammoniacal, d'acide borique et chlorhydrate d'ammoniaque. Il est de facile préparation et suffisamment stable.

Les bains boriqués produisent un dépôt dur et recouvrent assez bien les objets plats, mais ne pénètrent point les parties creuses. En y ajoutant du sel marin ou du sel d'ammoniaque, la pénétration des creux arrive à se réaliser et le dépôt se forme avec régularité et suffisante résistance.

On recommande, pour un tel bain, les proportions suivantes :

     Sulfate de nickel ammoniacal. . . . . . 5 kil.
     Eau . . . . 100 litres.

A cette solution, on ajoute :

     Acide borique. . . . . 1 kil. 250
     Chlorure de soude . . . . 1 — 250

On devra faire bouillir la solution, en l'acidifiant à l'acide citrique, la neutralisant ensuite avec l'ammoniaque ou bien avec son carbonate. Enfin, on filtrera avec soin.

14° Pour le nickelage du fer et de la fonte, on ne peut faire usage des bains au chlorure de nickel. Quant aux autres métaux, le bain suivant est des plus efficaces :

     Chlorure de nickel. . . . . 10 parties.
     Acide borique . . . . 2 à 5   —

Pour le fer et la fonte, on recommande les bains indiqués

précédemment, avec acides faibles, tels que l'acide citrique, benzoïque, tartrique, etc...

Toutefois, ces diverses substances contribuent à élever le prix du bain, ce qui en restreint l'emploi pour le nickelage du fer et de la fonte.

15° D'après G. Wolff, le bain de nickel qui offre le plus de garanties, pour les divers traitements à effectuer, se prépare comme suit :

Sulfate de nickel ammoniacal . . .	600 grammes.
Carbonate de nickel pur	50 —
Acide borique cristallisé.	300 —
Eau de pluie ou distillée.	10 à 12 litres.

On commence par chauffer la solution du sulfate avec le carbonate, jusqu'à production de gaz acide carbonique ; on ajoute ensuite l'acide borique et l'on fait bouillir quelques minutes, avant de filtrer. Il est indispensable, pour rendre ce bain efficace, de recourir à des anodes obtenues par fusion et laminage, double nécessité qui se réalise grâce à la proportion corrélative de 1 et 2 pour superficies égales. C'est-à-dire que les anodes laminées devront coter 2, lorsque ceux dus à la fusion coteront 1. Il faut, de plus, veiller à l'état de pureté extrême du métal.

La force électro-motrice doit osciller constamment entre deux et cinq volts environ, sans écarts trop variables, ce qui exige un courant régulier.

Au moyen du bain qui vient d'être indiqué, et en ayant toutefois recours au cuivrage préalable, on peut nickeler le laiton, le fer, la fonte, l'étain, le métal anglais, le zinc et le plomb.

16° Nous allons indiquer, enfin, le bain de Weiss, lequel, après de fréquentes expériences, paraît en état de donner d'excellents résultats :

Eau.	100 litres.
Sulfate de nickel.	1 kil.
Sel ammoniaque	2 —
Acide citrique	0 — 2

Anodes. — Même lorsqu'une industrie donnée n'a recours au nickelage que d'une façon secondaire, et dans un but de simple décoration artistique, il est bon de ne pas reculer devant les frais imposés par l'emploi de la force motrice afin d'éviter des complications d'outillage ou de main-d'œuvre préjudiciables au prix de revient dont il faut tenir compte dans toute production industrielle.

Il n'en est pas de même, au contraire, pour les industries qui n'ont point d'autre but que de réaliser une production économique. Celles-là, pour l'ordinaire, disposent d'un outillage important et d'un personnel apte à tirer parti de tous les perfectionnements.

Pour les industries auxquelles nous faisons allusion ici, il

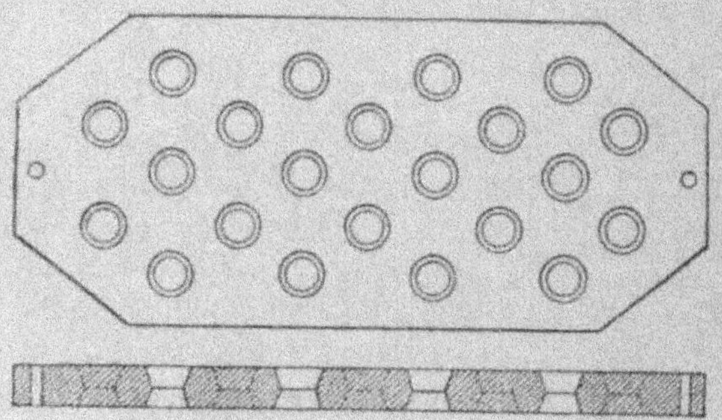

Fig. 3. — Anodes perforées.

n'existe point d'économie, si petite soit-elle, d'où il ne puisse découler de nombreux avantages matériels.

L'un des principaux avantages qu'il importe d'atteindre, pour tout industriel avisé, c'est d'employer des anodes en nickel pur laminé, que l'on trouve ordinairement dans le commerce.

On pourra, d'autre part, suivant le but industriel que l'on vise, faire usage d'anodes solubles ou insolubles.

Les anodes citées dans le premier cas, sont — comme il a été dit — en nickel pur laminé. Elles sont préférables à celles dues à la fusion, car elles se dissolvent avec plus d'uniformité.

Les anodes perforées (voir fig. 3), donnent un meilleur résultat. Elles facilitent le bon fonctionnement du bain et ne se désagrègent point, tout en se consumant régulièrement, ce qui permet d'obtenir des dépôts de plus grande épaisseur. Leur emploi contribue à réaliser de notables économies de nickel.

Les anodes insolubles pourront être soit en platine soit en carbone de laboratoire. Les premières ont une durée indéfinie, mais reviennent fort cher ; les anodes en carbone sont d'un prix insignifiant, mais se désagrègent vite, au fur et à mesure de l'altération des bains.

Quant à leur mode de fonctionnement, les anodes solubles, tout en se dissolvant graduellement dans un bain qui abandonne son métal avec régularité, rendent plus constante la composition de ce bain même. Par contre, les anodes insolubles n'empêchent, en aucune façon, l'épuisement progressif du bain.

Quand on emploie exclusivement des anodes de nickel, la solution devient de plus en plus alcaline. Si l'on ne remédie à cet inconvénient par l'addition d'une certaine quantité d'acide citrique, il se forme un précipité jaune et insoluble d'oxyde de nickel.

Grâce aux anodes insolubles, au contraire, le bain devient de plus en plus acide ; dans ce cas, le dépôt en formation sera toujours blanc, mais peu adhérent, sans qu'il soit possible d'atteindre, d'ailleurs, de fortes épaisseurs de métal.

Pour remédier à de tels inconvénients, il suffit d'introduire dans le bain du carbonate de nickel oxydulé qui a pour effet de neutraliser le véhicule employé. Cette opération se réalise de la manière suivante :

On mélange, dans un mortier, le carbonate de nickel avec une faible quantité d'eau, jusqu'à formation d'un produit pâteux que l'on rendra, peu à peu, fluide. On introduit ensuite cette pâte dans le bain acide, en agitant le tout continuellement ; le bain dissolvant ne s'empare exactement que de la quantité de matière nécessaire à sa neutralité ; l'excédent demeure au fond du récipient et peut être recueilli avant d'être utilisé ensuite.

Il résulte de ce qu'on vient de lire, que le meilleur moyen d'éviter, à chaque instant, l'obligation de neutraliser l'électrolyse, consiste à disposer, dans le même récipient, diverses anodes dont certaines pourront être solubles et les autres non.

Pour favoriser la neutralisation de la solution, il est bon de l'agiter de temps en temps.

Les anodes de platine, en dépit de leur prix élevé, présentent de tels avantages qu'on doit les choisir de préférence aux anodes de carbone, et cela jusqu'à ce que l'on ait réussi pleinement dans les tentatives faites en vue de les rendre inaltérables.

Les anodes de nickel se consument dans le bain même ; il n'est pas bon de tarder trop longtemps à les renouveler, car on courrait le risque de voir s'interrompre, tout à coup, le dépôt de métal, ce qui ne laisse pas d'être nuisible à sa qualité.

Les feuilles de nickel devront être suspendues dans ce bain au moyen de fils de nickel de deux millimètres de diamètre. Si l'on fait appel à des fils de cuivre, dans ce but, il conviendrait de ne pas immerger complètement l'anode dans le bain, sans quoi le fil de cuivre lui-même serait dissous au cours de l'opération.

La distance entre les anodes et les pièces à nickeler ne doit pas être trop faible : elle doit varier, naturellement, suivant les formes que revêtent les pièces elles-mêmes. Pour des formes à peu près plates, il suffit d'une distance de dix centimètres. Lorsqu'il s'agit de pièces fortement entaillées, il faut, au contraire, une distance de quinze et même de trente centimètres.

Il est bon que la surface des anodes soit supérieure à celle des objets à traiter, car le nickel, dans les divers bains, ne se dissout pas avec la même facilité que l'or et l'argent ; et si les anodes étaient par trop petites, le bain s'appauvrirait et le dépôt serait médiocre, surtout en ce qui concerne la couleur.

Quand on a à nickeler des objets sphériques, cylindriques ou tournés, il est utile de disposer autour de l'objet à nickeler, une série d'anodes reliées entre elles, afin de rendre le dépôt plus uniforme.

Marche de l'opération. Procédés. — Il est bon, suivant nous, d'appeler, en premier lieu, l'attention du lecteur sur les *contacts*. Ceux-ci, en effet, doivent toujours être conservés en parfait état, c'est-à-dire bien dégraissés et désoxydés, de façon à éviter toute résistance nuisible à l'opération.

Les objets devront être baignés à l'instant même où l'on établira le passage du courant, ou bien aussitôt après, mais jamais auparavant, car il se formerait une légère couche d'oxyde qui rendrait plus difficile, et même qui compromettrait l'adhérence du dépôt.

Les fils de cuivre auxquels on suspendra les objets, devront être souvent renouvelés, ou tout au moins débarrassés du nickel qui les recouvre et les rend fragiles.

Cette opération peut être effectuée au moyen d'un bain composé de deux parties d'acide nitrique, une partie d'acide sulfurique et quatre parties d'eau.

Le courant doit être, au début, assez énergique, pour favoriser l'adhérence du dépôt; ensuite on le diminuera jusqu'à ce qu'on aperçoive des bulles de gaz remonter à la surface du bain. On doit prolonger l'immersion des objets à traiter de cinq minutes à dix heures, suivant l'épaisseur du dépôt que l'on veut obtenir.

On devra surveiller le dépôt, afin de se rendre un compte exact de son uniformité. S'il arrivait qu'il fût, en certains endroits, noirâtre ou rugueux, il faudrait retirer au plus tôt l'objet du bain et brosser les parties suspectes avec de la poudre à polir ou bien avec la brosse mécanique. On ralentirait ensuite le courant, pour éviter le retour de pareil inconvénient.

Une excellente précaution consiste à agiter, par intervalles, les objets immergés, dans le but d'interrompre leur contact avec le liquide ambiant; car celui-ci pourrait subir certaines déperditions de métal, d'où il résulterait certainement d'inévitables altérations pour le dépôt en cours d'exécution.

On peut, d'ailleurs, assurer la continuité de l'agitation conseillée ici, grâce à de certaines dispositions mécaniques, ou mieux encore en faisant circuler continuellement le liquide des récipients au moyen d'un système de robinets ou de syphons; action préventive à laquelle on pourrait joindre d'utiles transvasements périodiques.

Le nickel recouvre aisément les surfaces planes ou de faible relief; quand il s'agit de creux ou d'entailles prononcés, le recouvrement s'attache de préférence aux parties saillantes. Quand on a à traiter de telles surfaces pour des objets en fer courant ou en fonte, il est bon d'avoir recours, d'abord, à un recouvrement de métal bon conducteur, le cuivre, par exemple.

Pour ce qui est de l'épaisseur du dépôt, il n'est pas difficile d'obtenir un quarantième de millimètre, ce qui correspond à 2 grammes par décimètre carré; et cela est relativement peu de chose, si l'on considère la dureté du nickel électrolytique.

Avec des bains spéciaux et des soins intelligents, on peut obtenir de fortes couches de nickel.

Appauvrissement des bains. — Les bains de nickelage se conservent pendant plusieurs années, sans s'altérer; il suffit de leur restituer leurs sels constitutifs, quand ils ne sont pas en activité, et d'y ajouter la quantité nécessaire d'eau distillée, quand ils entrent en fonctionnement.

S'il se forme des cristaux verts sur les parois du récipient ou sur les anodes, ce qui résulte d'une excessive concentration, on n'a qu'à ajouter de l'eau; il vaut mieux, toutefois, faire chauffer cette eau à part, et la verser bouillante dans le bain, pour faciliter la solution des cristaux.

Si l'on tient à dépouiller totalement un bain donné du nickel qu'il véhicule, on retirera toutes les anodes de ce métal, et l'on fera intervenir des anodes de carbone ou de platine; pour éviter que le bain ne devienne trop acide, on y ajoutera de la bouillie de craie, mélange qui devra se renouveler suivant nécessité.

Quand le nickel déposé par un bain donné n'est plus assez pur, par suite de la présence dans ce bain même d'autres métaux tenus en dissolution, on le fait déposer sur des cathodes de carbone, dépôt qui se réalise avec facilité; on immerge ensuite ces cathodes dans l'acide nitrique, lequel dissout le métal. On fait, après cela, bouillir cette solution jusqu'à dessiccation.

Pour juger du degré d'altération du bain, il suffit d'observer sa couleur; si, au lieu du vert émeraude ou du bleu verdâtre qui le caractérise, on remarque une teinte louche, brunâtre ou indéfinissable, il est bon de renoncer à son usage.

Epuration des bains. — On n'est pas toujours contraint de renoncer à l'emploi d'un bain, alors que celui-ci ne paraît plus véritablement efficace.

Il arrive parfois que, soit à cause de l'impureté des sels employés, soit à cause des anodes, ou bien encore par suite du nickelage des objets eux-mêmes, les bains ne donnent plus un dépôt suffisamment blanc. En ce cas, on peut remédier à ces inconvénients de la manière suivante :

On transporte les objets, sans les passer à l'eau, dans un second bain composé d'eau acidulée à l'acide chlorhydrique pur, ou bien à l'acide nitrique. Les pièces ne doivent demeurer que quelques secondes immergées dans ce bain.

Le courant, au lieu d'être direct, devra être renversé, c'est-à-dire que les anodes seront mises en communication avec le pôle négatif et les objets à traiter avec le pôle positif de la pile ou de la dynamo.

Grâce à une telle disposition, les sels basiques, qui fournissent la coloration jaune, seront dissous, et le dépôt reprendra sa couleur blanche.

On peut encore procéder à l'épuration des bains par voie chimique. Les sels qui les vicient sont ordinairement des sels de fer ou de cuivre.

Les sels de cuivre s'éliminent en versant dans le bain une faible quantité de sulfure de soude, solution que l'on devra agiter fortement. On laisse s'écouler une nuit de repos, puis on décante, en ayant soin de ne pas agiter le précipité noir déposé au fond du récipient. On retire ensuite cette dernière bouillie, on lave le récipient et on y verse la partie claire du bain, en ayant soin de porter l'acidité du liquide au degré voulu, par l'addition d'une certaine dose d'acide citrique ou tartrique.

L'addition du sulfure de soude doit être proportionnée au cuivre qui vicie le bain; tout excès de sulfure provoquerait la précipitation du nickel même, ce qui contribuerait à l'appauvrissement du bain.

On élimine les sels de fer en ajoutant, dans les mêmes conditions, une solution de chlorure de chaux, sel qui suroxyde le fer. On a soin d'ajouter quelque peu de craie et, après une nuit de repos, on décante. Puis, s'il le faut, on acidule le liquide comme il a été dit ci-dessus.

Nickelage du zinc.

Comme le zinc se dissout facilement dans les bains propres aux opérations du nickelage, il est bon de prendre certaines précautions afin de prévenir toute erreur d'immersion préjudiciable aux pièces de zinc que l'on aurait à traiter. En effet, tout objet en zinc plongé dans un bain nickelé, et suspendu de front aux anodes, se recouvre de stries, noircit immédiatement et ne peut être ramené que difficilement à son état primitif.

Quand un bain est vicié par le zinc, il est préférable de renoncer à son emploi ; car les manipulations nécessitées par son épuration seraient plus coûteuses que la préparation d'un nouveau bain.

Il faut donc prendre d'infinies précautions pour procéder au nickelage des objets en zinc. En premier lieu, il importe de les *cuivrer*, et de s'assurer qu'ils ne présentent aucun point à découvert.

Si l'on ne regarde pas à la dépense, il vaudra mieux brunir les objets à nickeler, car le cuivre adhère plus facilement sur les corps polis. D'autre part, on évite ainsi les taches qui ne manqueraient pas de se montrer au cas où l'on n'aurait pas recours à cette opération préalable.

Il est de la plus grande importance, avant de plonger les pièces dans le bain, de relier ces pièces à l'électrode.

Dès le début de l'opération, on établira un courant très intense, et on le réduira ensuite.

Il serait même préférable de disposer de deux bains pour le nickelage : un consacré à la première immersion et traversé par un courant intense, avec anodes de grande surface ; l'autre à courant faible, pour le nickelage consécutif. En tout cas, les bains doivent être rigoureusement neutres, sans quoi ils attaqueraient le zinc.

Il peut se produire que le couplage résultant de l'union des anodes de nickel et des objets en zinc, donne lieu à un renversement du courant, avec interruption relative du dépôt. En pareille circonstance, d'ailleurs, il est indispensable d'intercaler dans le circuit un galvanomètre et d'en surveiller la marche.

On arrive à se prémunir, de la sorte, contre les inconvénients que l'on vient d'indiquer, et, en même temps, il devient possible de régler le courant de façon à obtenir une plus parfaite régularité dans les opérations de dépôt.

Voici, maintenant, un excellent procédé pour le nickelage du zinc.

On le nettoie d'abord à l'acide chlorhydrique dilué, et on le lave à plusieurs reprises. On le plonge, alors, dans le bain de nickel pendant quelques instants. Puis on le retire, on le passe à l'eau et on le gratte de manière à le débarrasser de tout le nickel qui n'adhère pas solidement.

On recommence ces diverses opérations jusqu'à ce qu'il apparaisse une couche de nickel d'une épaisseur telle qu'on puisse la porter graduellement au degré voulu, grâce à des manipulations successives.

Zinc en feuilles. — Le nickelage du zinc en feuilles est tenu pour une opération difficile. Le procédé qui suit, semble mériter la préférence, attendu qu'il permet de nickeler, même avec un matériel restreint, cent feuilles par heure.

Les feuilles, préalablement polies et lustrées comme il convient, sont immergées ensuite dans une lessive de :

Soude caustique	1 kil. 5
Chaux éteinte	1 — »
Eau	30 litres.

On procède, après cela, au lavage ; puis on couple les feuilles, deux à deux, par le revers, à l'aide de pinces et on les plonge quelques minutes dans un bain de cuivre, dont la préparation est obtenue par la solution, dans cinq litres d'eau, de 700 grammes d'acétate de cuivre cristallisé, avec addition de 400 grammes de carbonate d'ammoniaque.

Ensuite, on prépare, séparément, une solution de 300 grammes de bisulfite de soude et de 400 grammes de cyanure de potassium, au 98 pour 100, dans deux cents litres d'eau. On mélange ces deux solutions, et on laisse reposer douze heures. Avant de procéder au cuivrage des feuilles de zinc, on éprouve cette solution à l'aide de petits morceaux de zinc, en ayant soin de ne les plonger qu'à demi dans le bain. Si, après quelques minutes d'immersion, ils ne sont point recouverts d'une mince couche rouge et luisante, mais demeurent par contre ternes, il convient d'y ajouter du cyanure. Si, au contraire, ces morceaux de métal restent luisants, sans se couvrir de cuivre, cela indique qu'il y a excès de cyanure, et, alors, il faut enrichir le bain par une addition d'acétate de cuivre et de carbonate d'ammoniaque.

Une fois ces conditions réalisées, le bain peut être utilisé pour le traitement au cuivre de milliers de feuilles, en ayant soin de rétablir l'intensité, en temps voulu, par l'addition de 0 kil. 750 de carbonate d'ammoniaque par chaque cent litres d'eau, en y joignant la quantité nécessaire de cyanure, dont le dosage sera déterminé expérimentalement.

En procédant de cette façon, l'usage de ce bain peut se prolonger pendant très longtemps. Il ne faudra pas négliger, toutefois, d'y ajouter, mensuellement, 500 grammes de bisulfite de soude par bain de 100 litres.

Les feuilles recouvertes de cuivre doivent être lavées à l'eau et frottées ensuite avec du coton. On les plongera aussitôt après dans le bain de nickel, qui se prépare en faisant dissoudre 1 kilogramme de sulfate double de nickel et d'ammoniaque, et 500 grammes d'acide borique dans vingt litres d'eau. Avant de faire usage de cette solution, il est de toute nécessité de la soumettre à une opération préparatoire qui est le point capital du procédé en cours d'exécution, et qui consiste à suspendre, au milieu du bain, une cathode de laiton du format des feuilles que l'on aura à nickeler. Les anodes de nickel, disposées sur les deux côtés, doivent émerger au moins de 15 à 20 centimètres. Au moyen d'un fort courant, on fait précipiter du nickel sur le laiton et, au bout de douze heures, on éprouve la neutralité du bain, à l'aide du papier réactif.

Le papier de tournesol de nuance bleue, doit conserver, en pareil cas, sa couleur primitive, et le papier rose doit tendre légèrement à bleuir. Au cas où ces diverses conditions se réaliseraient, le bain doit être considéré au point pour le nickelage.

Les anodes doivent présenter une surface bien supérieure à celle des objets à nickeler, et dans les calculs à établir, il faudra tenir compte seulement de la surface que les anodes présentent sur le côté faisant face au cathode. Si les feuilles de zinc ont, par exemple, les dimensions suivantes : 40 $\times$ 60 centimètres,

les dimensions des anodes devront atteindre pour le moins :
70 × 90 centimètres.

Dans le système de nickelage que nous venons de faire connaître, il n'est pas nécessaire d'avoir recours à l'emploi des machines dynamos. On peut obtenir de bons résultats même à l'aide des piles Bunsen, dont l'emploi doit être conseillé, pour la petite industrie. Lorsqu'on dispose du petit modèle de Bunsen, ceux-ci doivent être couplés en nombre suffisant pour atteindre le courant qu'il importe de réaliser. Dans cette recherche de l'intensité du courant, il est de règle constante que la surface des zincs des piles soit égale à la surface même des feuilles à nickeler.

On prend, d'ordinaire, huit groupes de ces éléments, ainsi disposés, et on les réunit par séries. Opération qui se réalise en unissant entre eux, quatre à quatre, les charbons et les zincs, en ayant soin de faire porter la communication du quatrième zinc au cinquième charbon ; ensuite du huitième zinc au neuvième charbon, et ainsi de suite. Les fils qui unissent les piles doivent avoir 4 millimètres de diamètre, et ceux des anodes de 6 à 8 millimètres.

Quand on dispose d'une dynamo, l'opération est beaucoup plus simple.

La durée de l'immersion dans le bain de nickel ne doit pas excéder une minute, et le même intervalle de temps est réclamé par le lavage qui précède et qui suit l'opération du nickelage. Les feuilles en traitement doivent apparaître brillantes, au moment où on les extrait du bain, et s'il arrive qu'elles présentent, sur les côtés, des taches noirâtres, cela signifie que le courant employé est trop énergique.

Quand le nickelage est terminé, les feuilles de métal doivent être plongées dans l'eau bouillante, séchées ensuite à la sciure, puis au four. Ce n'est qu'après que l'on procède à leur nettoyage final.

Si des taches grises venaient à se manifester, elles seraient dues à l'imperfection du séchage. Lorsqu'il se produit des stries noires ou des piqûres, il faut les attribuer à la faiblesse du courant. Au cas où celui-ci serait trop intense, les aspérités remarquées à la surface des feuilles, revêtent un aspect noir-grisâtre. Si la couche de nickel tend à s'effeuiller, cela indique que l'immersion des feuilles fut trop prolongée. Dans le cas où certaines parties du zinc paraîtraient à nu, on devrait l'attribuer à une insuffisance de nettoyage préalable.

Le procédé qui vient d'être décrit est destiné seulement au nickelage des feuilles de zinc. Quand le nickelage doit offrir une grande résistance, il faut avoir recours aux mêmes procédés, seulement au lieu de traiter les pièces au sortir du bain de nickel, on devra les plonger immédiatement dans un second bain de nickel, les soumettant, d'ailleurs, à un courant plus faible.

La solution exigée par ce deuxième nickelage doit être légèrement plus alcaline que la précédente.

Nickelage du zinc et du maillechort.

Avant de plonger le zinc ou le maillechort dans le bain à nickeler, on l'amalgame légèrement en l'immergeant dans une solution de chlorure ou de nitrate de mercure, préalablement acidulée à l'acide sulfurique ou chlorhydrique.

La pratique seule indique la durée du bain pour obtenir un bon amalgame. S'il arrivait que l'immersion fût trop prolongée, il en résulterait de la fragilité pour le métal en traitement.

Quand le zinc n'est point amalgamé, il faut avoir recours à un courant assez énergique, afin d'obtenir un bon dépôt de nickel. Par contre, grâce au procédé qui a été décrit, on peut obtenir de bons résultats même avec un faible courant.

Nickelage des cylindres d'imprimerie.

Au cas où les cylindres présenteraient quelque usure provenant d'un usage trop prolongé, il est nécessaire d'en opérer le nettoyage à l'essence de térébenthine, ou bien au moyen d'acides dilués, ou de potasse chaude. Quand il s'agit de cylindres neufs, on procède à un nettoyage courant, d'après les diverses méthodes déjà indiquées.

On lave ensuite les surfaces à traiter au cyanure de potassium, à 10°, en ayant soin de ne laisser sécher aucun point du métal traité, car le nickel n'adhérerait pas en ces endroits-là. Après un bon lavage à l'eau froide, on place le cylindre dans un bain de :

Eau . . . .   680 litres.
Sulfate de nickel ammoniacal . . . .   57 kil.
Sel de cuisine . . . .   2 —

Bain devant indiquer, d'ailleurs, de 5 à 8° B.

Quant au courant, il devra être maintenu à 100 ampères par mètre carré de surface à nickeler, ce qui correspond à 30 ampères pour un cylindre ordinaire.

Pendant toute la durée de l'opération, le cylindre devra être maintenu en mouvement, en ayant soin qu'un brossage automatique suffisant vienne débarrasser sa surface des bulles d'hydrogène qui s'y formeront.

Le secours fourni par ce brossage constitue la véritable caractéristique de ce procédé, et permet d'ailleurs d'obtenir de très belles couches de dépôt, d'une ténacité et d'une adhérence tout à fait exceptionnelles.

Le nickelage ainsi réalisé deviendra suffisant, au bout de deux heures de ce traitement spécial.

Nickelage et traitement du cuir par le cobalt.

On exécute ces diverses opérations par la méthode galvanique, grâce aux bains que nous allons indiquer, et dont l'emploi devra être précédé de la métallisation des pièces :

1° Nitrate de nickel . . . . . .   400 grammes.
   Ammoniaque . . . .   400 —
   Sulfate de soude . . . . . .   5 000 —
   Eau . . . .   15 litres.

2° Eau . . . .   1,000 —
   Sulfate double de cobalt et
   d'ammoniaque . . . . . .   100 —

Nickelage du bois.

Avant de procéder à ce nickelage, il faudra recouvrir les objets en traitement d'une pellicule de métal. Dans ce but, on aura recours aux trois solutions suivantes :

1° On dissout, dans 10 grammes de sulfure de carbone, 1 gr. 5 de morceaux de gutta percha, puis on y verse 4 grammes de cire en fusion. On dissout à part 5 grammes de phosphore dans 60 grammes de sulfure de carbone, avec 5 grammes de térébenthine et 4 grammes d'asphalte en poudre. On mélange ensuite les deux solutions en les agitant.

2° On dissout 2 grammes de nitrate d'argent, dans 600 grammes d'eau.

3° On prépare une solution de 10 grammes de chlorure d'or, dans 600 grammes d'eau.

L'objet qu'il s'agit de recouvrir, préalablement muni des fils conducteurs, sera plongé dans la solution n° 1, puis séché. Ensuite, on versera dessus la solution n° 2, jusqu'à ce que sa surface prenne une teinte métallique intense. On passe, alors, à l'eau l'objet en traitement, et l'on opère enfin avec la solution n° 3. L'objet prend aussitôt une coloration jaunâtre, indice que le bois est suffisamment préparé pour recevoir le dépôt électrolytique de nickel.

Langbein indique un autre procédé à sec, qui consiste à verser sur l'objet une solution de collodion et d'iodure de potassium dilué dans un égal volume d'éther. Quand la surface à traiter se trouve régulièrement couverte d'une pellicule de collodion, on plonge l'objet dans une légère solution de nitrate d'argent, à l'abri de la lumière. Quand le bois prend une teinte jaunâtre, on lave, on expose à la lumière solaire et on le recouvre d'un dépôt de cuivre, avant de nickeler.

Les instruments de chirurgie peuvent être traités par l'immersion dans une solution éthérée de paraffine ou de cire, et, après évaporation de l'éther, on les saupoudre de graphite ou de bronzine.

Nickelage à forte épaisseur.

En Allemagne et en Amérique, on a mis en vente des plaques
de nickel électrolytique. Les particularités d'une telle fabrication
n'étant point connues, et les formules publiées à cet égard
paraissant erronées, le professeur Forster a étudié les conditions
qui ont pu donner naissance à un pareil dépôt de nickel. Dans
ce but, grâce à des anodes solubles de nickel, il a pu constater
que les diverses méthodes employées jusqu'à maintenant pour
le nickelage des objets en cuivre, fournissent des feuilles métalliques fragiles, qui s'exfolient elles-mêmes avec la plus grande
rapidité.

Par contre, on peut obtenir des feuilles d'une épaisseur
notable, brillantes et malléables, quand on chauffe l'électrolyte
jusqu'à 50° et 90°.

L'électrolyse s'effectue dans les meilleures conditions, quand
on opère avec des solutions de sulfate de nickel contenant
150 grammes de ce sel par litre, correspondant à une teneur
d'environ 30 grammes de nickel métallique. Les anodes employées
dans ces diverses expériences étaient formées de grosses lames
de nickel revêtues de parchemin destiné à retenir les impuretés
abandonnées par le métal. Des feuilles très fines de nickel
tenaient lieu de cathode, et l'on pouvait en détacher facilement
le métal que le courant y avait déposé.

Quant au mode d'agitation du bain, il y fut procédé moyennant l'action d'un courant d'air ou de gaz carbonique, et même
au moyen d'agitateurs mécaniques. Grâce à un courant de cinquante ampères par mètre carré à la température de 80°, le métal
déposé offrait un aspect gris foncé, ainsi qu'une surface rugueuse.
Lorsque, dans les mêmes conditions, on atteignait deux cent
quarante à deux cent cinquante ampères, le métal apparaissait
aussi brillant que l'argent, et presque entièrement poli. On peut,
d'ailleurs, obtenir une surface lisse avec cent ampères, à l'aide
de solutions contenant 90 grammes de nickel par litre.

On prévenait l'adhérence des petites bulles d'hydrogène, en
maintenant l'électrolyte en mouvement.

Le tension du courant était de un volt à un volt un tiers, avec électrodes distants de quatre centimètres.

Le nickel qui servait d'anode contenait les impuretés suivantes :

Carbone.	0 partie 40 p. 100	
Silice	0 — 07	—
Cobalt	0 — 11	—
Cuivre	0 — 10	—
Fer	0 — 43	—
Manganèse.	0 — 02	—

Le carbone, le silice, le cuivre et le manganèse sont tenus absolument à l'écart au moyen de l'électrolyse, et dans la cathode on ne trouve plus que les trois quarts du fer et du cobalt que l'on relevait auparavant.

Ces métaux sont tenus à l'écart du courant, avant le nickel lui-même ; c'est pourquoi on ne peut les éliminer. D'ailleurs, ils n'exercent aucune action nuisible sur le métal déposé, si l'électrolyse s'effectue dans les conditions décrites ci-dessus.

Néanmoins, en cas d'une quantité surabondante de fer, les plaques de nickel présentent une certaine tendance à s'exfolier.

Le dépôt de nickel par les solutions chlorhydriques ne va pas sans quelque difficulté.

Si l'électrolyte est neutre, le métal, à la température ordinaire, s'exfolie. Si le bain est chauffé, il peut se produire la formation d'un précipité vert de chlorure basique. Par contre, en maintenant la solution neutre, à une température variant de 50° à 90°, avec un courant de soixante-dix à trois cents ampères, on peut obtenir des dépôts de nickel dont la couleur varie du gris foncé au blanc d'argent. Le revêtement de parchemin est rapidement altéré, et si l'on tente d'y remédier à l'aide d'une substitution de toile de lin, on voit apparaître dans l'électrolyte des impuretés organiques, tandis que la teneur en carbone s'accroît dans la cathode.

L'électrolyse même du chlorure de nickel, avec anode de carbone, n'a pu donner de résultats satisfaisants. En effet, en se servant d'un bain contenant 100 grammes de nickel par litre, à la température de 80°, avec deux cents ampères, on peut réaliser d'abord un dépôt de métal clair, ainsi qu'une surface lisse et résistante. La tension du courant se trouvait de un volt huit à un volt neuf, avec distance de deux centimètres aux électrodes.

En pareille circonstance, l'utilisation du courant fut seulement de 66 à 70 pour 100, en raison de l'action dissolvante que le chlore exerce sur le nickel déposé. Le rendement fléchit ensuite rapidement à un tiers et un quart de sa valeur théorique, et sur les cathodes vinrent apparaître aussitôt des matières carboniques dues à la présence de substances organiques.

Dans le nickel électrolytique, on constata 0,18 pour 100 de carbone.

Pour arriver à séparer le nickel des solutions sulfuriques, avec des anodes insolubles, on estime généralement qu'il convient d'avoir recours à des anodes formés de peroxyde de plomb.

Nickelage au carbonile de nickel.

Le carbonile de nickel est un composé assez étrange découvert par le chimiste Ludwig Mond. C'est un liquide incolore qui bout à + 43° et se solidifie à — 25° en cristaux aciformes (aiguilles).

Il est soluble dans l'alcool, le pétrole et le chloroforme ; il n'est pas décomposé par les acides ni par les alcalis dilués, et on peut le distiller sans que, par ce fait, il se décompose. Mais quand on chauffe sa vapeur jusqu'à 150°, ses deux éléments constitutifs se dissocient, et l'on trouve l'oxyde de carbone pur, qui a servi à le préparer, ensuite le nickel, lequel se dépose sous forme de pellicule dense sur les parois du récipient où s'est opérée l'intervention calorique.

Le chimiste Mond appliqua ce procédé à l'extraction du nickel des minerais de cuivre et de nickel du Canada, étant donnée la propriété qu'a l'oxyde de carbone de transformer le nickel en carbonile, alors qu'il laisse le cuivre intact.

Quand le dépôt de nickel se produit graduellement, grâce à une température soigneusement réglée, on peut obtenir facilement une pellicule douée de la cohésion voulue ; de sorte qu'on peut l'utiliser pour revêtir d'une couche de nickel parfaite n'importe quelle matière en état de résister à une température de 150°.

On peut également obtenir des objets nickelés d'une certaine épaisseur en agissant comme pour la galvanoplastie du cuivre.

Nickelage par immersion.

Les bains suivants fonctionnent fort bien à chaud, et cela d'autant mieux que la température est plus élevée. Une ébullition de *une* ou *deux* minutes suffit pour donner un dépôt pelliculaire. Un pareil dépôt, cependant, ne peut être effectué que sur le cuivre ou sur les métaux cuivrés.

Les chlorures se prêtent mieux à la préparation de tels bains, que les sulfates ou les azotates.

Voici une formule de bain très efficace :

Eau	1.000 grammes.
Chlorure de nickel	20 —
Sel ammoniaque	60 —
Sel marin	60 —

On fait dissoudre le chlorure de nickel dans l'eau chaude et l'on y ajoute ensuite les autres sels. On chauffe jusqu'à ébullition, et on restitue au liquide la quantité que l'évaporation lui a fait perdre.

Le dépôt réussit plus facilement, quand on dispose les objets sur une grille ou une passoire de zinc; mais le zinc se dissolvant dans le bain, celui-ci se trouve peu à peu altéré. C'est pourquoi, après un certain temps, il faudra renouveler le bain, opération qui est moins coûteuse, en somme, que l'amendement chimique du bain altéré.

D'autre part, 100 grammes de chlorure de nickel peuvent recouvrir de 8 à 10 kilogrammes de menus objets.

2° La simple immersion du cuivre dans une solution de chlorure double de nickel et d'ammoniaque, donne lieu à la précipitation d'une couche de nickel non adhérente. Mais, si l'on touche le cuivre au moyen d'un morceau de zinc suffisamment aigu, le métal déposé devient brillant et l'adhésion assez bonne ; modification heureuse qui vient faciliter le polissage et le brunissage.

On peut en dire autant du cobalt.

Si le zinc étend son contact dans une trop large mesure, le dépôt devient noir ; pour plus de précaution, il est bon de faire communiquer le zinc avec l'objet à nickeler, par l'intermédiaire d'un fil de cuivre ; ou bien il faudrait mettre en contact le zinc avec la face inférieure de l'objet, au cas où l'on n'aurait à effectuer qu'un nickelage restreint.

Le dépôt s'obtient avec plus de chances de succès, lorsqu'on l'effectue à une température voisine de l'ébullition.

Sur le laiton, le dépôt réussit bien ; mais on éprouve plus ou moins de difficultés, suivant la qualité du laiton.

Celui qui contient beaucoup de zinc résiste davantage au nickelage que ne le ferait le laiton riche en cuivre.

Quand le cuivre ne se recouvre pas d'une manière uniforme, ce qui est dû à un nettoyage imparfait, il est de rigueur de toucher sa surface, en divers points, à l'aide du zinc aigu dont il a été question plus haut.

3° Pour nickeler de petits objets, sans le secours de la pile, on pourra faire usage du liquide que voici, obtenu par la solution d'une partie de nickel dans cinq parties d'acide chlorhydrique et deux parties d'acide nitrique.

On applique simplement ce liquide sur le métal à nickeler en imbibant un morceau de drap dans la solution, et frottant ensuite fortement.

Nickelage du fer et de l'acier.

Revêtement de ces métaux au cobalt. — Dans une solution diluée (5 à 10 pour 100) de chlorure de zinc pur, on ajoute la quantité de sulfate de nickel nécessaire pour la colorer fortement en vert, puis on porte cette solution à l'ébullition, dans un vase de porcelaine. Alors, sans se préoccuper du trouble qui se manifeste dans le liquide, par suite de la précipitation d'un sel basique de zinc, on y introduit l'objet à traiter, après parfait nettoyage, de façon que l'objet ait le moins de contact possible avec le vase. On maintiendra l'ébullition de trente à soixante minutes, complétant de temps à autre l'eau qui s'évapore, au moyen d'une quantité d'eau distillée.

Pendant l'ébullition, le nickel se précipite sous forme d'une couche blanche et brillante, et cela en particulier sur les parties du support qui ne présentent aucune trace d'oxyde. Prolonger l'ébullition outre mesure ne saurait accroître, en aucune façon, l'épaisseur de la couche de nickel.

On lave ensuite l'objet avec de l'eau contenant un peu de craie en suspension, puis on le fait sécher avec soin. Cette couche de nickel supporte fort bien le polissage à la craie ; polissage que l'on pourra effectuer, du reste, toutes les fois que l'on aura obtenu, de cette sorte, une couche de nickel mince mais très adhérente.

L'aspect des objets ainsi traités est fort beau, surtout lorsqu'ils ont été convenablement brunis.

Le chlorure de zinc, ainsi que le sulfate de nickel, devront être suffisamment purs.

Si l'on expose à l'air le bain qui a déjà servi, il s'y fera un dépôt d'oxyde de fer hydraté dont on pourra le débarrasser par la filtration.

Pendant le nickelage, on ajoutera à nouveau du sel de nickel, quand on remarquera que le bain tend à se décolorer. Cette coloration doit toujours présenter une teinte verte intense.

On pourra, par le même procédé, effectuer une couche de cobalt assez adhérente et d'un éclat parfait, sur les objets de fer ou d'acier, en se servant de sulfate de cobalt.

Disons en dernier lieu que les objets de fer ou d'acier irisés, par exemple, les pincettes en acier recuit et bleui, peuvent être immédiatement nickelés par le procédé sus-indiqué. Dans ce cas, la coloration spéciale due au recuit disparaît promptement pendant l'ébullition, et ne tarde pas à être remplacée par une couche resplendissante de nickel.

Dénickelage.

Pour enlever le dépôt de nickel, lorsque la couche obtenue pèche par l'adhérence, ou lorsqu'on est dans l'obligation de refaire celle-ci, on plonge les objets dans un liquide oxydant composé de bichromate de potasse, d'acide sulfurique et d'eau, dans la proportion communément usitée en vue de l'emploi de la pile. On retire ensuite les objets du bain, après un délai plus ou moins long, suivant l'épaisseur du dépôt à dissoudre. Après quoi on procède au lavage des pièces et, s'il le faut, à un nouveau nettoyage.

On peut également employer la solution suivante :

Acide sulfurique	80 parties.	
Acide nitrique	10	—
Eau	10	—
Nitrate de potasse	1	—

On met les acides dans un récipient de terre vernissée, que l'on place sous une cheminée à fort tirage ; on y ajoute l'eau et le nitrate graduellement.

Les objets à traiter devront, d'abord, être plongés dans l'eau bouillante et, aussitôt après, dans les acides, pendant une demi-minute. On veillera attentivement à la marche de l'opération, afin de voir si le métal support ne se dénude pas, et l'on continuera prudemment jusqu'à ce que tout le nickel soit dissous. Les objets seront ensuite plongés dans l'eau, laquelle sera renouvelée au fur et à mesure qu'on aura à y immerger de nouveaux objets. Pour faciliter ce lavage, l'opérateur devra avoir à sa portée un grand récipient rempli d'eau.

On passera ensuite, et avec grand soin, tous les objets à l'eau chaude, on les essuiera et on les remettra dans le bain à nickeler.

On peut également procéder au dénickelage des objets en traitement, au moyen du courant électrique, en ayant soin de convertir ces objets même en anodes.

En pareil cas, il importe d'avoir recours à un bain spécial, car les véhicules généralement usités pourraient s'altérer par le fait de la dissolution du métal sous-jacent, et compromettre ainsi toute opération de nickelage qu'on aurait à réaliser ensuite.

Déchets de Nickel. Leur utilisation.

Les déchets provenant des plaques nickelées sont traités aux acides, afin d'obtenir la dissolution du métal sur lequel fut déposé le nickel. Celui-ci en est extrait de la sorte en plaquettes plus ou moins minces.

Les fragments de nickel ainsi obtenus sont d'une pureté absolue, et peuvent être mis, par quantité suffisante, dans des sachets de toile de coton, de laine ou de soie, pour constituer les anodes des bains de nickelage.

En dehors de l'utilisation courante que nous venons de signaler, les déchets de nickel présentent un autre avantage, qui est d'offrir une surface très étendue, sous un poids fort réduit.

Cet état de morcellement est également favorable à la fabrication des sels de nickel employés dans diverses industries.

CHAPITRE VIII

CUIVRAGE

Cuivrage galvanique. — *Bains.* — 1. — Pour déposer galvaniquement le cuivre, on a recours à une solution presque saturée de sulfate de cuivre.

Dans le cas, cependant, où l'on ferait appel à un courant séparé, fourni par une pile ou par une dynamo, on prépare une solution en faisant dissoudre, dans vingt parties d'eau, 4 pour 100 de sulfate de cuivre et une partie d'acide sulfurique.

Certains ajoutent une faible quantité de sulfate de potasse, ce qui paraît fort utile.

La solution de sulfate de cuivre acide est employée au cuivrage de tous les métaux et alliages, comme le laiton, le plomb, etc., qui ne décomposent pas ladite solution. Quant au zinc, fer, acier, étain, plomb, britannia, alliages typographiques, etc., qui précipitent le cuivre de la solution de son sulfate, par simple immersion, on a recours aux solutions au cyanure, ou à des solutions alcalines. Comme ces sortes de solutions sont plus coûteuses, on poursuit l'opération dans un bain au sulfate, après qu'on a obtenu par l'emploi desdites solutions une première couche de dépôt.

2. — Outre le bain ordinaire de sulfate, on peut employer les suivants, dans cent parties d'eau :

    a. Nitrate de cuivre . . . . 50 parties.
       Acide nitrique   2   —
    b. Cyanure de potassium 16   —
       —   de cuivre   1   —
    c. Cyanure de potassium 16   —
       Chlorure de cuivre . . . . 0,7 —

Sur le fer, on ne saurait obtenir, avec de tels bains, de résultats satisfaisants, car le fer les décompose en précipitant le cuivre sous forme d'une masse poudreuse et noire. Il faut donc éliminer les sels de cuivre. Un bain recommandable est le suivant :

    Bi-oxalate de potasse . . . . 4 parties.
    Eau 100   —
    Protoxyde de cuivre 7   —

Ce dernier produit s'obtient en calcinant le sulfate de cuivre et dissolvant dans l'eau chaude le résidu, pour recueillir ensuite le précipité insoluble qui en découle et qui est une poudre noire, constituée par le protoxyde de cuivre.

Pour le cuivrage du zinc, on obtient un dépôt parfait avec une solution de tartrate double de potasse et de cuivre. Le bain précédent fournit, lui aussi, de bons résultats.

3. — Le bain suivant est caractérisé par l'emploi de l'ammoniaque libre dans les solutions alcalines de cuivrage électrolytique, grâce aux dispositions nécessaires pour prévenir la fuite de l'ammoniaque au cours de l'opération, laquelle, s'il le faut, peut être effectuée sous pression.

On emploie de préférence une solution de cyanure de potassium, de tartrate d'ammoniaque et d'oxyde ammoniocuprique, qui se charge du métal à déposer — du cuivre par exemple — au moyen du courant et de l'emploi d'une anode aussi grande que possible ainsi que d'une cathode très petite.

Pour la préparation de la solution, on procède de la manière suivante :

a. — On dissout du cyanure de potassium du commerce au 40 pour 100, dans la proportion de 50 grammes par litre, à froid. On prépare ensuite une solution ;

b. — Du tartrate d'ammoniaque, en traitant à froid avec une

solution ammoniacale aqueuse (densité 0,880) une solution de
0 kil. 800 d'acide tartrique dans trois litres d'eau, jusqu'à complète alcalinisation. Il faut pour cela environ 0 lit. 600 d'ammoniaque. Puis on dilue avec de l'eau jusqu'au volume de 4 lit. 500;

c. — La solution ammonio-cuprique s'obtient en dissolvant de
l'oxyde de cuivre de récente préparation, avec un léger excès de
potasse caustique, dans une solution ammoniacale aqueuse de
densité 0,88. La solution type se compose, en volume, de :

```
Solution A . . . . . . . . . . . . . . 32
   —    B . . . . . . . . . . . . . .  1
   —    C . . . . . . . . . . . . . .  5
```

Après avoir enrichi électriquement cette solution de cuivre,
jusqu'à la proportion d'environ 7 grammes par litre, on y ajoute
du liquide cupro-ammoniacal jusqu'à ce que sa couleur passe du
brun au vert; puis environ 40 grammes d'ammoniaque (densité 0,88). Le bain est soumis à l'électrolyse dans un récipient
clos, sous la pression d'air ou d'ammoniaque d'environ 0 kil. 15.

Pour le bronzage, on emploie, avec la solution type, six parties de cyanure et une partie de tartrate. Pour le laiton, on
emploie parties égales de tartrate et de cyanure.

D'après Walenn et Timmis, la présence de l'ammoniaque libre
dispense du soin de chauffer le bain. Il en augmente la conductibilité, en rend la densité uniforme, en assure la neutralité complète, et donne lieu à la formation de dépôts assez adhérents,
très compacts, homogènes et de très belle couleur.

Cuivrage à forte épaisseur.

1. — On obtient un excellent dépôt avec la solution de sulfate
de cuivre, lorsque, en vingt-quatre heures, il se dépose
1 gramme de cuivre par centimètre carré de surface. Quand on
veut obtenir, en quelques heures seulement, une couche beaucoup plus épaisse, il faut employer des bains de cuivre peu concentrés, acidulés au 5 pour 100 d'acide sulfurique, et à la température de 30° à 50°, maintenant d'ailleurs la solution en agitation
constante. De cette façon, on peut avoir, en une heure, un dépôt

d'environ 1 décigramme par centimètre carré, et, après vingt-quatre heures, un dépôt de 2 millim. 2 pesant environ 2 grammes par centimètre carré.

2. — Pour obtenir de fortes épaisseurs de cuivre électrolytique, on recommande l'usage du saccharate de chaux.

On fait dissoudre 50 grammes de sucre dans un litre d'eau, on y ajoute 50 grammes de chaux éteinte, et on laisse fondre à froid pendant vingt-quatre heures, en agitant de temps en temps. On filtre le liquide et on le met dans le récipient électrolytique. On suspend ensuite dans le bain des feuilles de cuivre comme anode et cathode, établissant un courant de deux volts, dont l'effet contribuera à former du saccharate double de cuivre.

3. — Un autre bain se compose de :

Eau.	10 litres.
Sucre	300 grammes.
Chaux éteinte	300 —

A cette solution on en ajoute une autre de :

Chlorure de cuivre.	200 grammes.
Eau.	200 —
Ammoniaque	50 —

Si l'on désirait parfois accélérer le dépôt de cuivre sur un moulage composé de matière non conductrice, dont le revêtement de graphite est toujours lent, on pourra saupoudrer la surface du moulage à l'aide d'une poudre très fine de fer (fer réduit à l'hydrogène) ayant soin de laver avec un fort jet d'eau, pour détacher l'excès de fer. Ensuite, on met le moulage dans un bain alcalin de cuivre jusqu'à ce que la couche de fer ait pris la couleur caractéristique du cuivre. Enfin, après un lavage préalable, on passe au bain à solution acide.

Cuivrage alcalin pour tous métaux.

De tous les bains alcalins de cuivre, celui qui paraît le meilleur et que nous avons expérimenté pendant de longues années, est celui que Roseleur conseille, et qui, fonctionnant aussi bien à chaud qu'à froid, se prête merveilleusement au cuivrage de tous les métaux et alliages métalliques.

En voici la composition :

Eau ordinaire	10 litres.
Acétate de cuivre pur.	200 grammes.
Carbonate de soude	200 —
Cyanure de potassium pur. . . .	250 —
Bisulfite de soude.	200 —

On le prépare de la manière suivante : dans quatre litres d'eau, on dissout le carbonate de soude et le bisulfite de soude. Dans un autre récipient, grâce à une faible quantité d'eau, on met l'acétate de cuivre, et on mélange de manière à former une bouillie, qui sera versée ensuite dans le premier des liquides et bien agitée. On obtiendra de la sorte un liquide de couleur jaune verdâtre.

Dans ce qui reste des dix litres d'eau, on dissout le cyanure de potassium, et cette nouvelle dissolution se versera, tout doucement, dans la précédente, en agitant continuellement le liquide. Quand toute la solution au cyanure sera versée, le nouveau liquide deviendra limpide et incolore. Si, par contre, il persistait à présenter un teinte tirant sur le jaune, on y ajouterait, peu à peu, d'autre cyanure de potassium. Ce bain fonctionne bien, avec une intensité de courant de 0,5 à 0,6 ampère par décimètre carré.

De ce bain préparatoire, les objets peuvent être dégrossis en les passant dans un bain à solution acide.

Aluminium. — L'objet en aluminium qu'il s'agit de cuivrer, doit être d'abord nettoyé dans une solution chaude de carbonate alcalin (soude et potasse), de manière à rendre la surface à traiter poreuse, condition nécessaire pour obtenir l'adhérence du dépôt métallique. On lavera avec soin, puis on essuiera et brossera. On plongera ensuite l'objet, pendant quelques instants, dans une solution chaude et diluée d'acide chlorhydrique (1/10 à 1/20).

Le métal se recouvre d'une couche de chlorure d'aluminium qui le garantit de toute oxydation. Ensuite, on plonge la pièce dans l'eau, pendant un temps très bref. L'excès de chlore disparaît, mais il en reste assez dans les pores du métal pour que, avec l'immersion dans une solution peu concentrée et légèrement acide de sulfate de cuivre, il se produise un beau dépôt adhérent de cuivre, pendant qu'il se manifeste un notable dégagement de gaz. Ce premier dépôt de cuivre peut être suffisant dans bien des cas ; mais on pourra en augmenter l'épaisseur dans un bain acide.

Cuivrage des cylindres d'imprimerie. — Cette opération a pour but de remplacer les cylindres d'imprimerie en cuivre massif, par des cylindres de fonte revêtus d'une couche de cuivre galvanique.

Les meilleurs résultats sont obtenus par les procédés de Wilde et de Schlumberger.

Wilde emploie d'abord un bain au cyanure de cuivre dans lequel le cylindre reçoit une première couche. Une seconde couche lui est appliquée ensuite dans un bain au sulfate de cuivre.

Avant de recevoir le revêtement, le cylindre est chauffé à 80° ; durant la galvanisation le cylindre subit un mouvement de rotation, qui met successivement en contact avec la surface métallique, de nouvelles couches de l'électrolyte.

Voici maintenant le procédé de Schlumberger :

Le cylindre, parfaitement nettoyé à l'aide des méthodes ordinaires, est plongé comme cathode (avec un courant de quatre à six éléments Bunsen), pendant vingt-quatre heures, dans un mélange des deux solutions que voici :

a. Eau.	12 grammes.	
Cyanure de potassium.	8	—
b. Eau.	16	—
Carbonate de soude	4	—
Sulfate de soude.	2	—
— de cuivre	1	—

Ensuite on le lave bien, on le frotte à la poudre de pierre ponce, on le lave à nouveau avec une solution aqueuse de sulfate de cuivre (densité 1,16) contenant 1/300 de son volume d'acide sulfurique, et des morceaux de sulfate de cuivre pour suppléer à la perte éprouvée par ce métal et empêcher que le liquide ne devienne acide. Ensuite, on plonge de nouveau le cylindre dans cette solution alcaline, ou bien dans un mélange des deux liquides suivants :

c. Eau.	10	grammes.
Ammoniaque.	3	—
Cyanure de potassium.	3	—
d. Eau.	16	—
Carbonate de soude	4	—
Sulfate de soude	2	—
Acétate de cuivre.	2	—

Dans ce mélange, et à la température de 15° à 18°, le cylindre est entouré de vases poreux contenant de petits morceaux de zinc et de l'acide sulfurique dilué, et réuni au zinc au moyen de fils de cuivre.

Les cylindres sont mis chaque jour en mouvement, dans la mesure qu'il faut pour rendre le dépôt uniforme; et l'on continue cette opération pendant trois ou quatre semaines, jusqu'à ce que le dépôt ait atteint l'épaisseur d'un millimètre.

Cuivrage par immersion. — On obtient un revêtement de cuivre assez solide et brillant, apte à être bruni, en se servant d'une solution de sulfate de cuivre dans l'acide chlorhydrique, en solution dans l'eau à 30 pour 100. On plongera le fer dans ce liquide, après nettoyage du métal à la poudre de charbon et crème de tartre, et frottage final au chiffon.

On répète les immersions à diverses reprises, ajoutant chaque fois un peu de sulfate de cuivre dans le liquide. On peut, de cette manière, obtenir l'épaisseur de dépôt que l'on veut. Le cuivrage une fois terminé, on plonge le fer dans une forte solution de soude, on le fait sécher et on le polit à la craie. Ce genre de cuivrage est très solide et économique.

Cuivrage mécanique. — Depuis un certain temps, on emploie un nouveau procédé pour le cuivrage des surfaces métalliques.

Au lieu d'immerger l'objet à cuivrer dans un bain préparé à cet effet, on le brosse tout simplement à l'aide d'un sel insoluble du métal qui doit le revêtir, en ajoutant un peu d'eau pour en favoriser l'adhérence.

La brosse *mécanique* est reliée à l'un des conducteurs, tandis que l'objet est réuni lui-même à l'autre. L'opération consiste donc en une espèce de peinture qui laisse une couche de métal, et dont l'exécution est des plus faciles.

Un pareil procédé est également applicable aux alliages, et donne de bons résultats pour le revêtement de l'aluminium par l'or et l'argent : opération d'ailleurs toujours assez difficile.

Cuivrage du bois. — On recouvre l'objet d'une couche due à une solution de gutta-percha dans l'essence de térébenthine, ou bien de bitume dans la benzine ou l'essence de pétrole. Quand le revêtement est sec, on le frotte à la plombagine ou à la poudre de cuivre, après quoi on le plonge dans le bain galvanique.

Conseils divers.

Un courant de 1 A par décimètre carré dépose, par heure, 1 gr. 19 de cuivre. Sprague a obtenu de très bons résultats avec une intensité variant de 0,342 à 10,2 ampères par décimètre carré ; mais la régularisation du courant, répétons-le ici, dépend de la concentration des solutions, de la composition de celles-ci, et de nombre d'autres circonstances que la pratique seule peut enseigner.

Toute impureté constatée dans les bains galvaniques, même de faible quantité, peut influer sensiblement sur les caractères du métal déposé. C'est ainsi, par exemple, qu'une petite quantité de sulfure de carbone, ajoutée à un bain d'argenture, rend brillant un dépôt qui ne l'était point.

Swan a fait une remarque analogue, au sujet du nickel et du cuivre ; une solution chaude de nickel donnait un dépôt gris foncé qui se transformait en dépôt brillant, par le simple changement du cathode, lequel avait introduit accidentellement dans le bain une faible quantité de gélatine.

Les mêmes résultats furent obtenus, en ajoutant une très petite quantité de gélatine dans un bain de nickel. Pourvu que la matière organique introduite soit en proportion convenable, on obtient un dépôt brillant, au lieu d'un dépôt foncé et cristallin.

En augmentant la proportion de gélatine jusqu'aux limites compatibles avec un bon dépôt, celui-ci devient excessivement dur. Au delà de ces limites, le dépôt se trouvera constitué par un mélange de parties alternativement cristallines et brillantes, distribuées assez irrégulièrement, et qui mettent en évidence le conflit moléculaire qui se produit, durant l'opération, entre deux forces opposées.

Swan a observé que les limites de densité de courant entre lesquelles il est possible d'avoir un bon dépôt électrolytique, sont beaucoup plus étendues qu'on ne le croit généralement. Avec faible intensité, le dépôt se forme trop lentement, ce qui constitue un grave inconvénient ;

D'autre part, un dépôt rapide oblige à une dépense élevée de force motrice, de sorte qu'il existe une certaine limite de densité du courant qu'il ne convient pas d'outrepasser.

Toutefois, en certains cas, il serait avantageux de pouvoir obtenir des dépôts rapides. Swan nous indique le résultat suivant, obtenu par ses soins :

Plaçant dans un bain qui contient une solution de nitrate de cuivre avec une faible proportion de chlorure d'ammoniaque, deux plaques de cuivre de 140 centimètres carrés de superficie, à la distance de 25 millimètres, et faisant passer un courant de 140 ampères durant une minute, on obtient à la cathode une reproduction électrotypique solide et résistante qui aurait demandé plus d'une heure pour se former avec l'intensité de courant communément usitée.

Swan ne déduit pas de cela qu'il soit nécessaire, ni avantageux d'avoir recours, dans la pratique, à ces énormes intensités. Mais il résulte de ses expériences que les propriétés caractéristiques du cuivre sont d'autant mieux développées que la précipitation galvanique s'accomplit plus rapidement, et réciproquement.

Il est probable que, dans la pratique, on soit conduit à faire usage d'une intensité de courant moyenne, de 10 ampères par décimètre carré par exemple. On obtiendra ainsi un dépôt de suffisante épaisseur, dans un temps dix fois moindre, et l'on pourra, par conséquent, obtenir des clichés galvanoplastiques en des cas où il serait impossible de le faire avec les procédés usités généralement.

Pour éviter le dégagement d'acide cyanhydrique gazeux, dans les bains au cyanure de cuivre, on devra y ajouter des sels sulfureux et de l'ammoniaque, ou bien de la potasse, ou encore de la soude caustique.

Langbein a remarqué qu'un mélange de sulfures de cuivre ou dérivés, dissous dans le cyanure de potassium, ne dégage point de cyanogène et fournit des dépôts très denses et très adhérents.

CHAPITRE IX

PLATINAGE

Platinage galvanique. Bains. — 1. — Roseleur, en 1847, fut le premier qui obtint de bons dépôts de platine.

Voici sa formule :

Chlorure de platine.	10 grammes.
Phosphate d'ammoniaque	100 —
— de soude	500 —
Eau.	10 litres.

Pour préparer ce bain, on procède de la manière suivante :

On introduit dans une capsule de porcelaine, 10 grammes de platine finement laminé, avec 150 grammes d'acide chlorhydrique et 60 grammes d'acide azotique à 40°. On chauffe. Il se dégage d'abondantes vapeurs rouges, et le platine se dissout complètement, laissant un liquide rouge que l'on continue à chauffer jusqu'à ce qu'il devienne visqueux au point d'adhérer aux parois de la capsule. On la retire du feu et on laisse refroidir complètement; puis on fait dissoudre, dans 500 grammes d'eau distillée, et l'on filtre s'il en est besoin.

On dissout à part, dans 500 grammes d'eau distillée, 100 grammes de phosphate d'ammoniaque, et on mélange les deux solutions. Il se forme un abondant précipité de phosphate ammoniaco-platinique sur lequel surnage un liquide orangé que l'on ne doit pas séparer.

On verse ensuite dans ce liquide, une solution de 500 grammes de phosphate de soude dans un litre d'eau pure. On porte à l'ébullition et on l'y maintient, remplaçant l'eau qui s'évapore, jusqu'à ce que, par suite du dégagement d'ammoniaque, le liquide soit devenu sensiblement acide. Il sera, en attendant, devenu incolore, ce qui indique la formation du sel double de platine.

Le bain est prêt, alors, à fonctionner pour le platinage du cuivre et de ses alliages; il faudra y procéder à chaud et avec un fort courant.

2. — On tient pour excellent le bain composé d'une solution de chlorure double de platine et d'ammoniaque, faite à la température de l'ébullition et employée chaude. La pellicule de platine est très adhérente et très brillante.

3. — Voici quelques autres bains :

1° Solution de chlorure double de platine et de soude ;

2° Solution de cyanure double de platine et de potasse ;

3° Solution de platinate de potasse et d'oxalate de potasse.

Ce dernier bain convient spécialement au platinage du fer.

4. — Le procédé qui suit a été breveté en Angleterre.

On fait une solution de chlorure de platine et on le neutralise avec soin au moyen d'un alcali; puis on y verse une solution allongée de phosphate de soude ou de phosphate d'ammoniaque. On fait bouillir le liquide environ dix heures.

Durant l'ébullition, on y introduit un peu de chlorure de soude, et enfin un soupçon de borax. Pour un bain qui, prêt à être employé, atteint le volume d'environ quatre litres et demi, on prend les proportions suivantes :

Chlorure de platine.	28 grammes.
Phosphate de soude	560 —
— d'ammoniaque . . .	112 —
Chlorure de soude	28 —
Borax	9 à 10 —

Au moment où l'on introduit dans le liquide bouillant le chlorure de soude, il se produit une réaction chimique entre les divers éléments du bain, grâce à quoi celui-ci devient neutre. L'addition du borax a pour but d'annuler l'effet des petites quantités de sel de fer.

Ce bain peut être employé à chaud comme à froid.

Il y faut un courant énergique, et il est avantageux de maintenir le bain agité, au cours de son fonctionnement.

5. — Les bains de platinage préparés aux sels de platine, donnent de bons résultats dès l'abord, mais comme il est assez difficile de maintenir leur composition constante, ils produisent bientôt des dépôts pulvérulents, d'un noir grisâtre et sans cohésion.

Cela est dû principalement à la facilité avec laquelle les composés du platine sont réduits par les autres métaux, même sans l'intervention du courant électrique, ainsi qu'à l'insolubilité du platine qui, sous forme de feuilles, sert d'anode dans l'électrolyse.

On peut, en partie, y remédier en offrant à l'élément négatif une surface plus grande. Dans ce but on emploie des plaques de charbon imprégnées à diverses reprises de sels de platine et, ensuite, calcinées, pour les recouvrir d'une couche très mince de métal.

En présence d'une suffisante dose d'acide libre, et grâce à une intensité de courant bien déterminée, il s'est trouvé, en effet, que le platine se dissolvait mieux ; mais dans ces conditions-là, la séparation se faisait sous forme de poudre noire.

Voici la composition des bains de Wahl, qui se maintiennent constants fort longtemps :

    Eau distillée. . . . . 1.000 parties.
    Potasse caustique.   50   —
    Hydrate de platine. . . . .   12,5 —

On dissout la moitié de la potasse caustique dans 250 grammes d'eau, et on y ajoute l'hydrate de platine, agitant à la baguette de verre.

La solution une fois effectuée, on dissout l'autre moitié de la potasse dans deux cent cinquante parties d'eau, puis on mélange les deux solutions. On peut légèrement réchauffer la potasse pour en faciliter la solution, mais cela n'est pas nécessaire, l'hydrate de platine étant très soluble.

Pour l'électrolyse du bain, on emploie une force électro-motrice de deux volts ; le dépôt sera de toute beauté, bien adhérent et très mince.

Pour obtenir une couche plus épaisse, il est bon d'ajouter au bain quelques gouttes d'acide acétique.

L'anode peut être de carbone ou de platine.

Les objets en acier, métal, zinc, étain, devront d'abord être soumis au cuivrage, dans un bain en cyanure. La température du bain ne doit pas être supérieure à 40°.

La couche de platine se forme rapidement ; au bout de cinq minutes, elle est suffisamment épaisse en vue des usages courants.

6. — Le bain à l'acide oxalique se fait de la manière suivante :

On dissout 6 gr. 25 d'hydrate de platine dans 2.500 grammes de solution saturée d'acide oxalique ; on dilue ensuite la solution dans un litre d'eau. L'acidité de la solution doit être maintenue par l'addition d'acide oxalique. Pour conserver son activité au bain, on pourra déposer au fond du récipient une certaine quantité d'hydrate de platine.

Etant donné que les oxalates composés sont plus solubles que les oxalates simples, il faut employer une différence de potentiel plus faible.

Les dépôts à base d'oxalates sont plus durs que ceux qui proviennent des bains de potasse.

7. — Les bains à l'acide phosphorique se préparent de la manière suivante :

Acide phosphorique sirupeux (d. 1.7).	50 grammes.
Hydrate de potasse.	12 à 15 —
Eau distillée	1.000 —

L'acide se dilue avec un peu d'eau, et la solution de l'hydrate doit être faite à 100°. Il faut avoir la précaution d'ajouter de l'eau, au fur et à mesure que celle-ci s'évapore.

La solution obtenue, le volume devra être porté à un litre. Le bain s'emploie à chaud ou à froid, avec un courant plus énergique que pour les bains décrits plus haut.

Le dépôt est très solide et très adhérent.

8. — Thomson conseille cet autre bain, pour avoir un dépôt brillant :

Chlorure de platine . . . . 2 parties.
Borate de soude (borax). 16   —
Carbonate de soude 16   —
Chlorhydrate d'ammoniaque 2   —
Eau 150   —

9. — Böttcher recommande un bain formé d'une solution de chlorure double de platine et d'ammoniaque, additionné de citrate de soude.

Avec un courant un peu fort, on obtient un dépôt homogène et brillant.

10. — Langbein propose un bain semblable, qui se prépare en faisant dissoudre 500 grammes d'acide citrique dans deux litres d'eau, et neutralisant exactement cette solution avec une solution de soude caustique. On porte ensuite à l'ébullition. Après quoi, on ajoute le précipité obtenu, en mélangeant une solution également concentrée de 75 grammes de chlorure de platine avec une solution également concentrée de sel ammoniaque. Un tel précipité n'est pas autre chose que du chlorure double de platine et d'ammoniaque.

La solution de citrate de soude et de chlorure double est maintenue en ébullition jusqu'à ce qu'elle devienne absolument limpide. On la dilue avec de l'eau, de façon à porter son volume à cinq litres. On accroît la conductibilité du bain, en y ajoutant 20 à 25 grammes de sel d'ammoniaque.

11. — Un autre bain, également bon, se prépare en mélangeant deux solutions : une de 17 grammes de chlorure de platine dans 500 grammes d'eau, l'autre de 108 grammes de phosphate d'ammoniaque dans la même quantité d'eau. Le précipité qui s'est formé est recueilli sur un filtre et versé dans une solution bouillante de 500 grammes de phosphate de soude dans un litre d'eau. On fait bouillir jusqu'à ce que tout l'ammoniaque soit expulsé, ce qui est reconnaissable à ce fait que le liquide est alors parfaitement incolore.

Platinage par immersion.

1. — On précipite, avec du chlorhydrate d'ammoniaque, une solution contenant 5 grammes de chlorure de platine.

On fait bouillir, dans le chloro-platinate d'ammoniaque ainsi obtenu, dans cinq litres d'eau, et on y ajoute en même temps 40 grammes de chlorhydrate d'ammoniaque.

Les objets sont introduits dans le bain en ébullition, et, aussitôt, il se précipite à leur surface une couche légère de platine, assez adhérente.

2. — On prépare un bain avec :

Chlorure de platine	1 gramme.
Sel marin	20 —
Soude caustique	1 —
Eau	100 —

Dans ce bain, on immerge l'objet à platiner, mis en contact avec un morceau de zinc, le tout parfaitement nettoyé. On peut obtenir en trois heures un beau platinage, sur le cuivre comme sur le laiton, dans la proportion d'environ 0 gr. 44 de platine par cent centimètres carrés de superficie.

3. — *Cuivre.* — On platine assez bien les objets en cuivre, en se servant d'une solution de chlorure double de soude et de platine.

Trois immersions dans le bain suffisent pour effectuer le platinage.

Après ces immersions, il faut essuyer la surface traitée à l'aide d'un chiffon fin, frottant rapidement et avec force. On polit ensuite au blanc d'Espagne.

4. — *Fer.* — On peut platiner le fer, en le plongeant simplement dans une solution acide de platine à l'eau régale. Il faut naturellement que le fer ait, au préalable, été dégraissé et désoxydé, au moyen des procédés habituels.

5. — *Argent.* — On fait dissoudre un peu de chlorure de platine dans l'eau acidulée, et on décompose la solution au courant électrique, prenant comme anode une lame de platine, et comme cathode la feuille à platiner.

On obtient, de cette manière un dépôt qui présente de petites aspérités, lesquelles rendent le dégagement de l'hydrogène beaucoup plus facile.

6. — *Porcelaine.* — On applique une couche de bichlorure de platine (additionné d'un peu d'acide chlorhydrique pour le rendre légèrement liquide) sur de la porcelaine qui puisse être portée au feu, et on la soumet, dans un moufle, à la température de 1.000 à 1.200°, pendant quinze à vingt minutes.

La chaleur réduit le chlorure, et le platine fait corps avec la porcelaine. En répétant cette opération une ou deux fois, la porcelaine disparaît sous la couche de platine.

Les capsules qu'on emploie dans les laboratoires, peuvent être platinées de la même façon et remplacer par conséquent celles de platine. On a pu également platiner les électrodes en porcelaine qui ont donné pleine satisfaction. Le courant passe bien.

Ces électrodes peuvent donner lieu à de nombreuses applications en électricité, en raison de leur bas prix.

Poudre à platiner.

Cette poudre se compose d'un mélange de sel marin (chlorure de sodium) et de chlorure de platine.

On plonge les objets dans la solution bouillante de ces sels, en touchant les objets mêmes avec un bâtonnet de zinc qui détermine la précipitation du platine sur la surface des objets immergés.

Platinage économique.

Les objets en fer sont d'abord enduits d'un mélange de borate de plomb, oxyde de cuivre et essence de térébenthine, puis exposés à une température atteignant environ 300°.

Le revêtement, au moment de la fusion, s'étend de manière uniforme sur le fer.

Si l'on veut communiquer aux objets un aspect brillant comme l'émail, on applique sur ce revêtement une seconde couche composée de borate de plomb, d'oxyde de plomb et d'essence de lavande. Sur cette double couverture on étend alors une légère couche de chlorure de platine, au moyen d'un pinceau.

Le chlorure de platine doit être dissous dans l'éther ou dans l'essence éthérée.

On fait ensuite évaporer le liquide à une température ne dépassant pas 100°. Le platine est mis en liberté à l'état de division extrême, et adhère solidement au métal.

Si les objets ne reçoivent que le premier revêtement décrit ci-dessus, le platine précipité ne sera pas d'aspect brillant. Ce procédé est suffisant, lorsqu'on se propose seulement la conservation de l'objet. Au cas où l'on voudrait obtenir de certains effets décoratifs, il faudrait avoir recours aux deux revêtements.

Ce procédé est, en somme, assez économique.

CHAPITRE X

LE FER

Revêtement galvanique. — Règles générales et bains. — Les propriétés du fer électrolytique ont été minutieusement étudiées par R. Lenz, qui arrivait à l'obtenir avec une solution de sulfate de fer et sulfate de magnésie neutralisée par le carbonate de magnésie, en se servant d'un très faible courant.

Voici un résumé de ses conclusions :

« Quand on précipite, à l'aide d'un faible courant, du fer dans un bain qui ne contient pas d'acide libre, le métal présente une belle structure à grains fins, dans laquelle le microscope ne laisse apercevoir aucune trace de cristallisation. Sa couleur est gris clair, sa dureté tellement grande que la lime l'attaque à peine ; sa fragilité est extrême ».

« Si le fer est réduit lentement sur une surface lisse, on obtient, quand la couche de fer n'a qu'une légère épaisseur, une surface de très bel aspect velouté. Mais quand cette couche acquiert une forte épaisseur, il se forme des bulles gazeuses qui en altèrent la surface ».

« Le fer perd la plus grande partie des propriétés sus-indiquées, recuit au rouge sur feu de charbon de bois. Sa dureté se réduit de 5,5 à 4,5. Sa fragilité disparaît non seulement tout à fait, mais encore le fer acquiert la propriété contraire à un degré élevé, il devient malléable mais, par contre, facilement oxydable ».

Hick et O'Shea ont réussi à préparer de fortes quantités de fer électrolytique, en employant une solution au 5 pour 100 de chlorure de fer cristallisé, auquel venait s'ajouter du chlorure d'ammoniaque en quantité suffisante pour former le chlorure double $(NH^4\ Cl_2)\ Fe\ Cl_2$.

On peut aussi employer une solution plus forte que la précédente, mais la proportion sus-indiquée a été adoptée comme offrant la résistance la plus convenable pour la régularisation du courant.

La quantité de sel de fer en solution ne devrait pas être trop baissée, car lorsque le sel de fer est presque tout décomposé, la solution devient alcaline par la décomposition du sel d'ammoniaque, et l'hydroxyde de fer est précipité de l'ammoniaque, lequel est ainsi laissé libre.

On peut établir approximativement que la quantité de sel, dans la solution, ne doit pas descendre au-dessous de 20 à 30 pour 100 de sa force initiale.

Pour éviter toute difficulté, on détermine, jour par jour, la quantité de fer retirée de la solution, et on y ajoute une quantité équivalente de chlorure de fer. Cela se réalise en soustrayant un certain volume d'électrolyte, en échange duquel on ajoute une quantité de chlorure d'ammoniaque correspondant à la quantité retirée de la solution.

Il est absolument essentiel que la solution soit libre de composés du fer, attendu que leur présence donne lieu à la formation d'hydroxyde de fer, qui se dépose en grande quantité sur le fond de l'électrolyte et, souvent, se dépose sur la cathode, tandis qu'un refroidissement considérable en accompagne la formation.

On dirait, par conséquent, que la production d'hydroxyde de fer cesse aussitôt après décomposition du composé de fer.

Les auteurs cités plus haut ont constaté que, en alliant le chlorure de fer au fer réduit, et filtrant immédiatement avant d'en faire usage, chaque sel de fer est réduit en son dérivé, avant d'entrer dans l'électrolyte.

Tant que cela fut réalisé, l'hydroxyde de fer cessait d'être déposé sur la plaque, et la quantité déposée sur le fond de l'électrolyte était très petite, même après une opération ayant duré trois semaines.

On peut employer une densité de courant de 0,2 A par centimètre carré. Bien qu'il ne soit pas prudent d'excéder cette limite, il est possible de réduire considérablement la densité, et les auteurs déjà cités sont arrivés, avec profit, jusqu'à 0,08 A par centimètre carré.

Comme cathode, on emploie une feuille de cuivre aussi mince que possible, renforcée à l'aide d'une monture sur plaque de verre. En ce qui concerne la cathode, deux conditions principales sont à observer.

Avant tout, il importe de noter qu'un nettoyage absolu est de rigueur à cet égard. Hick et O'Shea conseillent ce procédé : la feuille de cuivre doit être lavée à l'acide nitrique et à l'eau, mélangés par volumes égaux. On frotte ensuite à la flanelle, puis on lave abondamment et l'on nettoie au sable très fin, avec solution concentrée de cyanure de potassium en quantité *abondante*, sans quoi il peut rester sur la feuille une patine de cyanure de cuivre. Après un fort lavage à l'eau, on plonge aussitôt la feuille dans le bain.

En second lieu, il est indispensable d'immerger complétement la cathode dans l'électrolyte, attendu que le chlorure d'ammoniaque agit sur le cuivre chaque fois que ce dernier et l'électrolyte sont en contact avec l'air.

Le cuivre est dissous et, par conséquent, déposé à côté du fer, déposé de frais lui-même.

Pour empêcher cela, et afin d'éviter que le dépôt se forme en un lieu quelconque situé en dehors de la surface de la feuille, on couvre toutes les parties de celles-ci qui ne doivent point recevoir de dépôt, avec du noir de Brunswick, de sorte que, pratiquement, la cathode se trouve complétement immergée dans l'électrolyte.

Comme anode, on emploie du fer suédois en rubans ; il contient seulement 0,029 p. 100 de soufre et 0,049 p. 100 de charbon.

Quand on désire obtenir un dépôt de fer très pur, on renferme l'anode dans un vase poreux.

Le charbon est recueilli au fond de ce vase, sous forme de bouillie noire, pendant que le soufre passe dans la solution comme acide sulfurique ; il est impossible d'empêcher qu'un peu de ce dernier ne passe à travers le vase poreux.

Ce passage, pourtant, peut se réduire à une quantité insignifiante, en changeant la solution du vase de l'acide deux fois par jour.

Avec ces précautions, on obtient un dépôt bien homogène de fer, qui présente une surface blanche comme l'argent et d'aspect velouté. Mais il contient une infinité de petits trous de forme conique.

Ces trous sont dus sans doute à la formation de petites bulles microscopiques qui empêchent le fer de se déposer. Les faire disparaître par le frottage est chose assez difficile. On a cherché à le faire, grâce à un râcloir automatique qui parcourait la surface de la feuille chaque 15 minutes ; mais ce procédé ne saurait être tenu complètement pour satisfaisant.

On arriverait peut-être à de meilleurs résultats, avec une disposition spéciale qui permettrait de soulever la cathode hors de l'électrolyte et de la tenir quelques secondes exposée à l'air ou les petites bulles disparaîtraient.

La déposition du fer se réalise, à raison de 3 grammes par centimètre carré et par vingt-quatre heures.

Roberts-Austen a pu obtenir d'excellents dépôts électrolytiques de fer à forte épaisseur, avec un bain de sulfate de fer et de sulfate de magnésie, en parties proportionnées aux équivalents chimiques, c'est-à-dire 76 de sulfate de fer pour 60 de sulfate de magnésie. La solution doit atteindre le poids spécifique 1,555 et se neutralise avec du carbonate de magnésie.

Une anode de fer à peu près de la même dimension que l'objet à aciérer, est placée de façon à laisser un intervalle de 4 centimètres entre les électrodes. Le succès de l'opération dépend de l'emploi de courants très faibles. C'est ainsi que le courant le plus apte à recouvrir un médaillon de 500 centimètres carrés ne doit pas surpasser 0,09 ampère.

Naturellement, le fer se dépose avec une extrême lenteur. On peut, de la sorte, en plusieurs semaines, obtenir une forte épaisseur, de façon à réaliser une véritable reproduction galvanoplastique en fer; mais on a la plus grande difficulté à séparer le positif du négatif. Pour obvier à tel inconvénient, il faut d'abord recouvrir le modèle avec du nickel, et le soumettre quelque temps à l'action de l'air. On nickèle ensuite à nouveau et l'on procède aussitôt à l'aciérage. Ces précautions ne sont pas, cependant, toujours suffisantes, et le fer pénètre parfois jusqu'au modèle.

Roberts-Austen a obtenu, de cette manière, des échantillons de fer d'une remarquable pureté, et contenant seulement quelques traces de magnésie et de soufre. La densité est de 7,675 et s'élève à 7,811 par le recuit.

Les propriétés magnétiques sont un peu moins accentuées que dans le fer ordinaire : environ les deux tiers.

Aciérage des clichés. — L'aciérage, ou mieux, le ferrage des clichés galvanos usités en typographie, a pour but de les rendre plus résistants au tirage, mais présente de grandes difficultés.

L'*Électrotecniker* dit à ce propos : « A notre avis, on réussira à obtenir de bons dépôts de nickel et de cobalt plus facilement que de fer. Depuis 1882, l'usage des clichés nickelés s'est généralisé avec plein succès : à tel point qu'on peut s'en servir même après un tirage de 150.000 à 240.000 exemplaires ».

« Il n'a jamais été possible d'obtenir de meilleurs résultats que ceux-ci, même à l'aide des meilleurs aciérages. Étant donné, d'autre part, que le nickel n'est jamais exposé à l'oxydation, ainsi qu'il arrive pour le fer mis à l'air humide, et que le traitement aux bains de fer exige de plus grands soins et présente de plus grandes probabilités d'échec que les bains de nickel, on peut conclure que le nickelage peut tout au moins concurrencer l'aciérage, en ce qui concerne la typographie ».

De toute façon, voici, d'après Warrentrapp, la composition des bains usités jusqu'à présent, et la manière de s'en servir, pour obtenir de bons dépôts de fer :

1. — Sulfate de fer pur . . . . 135 grammes.
   Chlorhydrate d'ammoniaque . . . 100 —
   Eau . . . . 1 litre.

On fait bouillir l'eau pendant une demi-heure, pour en chasser complétement l'air ; on laisse refroidir ensuite, et alors seulement on ajoute le sel de fer pur et le sel ammoniaque. Ce bain se décompose facilement sous l'action de l'air et de l'oxygène, qui se porte sur l'anode.

Il se forme un précipité pulvérulent de sulfate de fer basique insoluble, qu'il importe de séparer fréquemment du liquide par la filtration.

On peut, sinon éviter, tout au moins atténuer cette tendance à la décomposition, en se servant de fer ammoniacal, qu'il est plus facile de se procurer à l'état pur, c'est-à-dire exempt d'oxyde de fer libre.

2. — Chlorhydrate d'ammoniaque .   .   100 grammes.
      Eau. .   .   .   . 1.000   —

Pour transformer ce bain neutre de sel ammoniaque, en bain de fer, on emploie des anodes de fer et on suspend une lame de fer ou de cuivre dans le bain même.

On fait circuler le courant jusqu'à ce que la quantité de fer précipitée soit suffisante, c'est-à-dire de cinq à six heures, ordinairement. Il se produit même, de cette manière, un précipité d'oxyde de fer hydraté, mais non en quantité aussi grande qu'avec le bain préparé d'après la formule n° 1.

Le bain n° 2 donne de bons résultats, quand il s'agit d'obtenir une couche de fer très mince.

3. — Eau. .   .   .   . 1.000 grammes.
      Sulfate de fer ammoniacal .   .   .   150   —

Cette solution doit être maintenue parfaitement neutre, ce qui se réalise en suspendant dans le bain de petits sachets remplis de carbonate de magnésie.

La formule qui précède et la suivante sont les deux qui ont donné les meilleurs résultats pour les usages typographiques.

4. — Sulfate de fer pur .   .   .   .   .   .   ⎰ En parties égales.
      —   de magnésie. .   .   .   .   .   ⎱

Dans le bain ci-dessus, il faut suspendre également des sachets de carbonate de magnésie, afin de le conserver neutre.

Le degré de concentration le plus convenable est celui qui correspond à la densité 1,55.

L'intensité du courant ne doit pas dépasser 0,2 ampère par décimètre carré avec une distance de 4 centimètres entre les anodes. La distance des anodes des clichés traités doit être augmentée graduellement.

5. — Eau . . . . 500 parties.
    Sel d'ammoniaque . . . . 50 —
    Sulfate de fer ammoniacal. . . . . 100 —

On ajoute à la solution quelques gouttes d'acide sulfurique.

On relie l'objet à aciérer au pôle négatif d'une pile, et l'on met au pôle positif une plaque de fer de dimension presque égale, comme anodes. On maintient le bain à 60-80°.

On obtient un dépôt très dur et de rapide formation.

Deux éléments Bunsen ordinaires, ou bien deux éléments au bichromate de potasse sont suffisants.

6. — On prépare les deux solutions suivantes :

    a. Sulfate de fer . . . . . . 600 grammes.
    Eau. . . . . 5 litres.
    b. Carbonate de soude . . . . 2 400 grammes.
    Eau. . . . . 5 litres.

On mélange les deux solutions ; on obtient un précipité de carbonate de fer que l'on recueille et dissout dans une quantité d'acide sulfurique exactement suffisante pour le dissoudre. Ensuite, on dilue avec vingt litres d'eau distillée.

La solution doit être légèrement acide.

On doit faire usage d'une anode de fer pur.

7. — On dissout du fer en copeaux dans l'acide chlorhydrique jusqu'à saturation.

Le liquide décanté est dilué dans de l'eau contenant du chlorure d'ammoniaque dans les proportions sous-indiquées, la glycérine s'ajoute à la fin ; elle sert à mieux garantir le bain contre l'altération :

```
Eau . . . . . . . . . . .    400 grammes.
Acide chlorhydrique . . . . . .   400   —
Fer en copeaux . . . . . . . .   100   —
Sel ammoniaque . . . . . . .   100   —
Glycérine . . . . . . . . . .    25   —
```

8. — Si l'on veut faire appel aux sulfates ainsi qu'aux chlorures, on emploie le bain que voici :

```
Sulfate double d'ammoniaque et de fer.   1 kil.
   —     de soude . . . . . . . . . .   1
Eau . . . . . . . . . . . . . . . . . .  10
```

9. — Villon rapporte qu'il a fait usage, avec bons résultats, de cet autre bain :

```
Eau . . . . . . . . . . . . . . .    10 kil.
Fluosilicate de fer . . . . . . . . .   2 —
   —       d'ammoniaque . . . . . .   2 —
   —       de magnésie . . . . . .   0,5 —
```

10. — Capelle recommande l'usage d'une solution, à parties égales, de sulfate de fer et de sulfate de fer ammoniacal, avec addition, au 1 pour 100, de sulfate de magnésie.

Une pareille solution doit accuser 18 à 20° B.

Avec ce bain, on peut obtenir des plaques de fer de forte épaisseur, pouvant servir, par exemple, à l'impression des étoffes.

```
11. — Sulfate de fer pur . . . . . . .   135 grammes.
       Chlorhydrate d'ammoniaque . .   100   —
       Eau . . . . . . . . . . . . . . 1.000   —
```

On fait bouillir l'eau avant de l'employer, afin d'en chasser l'air ; puis on laisse reposer, avant d'y ajouter les sels.

Manière de régler l'opération. — Ainsi qu'il a été dit, le précipité insoluble qui se forme inévitablement au fond des bains à base de fer, doit être de temps en temps séparé au moyen de la filtration. Ce précipité étant très apte à produire du trouble, on pourrait craindre, s'il était agité, que les particules ne vinssent se déposer sur la surface des objets traités, ce qui empêcherait le dépôt et produirait des bulles.

Pour éviter cet inconvénient, il est bon de préparer le bain dans un récipient beaucoup plus profond que ne le réclame la hauteur des objets en traitement. C'est là le meilleur moyen pour empêcher l'agitation du précipité.

Pour conserver au bain sa neutralité, outre l'usage du carbonate de magnésie sus-indiqué, on peut y introduire du carbonate de fer de récente préparation ; après cette addition, il faut agiter le mélange et laisser reposer pendant une heure.

Pour préparer le carbonate en question on fait réagir, autant que possible à l'abri de l'air, le carbonate d'ammoniaque sur une solution de sulfate de fer pur. Le carbonate de fer qui se précipite doit être rapidement filtré, lavé à une ou deux reprises avec de l'eau privée d'air par l'ébullition. Ensuite on emploiera immédiatement le produit obtenu.

Au moment où les objets destinés à être recouverts d'une légère couche de fer, sont immergés dans le bain, la différence de potentiel doit être de 1 à 1,25 volt, avec une distance des anodes de 10 à 12 centimètres.

On couvre le bain et on réduit la différence de potentiel à 0,75-1 volt. Si l'on veut avoir un dépôt d'une certaine épaisseur, il faut, à fréquents intervalles, aider les bulles d'hydrogène à se détacher de la surface des objets, grâce à de petites secousses exercées sur les barres de suspension.

Comme anodes, on emploie des morceaux de plaque de fer de grande surface, propres et parfaitement lisses.

L'aciérage terminé, on doit laver avec soin les objets à l'eau chaude, et ensuite les sécher dans la sciure de bois.

On les laisse, après cela, pendant plusieurs heures, dans une étuve chauffée à 100° afin de les débarrasser des dernières traces d'humidité.

Il est bon de noter que, généralement, le fer ainsi que les autres métaux obtenus par voie électrolytique, sont absolument purs. Néanmoins Lockyer a constaté que le fer électrolytique contient plusieurs des impuretés du fer ordinaire.

Ce savant photographia le spectre de ce métal, volatilisé dans l'arc voltaïque. [L'examen de ce spectre révéla la présence, dans le fer, de calcium, manganèse ainsi que des traces d'autres métaux.

Il est donc peu probable que l'on puisse réussir à préparer du fer *chimiquement* pur, par voie électrolytique.

Galvanotypie fer nickel. — Procédé Capelle.

Le procédé suivant sert à obtenir, en galvano de fer ou de nickel, d'épaisseur variable, la reproduction des rouleaux gravés, pour l'impression sur faïence, porcelaine, étoffe, cuir, etc...

Il permet, également, d'obtenir la reproduction de plaques gravées sur acier ou sur cuivre, pour tout usage, de manière absolument identique à l'original et conformément aux reproductions obtenues d'ordinaire sur cuivre.

Les reproductions en fer et nickel ont l'avantage de résister cinquante fois de plus au tirage, et d'éviter l'aciérage habituel, qui est assez coûteux.

Après avoir pris l'empreinte, en galvano de cuivre ou de toute autre manière, du rouleau ou de la plaque à reproduire, on immerge ce moulage dans le bain de fer, et on l'y laisse jusqu'à ce qu'on ait obtenu l'épaisseur voulue.

On dépose ensuite sur le fer une mince couche de cuivre, dans un bain alcalin (de cyanure de cuivre ou autre), puis on passe au bain de cuivre ordinaire.

Le premier cuivrage a pour but d'assurer l'adhérence du fer avec le galvano ordinaire, et d'empêcher l'action de l'acide sur le fer.

Le bain de fer s'obtient en faisant dissoudre dans l'eau du sulfate de fer et du sulfate de fer ammoniacal, à parties égales. On y ajoute du sulfate de magnésie dans la proportion de 1 pour 100 ; le bain doit peser 18 à 20° B.

Il importe d'employer des produits purs.

Pour obtenir, par contre, les mêmes reproductions en galvano de nickel, on procède de façon analogue, supprimant toutefois le cuivrage dans le bain alcalin, car le galvano de cuivre ordinaire adhère parfaitement au nickel et l'acide n'attaque pas le nickel.

Le bain de nickel s'obtient en dissolvant dans l'eau parties égales de sulfate de nickel et de sulfate double de nickel et d'ammoniaque. On y ajoute 2 pour 100 de sulfate de magnésie et 2 pour 100 d'acide borique cristallisé.

On neutralise ce bain avec du carbonate de magnésie.

CHAPITRE XI

ETAMAGE

Étamage galvanique. — 1. — L'étamage électrolytique est rarement appliqué, en raison de la facilité avec laquelle on peut recouvrir les métaux avec l'étain en fusion.

Cependant, les objets étamés par le procédé électrique se font remarquer par leur très belle apparence, leur blancheur argentine et la grande pureté de la couche électrolytique. Les solutions les plus aptes à réaliser un bon étamage, sont les suivantes :

1° Oxyde d'étain et soude caustique ;

2° Oxyde d'étain et potasse caustique.

Les meilleures proportions pour ces deux bains sont cent parties de solution caustique à 10° B. et une partie d'oxyde.

Pour l'étamage du zinc, le bain suivant est préférable :

Eau pure	600 parties.
Pyrophosphate de soude	5 —
Protochlorure d'étain anhydre	1 —

Quant au pyrophosphate de soude, on le prépare en calcinant, au rouge vif, le phosphate de soude ordinaire du commerce.

3. — On peut préparer encore, dans le même but :

Protochlorure d'étain	8 parties.
Crème de tartre	6 —
Chlorure d'étain	2 —
Eau distillée	150 —

Si, dans ce bain, on supprime le chlorure d'étain, l'action devient plus lente, mais le dépôt est plus blanc.

Pour donner du brillant aux objets ainsi étamés on les fait sécher au feu.

4. — On mélange ensemble les trois solutions que voici :

a. Eau	5 litres.
Chlorure d'étain	100 grammes.
b. Eau	100 litres.
Potasse caustique	15 kil.
c. Eau	30 litres.
Pyrophosphate de soude	15 kil.

Ce bain est employé pour l'étamage fort.

5. — On mélange, en les agitant sans interruption, les trois solutions que voici :

a. Eau	230 litres.
Tartrate de potasse	12 kil.
b. Eau	230 litres.
Potasse caustique	34 kil.
c. Eau	5 litres.
Chlorure d'étain	20 kil.

C'est encore là un bain destiné à l'étamage fort.

6. — *Bain Lobstein :*

Soude caustique	40 kil.
Cyanure de potassium	1 —
Chlorure d'étain	700 grammes.
Eau	2.270 litres.

7. — *Bain Maistrasse :*

Chlorure d'étain	100 grammes.
Cyanure de potassium	300 —
Eau	1.000 litres.

8. — On dissout l'étain du commerce dans l'acide chlorhydrique ; on le précipite avec de la potasse ; on lave ensuite le précipité pour séparer l'acide et on dissout dans une solution de potasse caustique et de cyanure de potassium. On ajoute, après

cela, de l'hydrate de chaux. Les objets à étamer devront être suspendus dans ce bain, au pôle négatif, et les feuilles d'étain au pôle positif.

9. — L'étamage du plomb présente quelque difficulté; car le dépôt qui s'opère, en ce cas, est spongieux, ou peu adhérent.

Avec la méthode Cox, on évite ces inconvénients. Voici cette méthode :

On dissout le sel d'étain du commerce et on précipite l'étain avec du phosphate de soude. On lave le précipité et on dissout à nouveau dans une lessive concentrée à base de soude; finalement, on ajoute 5 pour 100 d'ammoniaque. On dilue suivant les cas.

10. — L'établissement *Fixering et Parkes* fait usage d'un bain composé de :

> Pyrophosphate de potasse . . . . . . 8 parties.
> Protochlorure d'étain 3   —
> Eau 13   —

L'anode est une barre d'étain pur ; le pôle négatif est constitué par une barre de zinc. On termine l'opération a la brosse métallique.

11. — *Weigler* conseille cette autre méthode :

On fait passer, jusqu'à saturation, un courant de chlore dans une solution concentrée de chlorure d'étain ; on chasse l'excès de chlore en chauffant la solution, après l'avoir diluée avec dix fois son volume d'eau et filtrée.

Les objets à étamer, nettoyés à l'acide dilué, polis au sable fin et rincés, sont ensuite suspendus dans le bain de galvanisation, de dix à quinze minutes, au moyen de fils de zinc.

L'inconvénient de ces divers procédés consiste en ce que le bain se charge assez rapidement de chlorure de zinc, et que le sel d'étain doit être souvent renouvelé.

12. — *Hern* propose cet autre bain :

> Eau . . . . 3 litres.
> Acide tartrique . . . . 63 grammes.
> Soude 90   —
> Protochlorure d'étain 90   —

L'opération est un peu plus longue que par le procédé *Weigler*.

13. — Le bain d'étamage *Roseleur* ne contient que 0 gr. 7 d'étain par litre. Pour en avoir 27 grammes par litre, on dissout dans dix litres d'eau :

Chlorure de zinc en fusion	400	grammes.
Soude caustique	500	—
Cyanure de potassium	400	—

On obtient pareillement un excellent bain d'étamage par la simple solution de 40 grammes de chlorure double d'étain et d'ammoniaque dans un litre d'eau.

14. — *Bain Hesse.* — Ce bain peut fonctionner à froid.

Eau	1	litre.
Phosphate de soude	50	grammes.
Chlorure d'ammoniaque	50	—
— d'étain	25	—

15. — Le bain que voici doit, au contraire, être employé à la température d'ébullition. Dans un litre de lessive caustique à 16 pour 100, on dissout 20 grammes d'étain.

L'alcali doit être exempt d'anhydride de carbone, ce qui s'obtient en faisant bouillir la lessive avec 1 pour 100 de chaux vive.

Etamage par immersion.

1. — Les objets à étamer, une fois bien nettoyés, sont plongés dans l'un des liquides bouillants que voici :

a.	Alun ammoniacal	17	grammes.
	Eau bouillante	150	—
	Protochlorure d'étain	1	—
b.	Crème de tartre	14	—
	Eau	28	—
	Protochlorure d'étain	2	—

Dans ce dernier cas, on doit plonger dans le bain également une barre de zinc pur.

2. — Aussi bien sur le cuivre que sur le laiton, on peut obtenir un dépôt d'étain adhérent, avec un des bains suivants :

a. Bitartrate de potasse	100	grammes.
Alun	100	—
Chlorure d'étain en fusion	25	—
Eau distillée	10	litres.
b. Pyrophosphate de potasse	200	grammes.
Chlorure d'étain cristallisé	20	—
— — en fusion	80	—
Eau distillée	10	litres.

On chauffe le bain jusqu'à ébullition, puis on y suspend les objets, nettoyés et dégraissés, après les avoir enveloppés de fils de zinc disposés en spirale, ayant soin de continuer à chauffer jusqu'à ce qu'on juge suffisante l'épaisseur de la couche d'étain déposée.

3. — Les petits objets de cuivre et de laiton, tels que : épingles, crochets, clous, etc., peuvent être plongés dans le bain bouillant qui suit :

Bitartrate de potasse	100	grammes.
Chlorure d'étain	25	—
Eau	10	litres.

Il faut se servir d'une passoire en zinc, pour contenir les petits objets ci-dessus, et remuer ceux-ci de temps en temps, à l'aide d'une baguette en zinc.

4. — Pour les épingles et autres petits objets, le bain qui suit est excellent :

Eau distillée	320	parties.
Phosphate de soude	7	—
Protochlorure d'étain fondu	1	—

Un morceau de zinc, plongé dans ce bain, s'y recouvre d'une pellicule d'étain.

5. — On obtient sur le laiton un bon dépôt d'étain brillant et assez durable, bien que très mince, en faisant bouillir pendant quelques minutes les objets à étamer dans un bain composé de :

Étain en poudre. . . . .   3 parties.
Acide tartrique   1   —
Eau.   80   —

6. — Pour l'étamage du fer et de l'acier, dans des conditions analogues, on emploie un bain formé de :

Alun ammoniacal cristallisé . . .   200 grammes.
Chlorure d'étain cristallisé   5   —
   —   —   fondu   5   —
Eau . . . .   10 litres.

On fait d'abord dissoudre l'alun et ensuite on y ajoute le sel d'étain, ayant soin de faire bouillir pendant l'opération d'étamage.

Le bain se rajeunit moyennant une addition de sel d'étain, au fur et à mesure d'épuisement.

L'étain qui se dépose est d'aspect mat, mais on peut le rendre brillant par le polissage.

7. — Pour les objets en fer, on prépare le bain suivant :

Chlorure d'étain . . . .   1 partie.
Sel ammoniaque . . . .   0,23 —
Sel marin   1   —
Acide nitrique   1   —
   — chlorhydrique   4   —

On dilue ensuite plus ou moins, suivant la nature du métal à étamer.

Il est bon que les objets en fer ou en cuivre qu'il s'agit d'étamer, soient mis en contact avec un fil de zinc, de cette façon, l'étamage réussit mieux et plus rapidement.

8. — On peut étamer la fonte en la plongeant dans un mélange d'eau et d'acide sulfo-phénique dans lequel on fait dissoudre les sels d'étain ; les proportions seront de 1 pour 100 de sel d'étain et 5 pour 100 d'acide sulfo-phénique.

On obtient une couche d'étain assez adhérente.

9. — On dissout une partie de chlorure d'étain dans dix parties d'eau, et on y ajoute une solution de deux parties de soude et de potasse dans vingt parties d'eau.

Après un certain temps, le liquide trouble se clarifie ; puis il se trouble de nouveau lorsqu'on cesse de l'employer, mais cela ne nuit pas à l'étamage.

On met dans le récipient où l'on opère l'étamage, une feuille d'étain percée de nombreux petits trous, puis on y dépose les objets en cuivre ou en laiton à étamer, et on y ajoute la solution alcaline.

On chauffe et on agite de temps en temps, avec un bâtonnet de zinc.

L'étamage réussit assez rapidement, grâce au procédé ci-dessus; après quelques minutes d'immersion, les objets sont recouverts d'une couche blanche et assez brillante.

10. — Les mêmes bains qui servent pour l'étamage galvanique peuvent être employés à l'étamage par immersion. Pour cela, il suffit — ainsi que Roseleur l'avait déjà fait remarquer — de mettre en contact avec les métaux a étamer plongés dans le bain, quelques morceaux de zinc. Nous allons reproduire, ci-dessous, les formules de bains les plus usités à cet effet :

a. Eau	650	parties.
Chlorure d'étain	15	—
Pyrophosphate de potasse	40	—
b. Acide tartrique.	60	—
Soude.	90	—
Chlorure d'étain	90	—
Eau	3.000	—

11. — *Procédé à froid*. — On entoure les objets à étamer avec des feuilles de zinc qui servent de conducteur et permettent à l'étain de se déposer sur les objets. Ceux-ci sont ensuite immergés dans un bain froid composé de :

Oxychlorure d'étain	10 kil. »
Crème de tartre	1 — »
Chlorure d'ammoniaque.	1 — »
Alun en poudre.	0 — 6
Potasse caustique	0 — 6
Eau	100 litres.

Les menus objets de laiton ou de cuivre seront étamés en les disposant par couches, entre des feuilles d'étain, dans une solution saturée de crème de tartre, et faisant bouillir le liquide. S'il le faut, on ajoutera un peu de chlorure d'étain.

12. — On place les objets de laiton ou de bronze dans une solution bouillante de peroxyde d'étain dans la potasse caustique ; ceux-ci se couvrent en quelques minutes, d'un beau revêtement métallique.

13. — Pour étamer les objets de fer ou de zinc, on dissous une partie de chlorure d'étain en fusion et trente parties d'alun ammoniacal dans deux mille parties d'eau, et l'on immerge les objets, préalablement nettoyés, dans le liquide bouillant, jusqu'à ce qu'ils prennent une belle couleur blanche ; à mesure que la solution s'épuise on y ajoute du chlorure d'étain.

14. — Les objets en zinc peuvent être étamés par la simple immersion dans une solution composée d'une partie de chlorure d'étain fondu et cinq parties de pyrophosphate de soude dissous dans trois cents parties d'eau.

15. — Pour étamer le fil de fer, on commence par le nettoyer dans un bain d'acide chlorhydrique dans lequel on suspend une feuille de zinc. Puis on l'attache à une feuille de zinc et on le porte dans un bain où l'on dissout d'abord deux parties d'acide tartrique dans cent parties d'eau, puis trois parties de chlorure d'eau et trois parties de soude.

Après deux heures de bain, on passe le fil à la filière pour lui communiquer du brillant.

16. — On nomme *argentine* l'étain précipité par voie galvanique, à l'aide d'une solution d'étain. On l'obtient généralement en plongeant des lames de zinc dans une solution d'étain contenant 6 grammes de métal par litre.

On peut utiliser de cette façon les coupures des feuilles. Pour appliquer l'argentine, on prépare un bain d'argentine et de tartrate acide de potasse rendu soluble au moyen de l'acide borique. Le tartrate acide peut être remplacé par du pyrophosphate de soude, du chlorure d'ammoniaque ou de la soude caustique. On plonge dans le bain les objets bien nettoyés. Une seule immersion suffit.

S'il s'agit d'étamer des objets en laiton ou en cuivre, le bain devra être maintenu en état d'ébullition.

CHAPITRE XII

ALUMINAGE

Dépôt galvanique. Règles générales. — Tandis qu'à l'état massif l'aluminium résiste fort bien à l'action des agents atmosphériques et conserve longtemps son brillant, l'aluminium déposé par voie électrolytique présente une contexture plus ou moins poreuse et se ternit rapidement à l'air en prenant une teinte blanc bleuâtre. Par contre, ce genre de revêtement peut fort bien servir à la protection du fer ou du cuivre, ainsi qu'on l'a employé dans la partie supérieure de la grande tour du nouveau *City Hall* de Philadelphie (166 mètres).

La légère oxydation de surface qui se produit en pareil cas protège le métal intérieur contre toute altération ultérieure.

Pour les travaux de décoration intérieure, à l'abri des intempéries, l'aluminium électrolytique est d'une durée indéfinie et donne lieu à de fort jolis effets décoratifs. D'ailleurs, en pareil cas, le *satinage* et le *dépolissage* du métal sont des plus faciles à réaliser et communiquent à l'ensemble l'aspect de l'argent. Le brunissage peut être effectué directement dans le bain.

D'après Darling, en faisant usage d'une solution d'aluminium qui attaque peu le métal récemment déposé, et en se servant d'un courant de 85 ampères par mètre carré avec une tension de 6,5 à 7 volts, l'aluminium peut être déposé à raison de 10 grammes par heure et par mètre carré. Grâce à un courant

plus intense, le dépôt est plus rapide, mais le métal se présente
à l'état plus pulvérulent.

L'expérience faite sur une aussi grande masse, à Philadelphie,
démontre la possibilité pratique, tant de fois niée, de déposer
l'aluminium par la solution aqueuse de ce métal. Les praticiens
n'ont pas indiqué la composition du bain.

Bains. — 1. — On prépare d'abord les solutions que voici :

    a. Alun d'ammoniaque . . . . 2 kil.
       Eau. . . . . 10 litres.
    b. Carbonate de potasse. . . . . 2 kil.
       —   d'ammoniaque . . . . 8 à 10 —
       Eau . . . . 10 litres.

En mélangeant ces deux solutions, on obtient un précipité
d'*alumine* qu'on lave avec soin et qu'on met à réagir dans une
solution composée de :

    Alumine d'ammoniaque. . . . . 4 kil.
    Cyanure de potassium pur. . . . . . . 2 —
    Eau . . . . 35 litres.

On fait bouillir le tout dans un vase de fer pendant une demi-
heure, puis on ajoute :

    Cyanure de potassium . . . . 2 kil.
    Eau . . . . 20 litres.

On fait bouillir de nouveau pendant quinze minutes, on filtre
pour séparer le précipité qui s'est formé, et on conserve le
liquide, lequel constituera le bain. L'objet à recouvrir d'aluminium est alors suspendu à l'électrode négative ; l'électrode positive est constituée par une feuille d'aluminium. Quand le dépôt
revêt une teinte grisâtre, il suffit, pour lui redonner du brillant,
de le plonger dans une solution de soude. Avec ce bain on peut
obtenir des dépôts de couleur variée, en mettant à l'électrode
négative une feuille d'or, de nickel, de cuivre ou d'argent. On
opère à la température de 25° à 65°.

2. — D'après le *Jewellers Journal*, H. Reinbol put obtenir de
bons dépôts d'aluminium avec un bain de :

    Alun 50
    Eau 300
    Chlorure d'aluminium 10

On chauffe à 200°, et quand le bain est refroidi, on y ajoute trente parties de cyanure de potassium. Le dépôt électrolytique doit être fait avec un courant très faible. Comme électrode positive, on emploie une feuille d'aluminium. Le dépôt obtenu est brillant et assez semblable à l'argent.

3. — On prépare une solution de chlorure d'aluminium. On y ajoute un acide organique ou un aluminate pour maintenir l'alumine en solution ; on traite à l'acide nitrique et on dissout à nouveau la bouillie dans une solution de potasse ou de soude caustique. On ajoute du cyanure de potassium (un quart du poids de l'alumine employée). On fait bouillir pendant quinze ou vingt minutes. La couleur du liquide, de jaunâtre qu'elle était, devient brun foncé. Enfin, on laisse refroidir ; on ajoute de l'hydrate de chaux, de baryte ou autre ; on filtre et le bain est prêt.

Revêtement mécanique. — Wachwitz, de Nuremberg, prépare des feuilles d'aluminium plaquées mécaniquement avec des feuilles de cuivre de l'épaisseur respective de 10 millimètres et 0,1 millimètre. L'opération est réalisée en superposant les feuilles, les disposant sur des plaques préparées à cet effet, et les chauffant jusqu'à parfait soudage des deux métaux.

On fait passer ensuite ces feuilles bi-métalliques au laminoir. Les feuilles d'aluminium ainsi obtenues se prêtent fort bien au soudage et à toutes les opérations galvaniques : nickelage, argenture, etc...

Dépôts métalliques sur l'aluminium.

1. — On nettoie l'objet dans un bain d'acétate de cuivre dissous dans l'acide acétique, d'oxyde de fer, de soufre et de chlorure d'aluminium. Au sortir de ce bain, l'objet est frotté à l'aide d'une brosse fine en fils de laiton. Il se forme une couche métallique qui rend plus unie la surface de l'objet. On lave ensuite celui-ci dans l'eau pure et on le plonge dans un bain galvanique usuel. Il faut recourir à un courant faible.

Avec ce procédé, on peut obtenir sur l'aluminium ou ses alliages des dépôts d'or, de nickel, de cuivre, de laiton, etc. Dépôts qui sont résistants et d'une adhérence parfaite.

D'après Neesen, une feuille d'aluminium plongée dans une solution de potasse caustique et, immédiatement après, dans une solution d'un sel d'argent, se recouvre aussitôt d'une couche d'argent assez adhérente. On peut, de la même manière, obtenir des dépôts de mercure, plomb, zinc, cuivre, etc.

2. — On pratique d'abord à la surface de l'aluminium une légère couche d'amalgame sur laquelle on fixe ensuite, par les procédés ordinaires de la galvanoplastie, le cuivre, l'argent, le nickel, etc., lesquels n'adhéreraient pas à l'aluminium sans l'intermédiaire du mercure.

L'amalgamation se réalise en plongeant les objets dans une solution de bichlorure de mercure ou bien de sulfate de mercure et cyanure de potassium (cyanure de potassium 2 + eau 30 + sulfate de mercure 1).

Le bain doit être chaud, la température la plus convenable est de 66°. On lave ensuite les objets à l'eau froide, puis on les recouvre d'un autre métal dans les bains habituels, à base de cyanures doubles. L'anode est formée du métal même dont on revêt l'aluminium.

3. — On immerge les objets, bien nettoyés, dans une solution de potasse caustique ou de bicarbonate de potasse ; on les lave avec soin dans l'eau, puis on les plonge, pendant une ou deux minutes, dans un bain bouillant de cyanure de mercure ou d'argent.

Avec ce traitement, l'aluminium se recouvre d'une couche d'amalgame d'argent qui permet l'adhérence des métaux par déposition électrolytique.

On peut déposer le zinc avec un bain de chlorure de zinc et de sulfate de soude, et ensuite le cuivrer, l'argenter et le dorer.

Étamage de l'aluminium. — L'étamage de l'aluminium s'obtient *directement* par un procédé analogue au cuivrage. On emploie une solution, à demi concentrée, de chloro-stannate d'ammoniaque ; on frotte avec une brosse en fils de laiton. Si parfois la brosse était en fils de cuivre, l'étain se déposerait aussi bien sur ces mêmes fils que sur l'aluminium.

On a proposé de recouvrir l'aluminium d'une mince enveloppe

d'iridium, métal des plus durs et des plus inoxydables. Voici de quelle manière on peut y procéder.

On commence par le cuivrage de l'aluminium, de la manière indiquée plus haut. On l'immerge ensuite dans un bain électro-lytique composé d'une solution de sulfate double d'ammoniaque et d'iridium, ou mieux de chloro-iridrate d'ammoniaque. On emploie une anode de carbone et l'on plonge dans la solution un petit récipient percé contenant de l'hydrate d'oxyde d'iridium, pour saturer graduellement le bain.

CHAPITRE XIII

PLOMBAGE

Plombage par fusion. Plombage du fer. — 1. — Voici le procédé mis en œuvre dans les usines de MM. Westwood et Cᵒ,
à Milwall (Angleterre). On fait usage du plomb à 98,5 pour 100
de pureté.

Les feuilles et autres objets à plomber doivent être nettoyés,
comme à l'ordinaire, dans un bain acide. A travers ce bain, on
fait passer un faible courant électrique qui a la propriété de
réduire d'un tiers le temps nécessaire au plombage.

De ce bain les objets passent dans un autre qui, ainsi que cela
se pratique généralement, contient de l'eau de chaux pour neutraliser l'acide ; les objets sont ensuite lavés à l'eau pure. On les
plonge, après cela, dans un quatrième bain consistant en une
solution neutre de chlorure de zinc et d'étain, qui s'obtient en
faisant dissoudre de l'acide chlorhydrique dans ces deux métaux
à l'état granuleux. Retirés de ce bain, on porte les objets dans
une étuve où s'évapore l'humidité de leur surface, abandonnant
une couche de chlorures métalliques combinés qui protège les
objets contre l'oxydation. Une fois secs, les objets sont plongés
dans un bain de plomb où ils se couvrent d'une couche de métal
uniforme et très adhérente. Bien que très égale, cette couche est
assez mince.

La malléabilité et la résistance du fer ne sont nullement altérées par cette opération ; la feuille de fer peut être courbée, ondulée, pliée et même percée sans inconvénient. La couche ainsi obtenue est notable par sa légèreté, car 300 grammes par mètre carré sont plus que suffisants, tandis qu'il faut 450 grammes pour zinguer la même surface. Un autre avantage de ce procédé consiste à ne provoquer aucun précipité au fond des récipients, comme cela a lieu pour le zingage. En outre, comme le plomb en fusion n'exerce aucune action sur le métal qui forme le récipient, celui-ci dure davantage.

2. — Quand le fer est bien nettoyé, on le traite avec une solution concentrée de chlorure de zinc, puis on le chauffe jusqu'à la température de fusion du plomb. On y verse alors dessus du plomb fondu qui s'étend sur toute sa surface, et l'on aura soin de maintenir la température constante pendant un certain temps.

Après refroidissement, le plomb se trouve intimement uni à la surface du fer. On le lave pour le débarrasser des chlorures métalliques, puis on le lamine de manière à égaliser et à rendre homogène la couche de plomb.

Au lieu d'une solution de chlorure de zinc, on peut faire usage du chlorure sec, qui s'étend sur la feuille chauffée au-delà du point de fusion du chlorure de zinc.

3. — Quand on a recours à l'étamage préalable du fer, pour le recouvrir ensuite de plomb par simple fusion, on ne peut éviter que ce revêtement, par suite d'inégalité de dilatation, ne se détache lorsqu'il est soumis à de fréquents changements de température, ainsi qu'il arrive précisément pour les appareils usités dans l'industrie chimique où le plombage est absolument nécessaire.

Avec le procédé suivant, dû à Munstermann, on évite cet inconvénient, grâce à l'emploi d'un mordant qui amène la complète adhésion du plomb aux parois des récipients que l'on veut revêtir. De sorte que, même dans le cas où il se produirait de très rapides variations de température, le plomb n'est pas exposé à se détacher.

On nettoie les objets avec des brosses métalliques et du pétrole, puis on les met un certain temps dans une caisse contenant de l'eau acidulée par l'acide nitrique. On les sèche après cela, et on les avive avec une solution diluée d'acide sulfurique contenant du sel d'ammoniaque.

On laisse les objets dans ce bain jusqu'à ce qu'ils soient complétement débarrassés de la rouille. On les sèche à nouveau avant de les plonger dans le mordant qui se compose d'une solution d'iodure double de potassium et de mercure dans l'acide chlorhydrique dilué. La durée de l'immersion varie suivant la nature des métaux et les conditions particulières de leur surface. Extraits de ce bain, les objets sont séchés et plongés ensuite à différentes reprises dans le plomb en fusion ou dans divers alliages de ce métal, jusqu'à ce qu'on ait réalisé un revêtement uniforme. Quand il s'agit de fer forgé, il faut que le bain de plomb soit maintenu à une température non inférieure à 470°, et si les objets sont en fonte, il faut avoir recours à une température plus élevée encore.

Si l'on veut ne pas soumettre au plombage certaines parties des objets en traitement, on enduira ces parties, avant l'immersion, d'un mélange de graphite et de litharge.

Grâce à l'effet qui résulte de la composition spéciale du mordant, le plomb adhère si fortement au fer qu'il est impossible de l'en détacher, soit par le martelage, soit par le repliage répété des objets ou par l'intervention du ciseau.

Procédé galvanique. — Pour obtenir un dépôt électrolytique de plomb, on emploie un bain de :

Protoxyde de plomb	100 grammes.
Potasse caustique	2.000 —
Eau.	20 litres.

Revêtement de divers métaux au peroxyde de plomb ou de manganèse. — La base du bain est le nitrate de plomb. On ajoute de la soude caustique en quantité suffisante pour dissoudre le précipité d'hydrate de plomb qui se forme tout d'abord. On obtient ainsi la formation de nitrate de soude dans le bain. On y délaie ensuite du carbonate de magnésie pulvérulent.

Voici les proportions les plus efficaces :

Nitrate de plomb. . . . . 8 parties.
Eau . . . . 50 —
Soude caustique à 31° B . . . . . . 63,5 —
Carbonate de manganèse par litre
    d'eau, environ. . . . . 10 grammes.

Le carbonate de manganèse est ajouté seulement au moment de faire usage du bain. Son intervention communique de la régularité et de l'homogénéité à la surface traitée.

Ce procédé est applicable aux métaux suivants et à leurs alliages : cuivre, étain, alliages cuivre-étain, bronze, laiton, alliages zinc-nickel.

CHAPITRE XIV

ZINGAGE

Zingage galvanique. Règles générales. — Le dépôt de zinc obtenu par voie électrolytique est très pur, mais il n'offre pas de brillant. Pour qu'il en acquière, il faut régulariser le courant d'une manière spéciale, chose qui se fait principalement pour le zingage des clous.

Le revêtement électrolytique de zinc est plus stable que celui obtenu à chaud ; il résiste un peu mieux à l'action corrosive que ne le ferait une solution saturée de sulfate de cuivre, bien que la couche constituant le revêtement soit plus mince.

L'électro-zingage réclame de minutieuses précautions dans la préparation des surfaces à recouvrir, afin d'obtenir avec la solution de sulfate de zinc des dépôts bien adhérents ; il faut faire disparaître toute trace de gras ou de rouille ; pour cela, on tient les objets plongés de trente à soixante secondes dans un bain de soude caustique (au 5 pour 100), puis on les désoxyde dans un bain chaud au 1 pour 100 d'acide sulfurique, et enfin on les laisse quelque temps dans un bain d'eau de chaux.

Pour la fonte, il est préférable d'avoir recours au polissage par le jet de sable.

Il faut employer un courant intense afin de ne pas dépenser un temps excessif ; l'adhérence du revêtement est obtenue difficilement quand son poids dépasse 3 grammes par décimètre carré.

La plus grande difficulté pratique de l'électro-zingage consiste à maintenir l'électrolyte en bon état, car les anodes, qu'elles soient en zinc fondu ou laminé, amalgamé ou granuleux, ne rendent pas constante la force de la solution.

Cowper-Coles a remarqué que le meilleur moyen pour obtenir ce résultat, consiste à ajouter à l'électrolyte de la *poudre très fine de zinc*, qui contient environ 97,5 pour 100 de zinc métallique, et est moins coûteux que le zinc métal. Cette poudre de zinc, qu'il ne faut pas confondre avec l'oxyde, est une substance grisâtre que l'on retire, comme produit sublimé, des conduits des fours où l'on traite le minerai de zinc.

On jette, de temps en temps, de petites quantités de cette poudre dans les réservoirs de régénération reliés avec les récipients d'électro-déposition au moyen de tubes spéciaux. L'électrolyte est entraîné par son poids au fond du récipient. Les objets sont graduellement extraits du bain, de manière à les faire égoutter avant que le métal ne durcisse, et afin de pouvoir les lisser — ainsi qu'on le pratique pour les petites feuilles de métal et pour les fils — entre des rouleaux; car autrement ils pourraient, en certains points, se dénuder.

Par le procédé à chaud, on ne peut obtenir, comme avec la voie électrolytique, l'uniformité d'épaisseur du dépôt, même avec 2 gr. 25 par décimètre carré.

L'électro-zingage des fils ne provoque chez ceux-ci aucune diminution de résistance, et même ceux qui sont employés pour les pianos, et qui peuvent résister à un effort conservent leur ténacité.

On peut obtenir sur les fils un dépôt de trois quarantièmes de millimètre, et ces fils peuvent subir jusqu'à huit immersions de la durée d'une minute dans la solution saturée de sulfate de cuivre. Un fil de un millimètre sept de diamètre, galvanisé par électrolyse sur une épaisseur totale de trois quarantièmes de millimètres peut subir un passage répété autour d'une barre de vingt-cinq millimètres de diamètre, sans manifester d'altérations.

Un bon bain, susceptible de fournir des dépôts brillants, grâce à des anodes de plomb, est constitué par 1.130 grammes de sulfate de zinc (densité 1,177) et par 140 grammes de sulfate de fer pour 4.400 litres d'eau.

Kiliani, de Munich, a remarqué que les anodes et les cathodes étant formées de zinc, le traitement électrolytique d'une solution de sulfate de zinc du poids spécifique de 1,33 (correspondant à 2.154 grammes de zinc plus sept molécules d'eau) donne lieu au développement maximum de gaz avec un courant faible, et que ce développement cessait quand il se produisait un précipité de 3 milligrammes de zinc par minute et par centimètre carré de superficie d'électrode.

Avec une solution au 10 pour 100, le meilleur dépôt s'obtenait par un courant qui donnait, par minute, de 2 à 4 milligrammes par centimètre carré. Le zinc se présentait toujours à l'état spongieux, quand on faisait usage de solutions très diluées. Il se produisait, en outre, un développement d'hydrogène et, grâce à un courant très énergique, on obtenait un dépôt assez adhérent. Un courant faible et une solution au 1 pour 100 donnaient lieu à un précipité d'oxyde de zinc, même avec une force électro-motrice de dix-sept volts quand il se déposait une couche de 0 milligr. 715 par minute sur un centimètre carré du cathode.

Kiliani a également constaté :

1° Qu'il faut deux volts trente-cinq pour décomposer le sulfate de zinc ;

2° Qu'il ne faut espérer aucun emploi industriel des électrolytes formés par une addition de potasse caustique ou de soude à un sel de zinc, car l'oxyde de zinc qui se forme à la surface de l'anode est insoluble dans la soude ou dans la potasse caustique ;

3° Qu'on ne peut faire usage d'une solution de cyanure de potassium et de cyanure de zinc, soit au point de vue de la cherté du produit, soit à cause de la solubilité de l'anode, et que l'application d'une solution de tartrate de potasse ne convient pas.

4° Que grâce même à cette dernière substance, aidée par des dispositions spéciales, on peut obtenir un bon dépôt de zinc d'une courte durée et susceptible de devenir spongieux.

La plupart des spécialistes indiquent l'emploi d'un courant de l'intensité de 1,8 à deux ampères par décimètre carré de cathode, ainsi que des solutions aqueuses de sulfate, acétate ou chlorure de zinc, ou même de chlorure et de tartrate d'ammoniaque.

Bains.

Fer et Acier. — On prépare ces deux solutions :

a. Eau . . . . 10 litres.
    Nitrate de mercure . . . . . 50 grammes.
    Cyanure de potassium 150   —

b. On dissout 50 grammes de sulfate de zinc dans une lessive alcaline concentrée.

On mélange les deux solutions, en y ajoutant une petite quantité de phosphate de soude pour augmenter la conductibilité du bain. Le métal qu'il s'agit de recouvrir, bien nettoyé, se met dans le bain comme cathode, opposée à une anode de zinc.

Établissant un fort courant, on dépose tout d'abord une mince couche de mercure gris, très adhérente, puis un dépôt de zinc qui s'amalgame avec la couche de mercure.

2. Cyanure de potassium . . . . 7 kil. »
    Carbonate de zinc . . . . 2 — 5
    Ammoniaque . . . . 2 — 5
    Eau distillée . . . . 100 — »

On emploie des électrodes de zinc laminé.

3. Eau . . . . 100 parties.
   Alun 40   —
   Oxyde de zinc 1   —

On maintient le zinc à 15°.

On obtient un dépôt très adhérent, qui résiste très bien au brunissage.

4. — On peut aussi faire usage d'une solution de sulfate de zinc ; une forte densité de courant est nécessaire pour éviter la ré-oxydation du métal ; la tension théorique nécessaire est de 2 volts 33.

En se servant d'anodes en zinc très pur, et opérant dans un bain acide avec densité de courant d'au moins 1 ampère par décimètre carré on obtient des dépôts compacts pouvant atteindre une épaisseur de 2 millimètres.

5. — D'après Lindemann, on a des dépôts compacts, en maintenant en suspension dans l'électrolyse du sulfure de zinc récemment pulvérisé. On emploie, dans ce cas, des électrodes de plomb et un courant de 108 ampères par mètre carré.

6. — D'après K. Richter, le meilleur électrolyte serait constitué par une solution neutre de sulfate de zinc de densité 1, 2; le dépôt ainsi obtenu est normal et compact, avec densité de courant de 200 à 700 ampères par mètre carré.

7. Oxyde de zinc . . . . 10 grammes.
   Sulfate d'alun . . . . 100 —
   Eau . . . . 10 litres.

On opère à une température de 15°, grâce à un seul couple, et avec une anode ayant une surface égale à celle des objets à zinguer.

Dans l'électrolyse du sulfate de zinc, il se forme presque toujours une poudre de zinc très fine et spongieuse, peu soluble, qui paralyse l'électrolyse et est due probablement à la formation de traces d'hydrures de zinc, $Zn\,H_2$, simultanément à la production d'hydrogène à l'état naissant. On peut obvier à la formation de pareils hydrures par l'addition de corps allogènes, qui forment avec l'hydrogène naissant des hydrates correspondants. Ces corps peuvent être les suivants :

1° Une solution diluée chlorurée ou bromurée, en état de développer autour de la cathode du chlore ou du bromure libre;

2° Des solutions faibles d'acides hypo-chloreux ou hypo-bromurés;

3° Une solution saturée de sulfate de zinc, avec du chlore ou du brome gazeux;

4° L'addition d'un corps organique qui développe du chlore, comme, par exemple, du proto-chlorure de glycérine.

Le zinc précipité, dans ces conditions, à la cathode, présente une couleur argentée et une structure nettement cristalline.

Zingage par immersion.

1. — On dissout dans un vase de verre ou émaillé, 46 grammes de tartre et 4 grammes de tartre émétique, avec un litre d'eau chaude; on y ajoute 50 grammes d'acide chlorhydrique, 125 grammes de zinc en poudre et 30 grammes d'antimoine.

On porte le tout à l'ébullition et on y plonge les objets que l'on veut blanchir.

Au bout d'une demi-heure, on peut les retirer. Ils apparaissent alors recouverts d'une très belle couche métallique d'un blanc brillant, solide et durable.

2. — On prépare du zinc granuleux et on le verse en fusion dans un mortier bien chaud, où on le broie à l'aide d'un pilon en fer, jusqu'à ce qu'il soit réduit en poudre.

On met cette poudre dans une capsule en porcelaine ou dans tout autre récipient non métallique, et on verse dessus une solution concentrée de sel ammoniaque; on chauffe jusqu'à ébullition et on y jette les pièces à zinguer, après les avoir bien nettoyées à l'acide chlorhydrique dilué.

L'ébullition continuant, les objets se recouvrent, en quelques minutes, d'une couche de zinc assez brillante, adhérente et de grande résistance.

3. — *Traitement à froid*. — Le bain se composera de chlorure de zinc avec un trentième de sel ammoniaque.

Les objets se disposeront dans une caisse revêtue de lames de zinc. Après une immersion d'une minute et demie ou deux minutes dans le chlorure de zinc, il se développera des bulles qui indiqueront la fin de l'opération.

On retirera ensuite les objets et les mettra à égoutter au-dessus du bain.

Au lieu de la caisse de zinc, on peut faire usage de n'importe quel autre matériel, pourvu qu'on y maintienne en immersion des morceaux de zinc métallique.

Le zingage par voie humide est usité spécialement dans le but d'éviter en partie le recours à tout alliage, trop fragile, de fer et de zinc, toujours nuisible.

CHAPITRE XV

ANTIMONAGE ET AUTRES MÉTAUX

Antimonage.

Revêtement galvanique. — 1. — On fait bouillir, pendant une heure environ, dans une capsule de porcelaine :

    Sulfure d'antimoine . . . .   50 grammes.
    Carbonate de soude 500   —
    Eau. . . . .   1 litre.

On filtre la solution obtenue, laquelle abandonne, en se refroidissant, l'oxysulfure d'antimoine. On fait bouillir de nouveau ce dernier avec le liquide qui surnage, et le bain est prêt. On opère à chaud avec une anode d'antimoine.

Ce bain est recommandé par Tommasi, qui le donne comme avantageux. Le revêtement par l'antimoine peut, en bien des cas, remplacer le platinage, et réussit assez bien sur le cuivre, la fonte, le fer et les alliages de cuivre.

2. — On peut se servir comme électrolyte, pour la déposition de l'antimoine, d'une solution de cyanure de potassium, et tout en faisant usage d'une anode du même métal.

3. — On a également proposé la solution de chlorure d'antimoine dans celle de cyanure de potassium.

4. — Roseleur donne la solution suivante :

On dissout à la température de l'ébullition, dans dix litres d'eau, 500 grammes de sulfure d'antimoine finement pulvérisé et 200 grammes de carbonate de soude. On filtre le liquide refroidi et on électrolyse à la température de l'ébullition.

Lorsque l'antimoine est déposé avec une rapidité convenable, il présente l'aspect de l'acier très brillant.

5. — On obtient aussi un beau dépôt brillant, avec ce bain :

Sulfate d'antimoine.	0 kil. 500
Carbonate de potasse	1 — »
Eau	8 litres.

On fait bouillir, puis on soumet le bain chaud à l'électrolyse, avec anode d'antimoine.

Les dépôts galvaniques de ce métal sont fort peu usités dans l'industrie.

Revêtement par immersion. — 1. — Pour recouvrir le cuivre d'une couche d'antimoine, on prépare du chlorure de ce métal en faisant dissoudre le sulfure d'antimoine dans l'acide chlorhydrique du commerce. Il faut opérer en plein air, à cause du dégagement d'hydrogène sulfuré.

Le cuivre nettoyé prend dans cette solution une belle couleur gris bleuâtre due à un mince dépôt d'antimoine.

Au lieu de préparer le chlorure d'antimoine, on peut faire usage de celui du commerce, en solution acidulée. Il faut opérer à 70-80°.

2. — On dissout 15 grammes de chlorure d'antimoine à l'état butyreux, dans 125 grammes d'alcool, et on y ajoute de l'acide chlorhydrique jusqu'à ce que la solution soit devenue claire. On réussira d'autant mieux à atteindre ce but, qu'on aura moins employé d'acide.

L'objet de cuivre, parfaitement nettoyé, est plongé dans cette solution pendant trente à quarante-cinq minutes. Il en sortira revêtu d'une couche resplendissante d'antimoine métallique. En prolongeant l'immersion, la couche deviendrait plus épaisse, mais moins belle.

Les fils de cuivre revêtus par ce procédé peuvent être pliés sans que le métal se détache.

Bismuth.

A une solution de nitrate de bismuth préparé avec 15 grammes de bismuth métallique, on ajoute 30 grammes de tartre dissous dans un litre d'eau chaude, et 45 à 60 grammes de bismuth en poudre. Les objets de laiton agités dans ce liquide bouillant se recouvrent d'une couche métallique de bismuth assez agréable. On peut obtenir le dépôt de bismuth sur le cuivre même, mais il faut toucher le cuivre à l'aide d'un morceau de zinc.

Bains. — On prépare le bain avec une solution au 3 pour 100 de chlorure double de bismuth et d'ammoniaque, acidulée avec de l'acide chlorhydrique. On emploie une pile Bunsen. On peut également faire usage d'une solution d'un sel double de potasse et de bismuth.

Les dépôts de ce métal n'ont reçu, jusqu'à maintenant, aucune application industrielle.

Cadmium.

Revêtement galvanique. — On dissout du cadmium dans l'acide nitrique dilué avec cinq ou six fois son poids d'eau, à une température de 25 à 40°, ajoutant l'acide dilué peu à peu, jusqu'à ce que le métal soit dissous. À cette solution de cadmium, on en ajoute une de carbonate de soude (au 10 pour 100) jusqu'à ce que le cadmium soit précipité. Celui-ci est ensuite lavé quatre ou cinq fois à l'eau tiède ; après quoi on ajoute autant de solution de cyanure de potassium qu'il est nécessaire pour dissoudre tout le précipité. On en ajoute finalement 1/10 en plus pour avoir du cyanure libre dans le bain.

La concentration de ce mélange peut varier ; mais il y faut préférer le mélange qui contient environ 40 grammes de cadmium par litre. Le liquide est employé à 40°, avec une feuille de cadmium pour anode.

A. *Bertrand* recommande une solution de bromure contenant un peu d'acide sulfurique ; ou bien une solution de sulfate ; il paraît que le produit déposé est blanc, assez adhérent, assez cohérent et apte à recevoir un beau poli.

2. — On emploie, comme électrolyte, une solution de sulfate

de cadmium ammoniacal, ou bien une solution de nitrate de cadmium et de carbonate de soude ; le précipité obtenu se dissout dans une solution de cyanure de potassium.

Le dépôt de cadmium n'a pas les qualités qui conviennent pour le faire adopter par les industries. Il se peut qu'on puisse l'appliquer grâce à l'intervention d'un autre métal comme, par exemple, l'argent. On verra ci-après, aux alliages, celui de l'argent et du cadmium.

Cobalt.

Revêtement galvanique. Règles générales. — 1. Les dépôts effectués avec ce métal ne sont pas, jusqu'à maintenant, aussi usités qu'on le souhaiterait, et cela est dû au prix élevé du cobalt ainsi que des sels de ce métal : particularité qui lui fait préférer le nickel.

L'inaltérabilité du cobalt à l'air est tout aussi parfaite que celle du nickel, mais sa dureté et sa ténacité sont supérieures à celles du nickel et du fer.

Le cobalt a sur le nickel l'avantage d'être plus blanc. Son pouvoir réflecteur est le 96 pour 100 de celui de l'argent, tandis que celui du nickel n'arrive pas à 89 pour 100.

Pour ce qui concerne l'imitation de l'argent antique, le cobalt s'y prête merveilleusement, sans l'inconvénient de noircir l'argent par les émanations sulfureuses.

Pour le revêtement des gravures et clichés en cuivre, le cobalt présente un grand avantage, qui est de se dissoudre facilement dans les acides dilués, lesquels n'attaquent point le cuivre. Tandis qu'on ne peut ôter le nickel d'une feuille de cuivre, sans courir le risque d'altérer celle-ci.

Ces qualités, si précieuses, font souhaiter que le cobalt soit appliqué industriellement.

Composition des bains :

1. — Chlorure d'ammoniaque	20 grammes.
— de cobalt.	40 —
Eau.	1.000 —

2. — Solution neutre de sulfate double de cobalt et d'ammoniaque.

3. — Solution concentrée de chlorure de cobalt maintenue neutre avec l'ammoniaque.

4. — *a.* Cyanure de potassium.	10	grammes.
Eau.	100	—
b. Chlorure de cobalt.	20	—
Eau.	200	—

On mélange les deux solutions, on filtre et on recueille le précipité qui s'est formé, de cyanure de cobalt. On dissout ensuite ce précipité dans une solution de :

Hyposulfite de soude.	100	grammes.
Eau.	700	—

On emploie l'électrolyse à chaud.

5. — Sulfo-cyanure de potassium	10	grammes.
Chlorure de cobalt.	20	—
Eau.	500	—

6. — Le bain suivant peut être électrolysé à froid (35°). Le dépôt réussit facilement et présente un beau brillant. L'intensité du courant doit être de 0,1 à 0,4 ampère par décimètre carré. On force le courant au début et, quand toute la surface est revêtue, on en diminue l'intensité :

Sulfate double de cobalt et d'ammoniaque.	1
Eau	10
Sulfate de magnésie.	0,5
— d'ammoniaque	0,5
Acide citrique.	0,062
Carbonate d'ammoniaque	0,125

7. — Le procédé qui suit fut imaginé par Thomson.

On emploie une solution de sulfate ou de chlorure de cobalt à laquelle on ajoute du sulfate ou du chlorure de magnésie. On peut également ajouter un sel double de magnésie et d'ammoniaque. On peut faire usage d'une autre solution, en ajoutant une partie de sulfate double de cobalt et d'ammoniaque à dix parties d'eau pure, et à demi-partie de sulfate de magnésie, demi-partie de sulfate d'ammoniaque, un seizième d'acide nitrique et un huitième de carbonate d'ammoniaque.

Cette solution peut être employée à froid, mais si on la chauffe à 35°, le dépôt devient plus faible et plus brillant.

Thompson s'est servi d'une autre solution composée de demi-partie de chlorure de cobalt dans quatre parties d'eau pure, et d'un quart de sulfate de magnésie dissous, lui aussi, dans quatre parties d'eau pure. Ces solutions sont mélangées ensemble, et on y ajoute après une autre partie d'eau distillée. Si l'on y tient, on peut, avec avantage, ajouter à cela demi-partie de sulfate d'ammoniaque.

Avec ces divers procédés, les anodes de cobalt sont préférables. Cependant, on peut employer aussi les anodes de carbone, bien que ces dernières appauvrissent la solution et nécessitent une continuelle addition de sel. L'intensité du courant doit être comprise entre 0,1 et 0,4 ampère par décimètre carré, en l'augmentant quelque peu durant les premières minutes de l'électrolyse. Les objets doivent être traités, avant comme après le revêtement, comme on l'a indiqué pour le nickelage.

8. — Pour remplacer l'aciérage des photogravures et similaires, on peut avoir recours au revêtement par le cobalt, au moyen d'un bain composé de :

Sulfate de cobalt . . . . 10 grammes.
Chlorure d'ammoniaque . . . . . . 25 —

On y laisse immerger les plaques pendant trois ou quatre minutes, en les tenant en contact avec un morceau de zinc, et maintenant la température à 50°. Les plaques revêtues de cobalt par ce procédé acquièrent une résistance double de celles qui ont été recouvertes d'acier.

Cobaltage à forte épaisseur. — Gaiffe a obtenu des bas-reliefs avec revêtement de cobalt galvanique. Revêtement que l'on détachait du modèle avec une solution neutre de sulfate double de cobalt et d'ammoniaque.

Chrome.

Procédé galvanique. — 1. Brevet *Placet* et *Bonnet.* — On fait usage d'un bain de dix, quinze et vingt parties de sulfate de chrome, dans cent parties d'eau, bain acidulé à l'acide sulfurique.

Ou bien, on a recours à ce bain-ci :

    Aluminate de chrome   10,15
    Sulfate alcalin.   10,15
    Acide oxalique.   5
    Eau   100

On chauffe cette solution verte jusqu'à ce qu'elle devienne violette.

On peut également faire usage de cette autre solution :

    Chromate ou bichromate alcalin.   10,15
    Aluminate de chrome   15,20
    Eau   100

On peut remplacer l'aluminate de chrome par le nitrate, phosphate, chlorure, oxalate, tartrate, acétate, citrate, benzoate, sulfite, fluorure, sulfure, silicate, fluosilicate, borax, etc., etc.

On peut opérer dans un liquide alcalin, ou en présence d'un carbonate alcalin, ajoutant de l'ammoniaque à la solution.

Dans une solution d'un sel de chrome on ajoute un bicarbonate alcalin ; on a un précipité violet. On place dans le liquide qui tient en suspension ce précipité, les deux électrodes d'une pile ; le chrome se dépose au pôle négatif.

On peut employer les cyanures et sulfo-cyanures alcalins qui tiennent en solution de l'oxyde ou du cyanure de chrome ; les sels roses ammonio-chromiques se prêtent également à l'électrolyse. Pour les obtenir, on dissout l'hydrate chromique d'abord dans l'ammoniaque, ensuite dans un mélange d'ammoniaque et d'un sel ammoniacal (chlorure ou sulfate). Pour rendre le bain meilleur conducteur, on y ajoute dix à quinze parties de sulfate, nitrate, phosphate, fluosilicate, borate ou chlorure alcalins.

Exemple :

    Alumine (ou fluosilicate de chrome)   10,15
    Fluosilicate de soude, potasse ou ammoniaque.   10,15
    Acide fluorhydrique.   5,10
    Eau.   100

On peut opérer à la température ordinaire ; néanmoins, la réaction est plus rapide à chaud. L'addition de sucre, alcool ou glycérine favorise la formation du dépôt. Dans des conditions déterminées, on peut aussi obtenir un dépôt par groupes cristallins semblables à des rameaux de sapin.

L'inventeur de ce procédé, Placet, a pu, avec ce bain, obtenir une plaque de chrome assez brillante, sur le laiton, le bronze, le cuivre, le fer, etc... Le dépôt est adhérent et ressemble, par l'aspect, à l'argent oxydé. Placet présenta, en 1892, à l'Académie des Sciences, un morceau de chrome pur du poids d'un kilogramme ainsi que des alliages de ce métal.

2. — On forme un bain avec une solution assez peu concentrée d'acide chromique (1 à 2 pour 100). On peut faire varier la coloration du dépôt en ajoutant au bain un acide quelconque, même organique, dans les proportions de 5 à 10 pour 100 du bain.

L'acide chromique peut être employé tout préparé, ou bien on peut le produire au fur et à mesure que se forme le dépôt de chrome. Dans ce but, on emploie un bichromate alcalin, et on verse dans la solution, à petites doses, un acide apte à mettre l'acide chromique en liberté. Ou encore, on suspend de l'oxyde de chrome dans le bain, en présence d'acide oxalique.

Palladium.

Opération galvanique. — Le revêtement par le palladium est utile surtout pour la conservation des compas ainsi que des instruments d'optique, dont l'oxydation rend si difficile toute lecture ou recherche de précision. Le revêtement au palladium des rouages d'horlogerie et autres mécanismes semblables, à pris de nos jours un grand développement.

D'après Pilet, 4 milligrammes de palladium suffisent pour revêtir complètement le mécanisme d'une montre ordinaire.

1. — A quinze centimètres cubes de solution de palladium (0 gr. 1.458 de palladium métallique), on ajoute trente centimètres cubes de phosphate bisodique monohydrogéné, cinq centimètres cubes d'acide phosphorique libre et cent cinquante

centimètres cubes d'eau. Sur une telle solution, on fait agir, pendant une nuit, un courant qui développe un centimètre cube deux de gaz électrolytique par minute. Le dépôt de palladium est resplendissant et assez adhérent.

2. — En 1886, Bullé indiqua divers bains destinés à l'application du palladium. En voici la composition :

On prépare une solution normale de chlorure de palladium, en faisant dissoudre 5 grammes de métal dans 12 grammes d'eau régale composée de neuf parties d'acide chlorhydrique et trois d'acide nitrique concentré. Après la réaction, on évapore jusqu'à consistance sirupeuse, et on dilue avec 100 grammes d'eau.

Pour préparer l'hydrate de palladium, on précipite la solution de chlorure avec l'ammoniaque sans excès ; on filtre, on recueille le précipité et on lave à plusieurs reprises dans l'eau.

3. — Dans deux litres d'eau, on fait dissoudre 200 grammes de phosphate d'ammoniaque ; on y dilue le précipité d'hydrate de palladium provenant de 5 grammes de métal, et on fait bouillir jusqu'à ce qu'il ne se développe plus d'ammoniaque.

Ce bain est propre à traiter le fer, l'acier, l'argent, l'or, le cuivre, le nickel et leurs alliages. A froid, il donne un dépôt gris ; à chaud, le dépôt est blanc.

4. — Dans deux litres d'eau, on fait dissoudre 200 grammes de tartrate neutre d'ammoniaque ; on y dilue l'hydrate de palladium provenant de 5 grammes de métal, et on fait bouillir un quart d'heure. Ce bain est convenable pour les métaux sus-indiqués, excepté pour le fer et l'acier ; et, en le neutralisant, il donne un dépôt blanc à 50°.

5. — Voici un bain alcalin qui peut servir pour tous les métaux et qui donne un dépôt gris clair. La solution de chlorure de palladium est précipitée avec une solution de cyanure de mercure ou de cyanure de potassium. On chauffe, et il se forme un précipité que l'on recueille sur un filtre.

On dissout le précipité dans une solution de 100 grammes de phosphate d'ammoniaque dans deux litres d'eau.

6. — Un bon bain, également, est le suivant :

Eau . . . . 1,000 parties.
Chlorure de palladium . . . . . . 5 —

Borax . . . .   10 parties.
Phosphate de soude . . . .   100 —
Sel ammoniaque . . . .   20 —

7. — Pilet recommande cet autre bain :

Chlorure de palladium. . . . . .   10 grammes.
Phosphate d'ammoniaque . . .   100 —
 —   de soude . . . . . .   500 —
Acide benzoïque . . . .   5 —
Eau . . . .   1.000 —

Ce bain sert pour tous les métaux, à part le zinc qui réclame un cuivrage préalable.

Baryum et Strontium.

Maquenne renouvela la préparation de ces métaux, réalisée d'abord par Bunsen, en se servant de leurs chlorures avec une cathode de mercure. A l'aide de huit éléments Bunsen, il obtint facilement 500 grammes d'amalgame contenant 15 grammes de baryum ; l'amalgame de strontium ne contenait pas plus de 2 à 3 grammes de ce métal.

Ces amalgames, distillés dans l'hydrogène, ne donnent pas les métaux purs, mais bien des amalgames de 20 ou 25 pour 100 du métal alcalino-terreux. Des amalgames d'une richesse pareille ont souvent été présentés comme des métaux purs.

Iridium. — On fait dissoudre de l'hydrate d'iridium dans l'acide chlorhydrique, d'où, par la chaleur, on chasse l'excès qui se produirait. On dissout le résidu dans l'eau contenant du chlorure de sodium ou d'ammoniaque et une quantité d'acide sulfurique telle qu'il faut pour obtenir la composition qui suit :

Iridium . . . .   12 grammes.
Acide sulfurique. . . . .   3 —
Eau . . . .   1.000 —

Les dépôts d'iridium sont employés spécialement pour les points de contact des conducteurs électriques, pour les couteaux des balances, les pointes de chalumeaux de soudage, les scies à caoutchouc, les tire-lignes, filières, instruments de précision et de chirurgie, et en général pour tous les instruments industriels ou scientifiques qui doivent être protégés contre l'oxydation et la corrosion.

Les contacts électriques se réalisent avec des fils de cuivre revêtus d'iridium à leur extrémité. Ils présentent, sur les anciens contacts à revêtement de platine, l'avantage d'être parfaitement inoxydables.

Pour les maintenir en bon état, on n'a qu'à les frotter avec de la poudre d'émeri.

Les objets recouverts d'iridium ont un aspect des plus brillants et résistent parfaitement à l'action des acides.

Magnésium.

1. — D'après A. Bertrand, un courant intense dépose, en quelques minutes, du magnésium sur une lame de cuivre, dans une solution aqueuse de chlorure double de magnésie et d'ammoniaque.

Le dépôt est homogène, très adhérent et brillant.

2. — Le brevet Monlegas nous donne la description d'un bain composé d'une solution concentrée de chlorure de magnésium, combiné avec une solution pure concentrée d'un chlorure de n'importe quel autre métal, sauf l'aluminium.

La meilleure composition consiste en une partie de chlorure de zinc et deux parties de chlorure de magnésium. Les deux solutions doivent accuser 18 B. On obtient de bons résultats par la méthode où entre l'appareil simple. Le récipient extérieur contient la double solution de chlorure avec cathode de cuivre ; l'anode, de zinc amalgamé, est plongée dans l'acide sulfurique dilué (60 grammes par litre). Le zinc se dépose sous forme lamellée, et le magnésium à l'état de cristaux granuleux.

On peut pulvériser un pareil alliage et le fondre sous une couche de chlorure de sodium ; le zinc se volatise et abandonne le magnésium pur.

Molybdène.

Haswell propose le procédé suivant pour recouvrir le fer et l'acier d'une patine inaltérable de molybdène.

Dans un litre d'eau, on dissout 1 gramme de molybdate d'ammoniaque et 15 à 20 grammes d'azotate d'ammoniaque.

On suspend les objets à revêtir au pôle négatif de la source électrique, le courant doit avoir une intensité de 0,3 à 0,5 ampère par décimètre carré.

Métaux rares.

Voici la méthode imaginée par le professeur S.-P. Thomson pour déposer le platine, l'iridium, le palladium, le ruthénium et autres métaux rares, au moyen de l'électrolyse.

On réduit le métal impur en chlorure par les procédés ordinaires de solution. On fait évaporer l'excès d'acide à température modérée, de préférence à la vapeur, et l'on fait dissoudre ensuite dans l'eau distillée.

On y ajoute alors de dix à cinquante fois son poids d'une solution de phosphate de soude pur ou mélangé au borax ; on peut également faire usage de carbonate ou de tungstate de soude. On chauffe alors le mélange jusqu'à l'ébullition et on y ajoute du sel ammoniaque ou du sel marin, du bromure de soude ou du carbonate de soude, ou encore un mélange de ces trois sels. On chauffe encore une fois la solution et on la neutralise ensuite avec du carbonate ou du bicarbonate de soude, si elle est alcaline.

Le bain ainsi préparé s'emploie à chaud (60 à 90°) de la manière habituelle, avec courant assez fort.

L'anode doit être de platine ou de carbone. On renforce journellement la solution par addition de solution nouvelle, et on la maintient toujours neutre.

Pour avoir un dépôt de platine brillant, on compose le bain de la manière suivante :

Chlorure de platine	1 partie.
Borate de soude	8 —
Carbonate de soude.	8 —
Sel ammoniaque.	1 —
Eau	75 —

CHAPITRE XVI

ALLIAGES

Règles générales. — Il existe fort peu d'alliages usités comme revêtement, à l'exception de l'alliage de laiton, communément employé à cet usage. La raison en est dans les difficultés qu'on rencontre à obtenir, par voie électrolytique, des alliages à composition fixe, et dans le peu d'avantage que ceux-ci présentent, en général comme revêtement.

En effet, le but que l'on se propose d'atteindre, en recouvrant un métal à l'aide d'un autre métal, peut se résumer comme suit :

1° Communiquer au métal le moins beau un aspect plus agréable et plus artistique (dorure, argenture, platinage, nickelage, cobaltage, etc...)

2° Préserver le métal de toute oxydation, grâce à des dépôts d'or, de platine, d'iridium, de palladium, de nickel, de cobalt, d'argent, de cuivre, d'étain, de zinc, etc...

3° Rendre sa surface plus résistante au frottement, (aciérage, nickelage, cobaltage, iridium).

A part la difficulté que présente toute préparation galvanique, quel avantage pourrait-il y avoir, dans les trois cas mentionnés ci-dessus, à l'application sur métal d'une mince couche d'alliage quelconque?

Au point de vue de la couleur et de l'éclat, quels sont les alliages en état de surpasser l'or et l'argent?

Pour ce qui est de l'inoxydabilité, comment surpasser le platine, le palladium, l'iridium, etc?...

Enfin, quant à la dureté, peu d'alliages seraient en état d'entrer en comparaison avec les dépôts électrolytiques de fer, de nickel, de cobalt et d'iridium, dépôts qui, ainsi qu'on le sait fort bien, offrent un degré de dureté supérieur à celui des métaux fondus ou laminés.

Il est bon de noter, d'autre part, que la valeur des alliages, dans la plupart des cas, dépend plutôt de leurs qualités *physiques* que de toute autre qualité intrinsèque. Or, ces qualités cessent d'être appréciables et utiles, lorsqu'il s'agit de revêtements de faible épaisseur.

Il résulte de ces considérations que les seuls alliages de laiton et de bronze présentent quelque avantage, au point de vue de l'application galvanique. Car, ainsi qu'il a été dit, il faut ajouter aux raisons qui font repousser leur emploi, celle non moins grande de la difficulté pratique que présente leur déposition.

Nous ferons remarquer, d'un autre côté, qu'on pourrait retirer quelque avantage de revêtement à base d'alliages, si l'on pouvait arriver à obtenir ces revêtements avec plus de facilité et suivant des règles bien déterminées. Cet avantage serait, en particulier, fort appréciable pour ce qui concerne les alliages des métaux réfractaires, dont la préparation par voie ignée présente de si grandes difficultés.

Ces alliages ont peu d'applications, chose, qui résulte d'après nous, moins du prix de revient élevé des métaux composants, que des difficultés de leur préparation.

S'il arrivait que l'on pût passer, par une voie plus directe et par de simples opérations hydriques, chimiques et électriques, des minerais de platine, palladium, iridium etc., aux alliages de ces métaux avec l'or, l'argent, le nickel et tant d'autres métaux, il est clair que leur bas prix de revient permettrait un usage plus étendu de ces divers alliages. Dans cette voie-là, particulièrement au point de vue du titre, on a pu obtenir de très bons résultats pour divers alliages de métaux du groupe du platine, alliages réalisés soit entre ces métaux mêmes, soit avec des métaux plus ordinaires.

Il est plus facile d'obtenir l'uniformité d'un alliage, au moyen d'anodes des métaux qui le composent, qu'avec des anodes empruntées à ce même alliage. Probablement les *combinaisons chimiques* des métaux dans l'alliage, sont moins faciles à se dissoudre dans le bain que les métaux eux-mêmes pris séparément ; et l'on obtient de meilleurs résultats avec des bains simples qu'avec des bains compliqués, dans lesquels il est impossible de se rendre compte de toutes les réactions secondaires dues à l'affinité chimique ou à l'effet du courant électrique.

Quelques alliages de métaux lourds (platine, palladium, iridium, or, etc.,) sont usités en horlogerie, pour la fabrication des ressorts non magnétiques et pour la construction d'appareils spéciaux, etc...

Pour la déposition de ces métaux, quand on ne dispose pas d'anodes du même métal pur, on a recours à des anodes de carbone.

Préparation des bains. — Pour obtenir des bains aptes au dépôt galvanique d'alliages métalliques, il faut :

1° Que les solutions des sels métalliques qu'il s'agit de mélanger, soient telles qu'elles ne puissent se décomposer réciproquement et donner lieu à un composé insoluble quelconque ;

2° Quand le précipité se forme, qu'il soit de telle nature qu'il puisse être dissous dans un dissolvant compatible avec la présence d'un excès d'une des solutions salines employées ;

3° Que le mélange des solutions soit effectué dans des proportions dépendant de la force électro-motrice nécessaire pour décomposer séparément chacune desdites solutions, et non de manière que ce mélange ait à contenir des poids déterminés des métaux à déposer en alliage et proportionnés au pourcentage de ces métaux dans l'alliage même, aucune relation ne pouvant exister d'ailleurs entre ce poids et la facilité de déposition du métal par action galvanique. Il est donc indispensable de passer des proportions *en poids* ; aux proportions d'*équivalents électrochimiques* des métaux à déposer en alliage.

Supposons, par exemple, que l'on veuille déposer un alliage de quatre-vingts parties de cuivre et vingt parties d'étain, *en poids* ; il faudrait diviser ces poids par leurs équivalents respectifs qui sont : 31,75 et 59; l'intensité du courant devra être telle qu'elle puisse décomposer les équivalents :

$$\frac{80}{31.75} - 2,54 \text{ de cuivre et } \frac{20}{59} - 0,34 \text{ d'étain.}$$

4° Que les métaux constituant l'alliage qu'il s'agit d'obtenir par électrolyse, soient de telle nature qu'ils ne puissent constituer un couple voltaïque énergique dans le bain;

5° Que la quantité du sel le plus facile à se décomposer, soit réduite au minimum, de manière à obliger le courant à agir avec une suffisante efficacité sur l'autre sel de moins facile décomposition. Si de telles précautions n'étaient pas rigoureusement observées, il pourrait arriver que parmi les sels qui entrent dans la composition du bain, il se décomposât celui-là seul qui réclame le moins de force électro-motrice, ce qui entraînerait la déposition d'un seul métal, obtenue d'ailleurs, assez probablement, à l'état pulvérulent.

Marche de l'opération. — En ce qui concerne le meilleur procédé, pour bien conduire l'opération, nous ferons remarquer que l'intervention du galvanomètre vient tout d'abord s'imposer. Cet appareil doit, en effet, servir à constater si les métaux qu'il s'agit d'allier, donnent lieu, dans le bain, à la formation d'un couplage voltaïque.

Cela pourrait également se reconnaître en immergeant dans le bain deux fils des métaux à allier, voisins entre eux seulement, mais non en contact. Si, après un certain temps, l'un de ces fils se trouvait recouvert d'une couche de l'autre, on aurait acquis la preuve qu'ils développent dans le bain une notable force électro-motrice.

Pour constater le degré de résistance des deux solutions salines qui doivent s'unir pour former le bain, on en verse, séparément, une petite quantité dans deux récipients ; on y plonge une petite feuille du métal même du sel, et on fait passer dans la solution le courant d'une même pile ; la déviation galvanométrique indiquera la résistance maxima.

Quant à l'anode, on peut la faire avec l'alliage même à déposer, ou mieux avec des lames des deux métaux, tout en faisant varier les distances respectives de la cathode, suivant les cas particuliers.

Laitonisage.

Le fer et le zinc, de même que les autres métaux, peuvent être recouverts d'une couche de laiton. D'autre part, divers objets, spécialement en zinc fondu, qui se trouvent dans le commerce, acquièrent, grâce à ce revêtement, la véritable apparence du bronze, qu'ils arrivent dans bien des cas à remplacer, surtout au point de vue du bon marché.

1. — Le bain de laitonisage se prépare de la manière suivante : on prépare et on mélange les deux solutions ci-après :

a. Eau	20 litres.	
Sulfate de soude	0 kil. 700	
Cyanure de potassium.	1 — »	
b. Eau	5 litres.	
Chlorure de zinc.	350 grammes.	
Ammoniaque.	400 —	
Acétate de cuivre	350 —	

2. — On fait une solution de cyanure de potassium ; on y plonge une lame de laiton en communication avec le pôle positif de la source électrique, et une autre de cuivre en communication avec le pôle négatif. Le laiton se dissout, car, au positif, il se développe du cyanogène ; au bout d'un certain temps, le laiton vient se déposer au négatif, et, à ce moment, on remplace la feuille au négatif par l'objet qu'on se propose de laitoniser.

Si la teinte du laiton est trop claire, on met pour peu de temps au pôle positif une lame de cuivre ; si cette teinte est trop chargée, on use, comme électrode positive, d'une lame de zinc.

La teinte du laiton varie, d'ailleurs, dans la même mesure que la variation de l'intensité du courant ; quand celui-ci est trop fort, la teinte est grise, quand il est trop faible, elle est d'un rouge fauve.

D'après Hesse, on peut remédier à cet inconvénient par le bain suivant :

    Eau . . . .   2 litres.
    Bicarbonate de soude . . . .   84 grammes.
    Chlorure d'ammoniaque 51   —
    Cyanure de potassium. 13   —

On verse cette solution dans un récipient dont les parois sont tapissées avec des anodes de laiton mises en communication avec le positif d'une source électrique quelconque ; et au négatif on suspend une lame du même alliage, laissant agir le courant pendant une heure.

3. *Bain Brunel*. — On emploie la solution suivante à froid, avec anode de laiton et un courant énergique :

    Carbonate de potasse. . . . . . .   50 parties.
    Cyanure de cuivre.   2   —
    Sulfate de zinc.   4   —
    Nitrate d'ammoniaque   25   —
    Eau . . . . 200 litres.

4. *Bain Heeren*. — On dissout une partie de sulfate de cuivre, huit de sulfate de zinc et dix-huit de cyanure de potassium, dans des parties séparées d'eau chaude.

On mélange les solutions de cuivre et de zinc, ensuite on ajoute le cyanure et deux cent cinquante nouvelles parties d'eau distillée, après quoi on agite le mélange.

Le bain est employé à la température d'ébullition, avec un courant de deux couples Bunsen. Par ce procédé, on obtient assez rapidement le dépôt de laiton sur des objets de cuivre, de zinc ou de métal anglais.

5. *Bains Roseleur*. — 1° On dissout, dans mille parties d'eau, vingt-cinq parties de sulfate de cuivre et vingt-cinq à trente parties de sulfate de zinc, ou bien douze parties cinq d'acétate de cuivre et douze parties cinq dixièmes à quinze parties de chlorure de zinc fondu. On précipite le mélange au moyen de cent parties de carbonate de soude dissous dans quantité d'eau, et l'on agite. On lave le précipité à plusieurs reprises à l'eau, on le laisse reposer et on décante le liquide clair. On ajoute au précipité lavé une solution composée de cinquante parties de bisulfite de soude et cent de carbonate de soude, dissous dans mille parties d'eau, et,

en agitant à l'aide d'une canne de verre, on ajoute une solution concentrée de cyanure de potassium, jusqu'à ce que le précipité se soit complétement dissous à nouveau. Ensuite on ajoute deux parties et demie à trois parties de cyanure libre.

2° Pour former un bain froid qui serve à laitoniser tous les métaux, on dissout dans deux cents parties d'eau, quinze parties de sulfate de cuivre et quinze de sulfate de zinc, ensuite on ajoute une solution de quarante parties de carbonate de soude dissous dans cent d'eau, et on agite le mélange. On laisse déposer le précipité, on décante le liquide clair, on lave le dépôt à l'eau, on laisse reposer et on décante. On ajoute au précipité encore humide, neuf cents parties d'eau contenant vingt parties de bisulfite et vingt parties de carbonate de soude dissoutes dans ce véhicule.

On dissout vingt parties de cyanure de potassium et deux centièmes d'acide arsénieux dans cent parties d'eau, et on ajoute le tout au liquide précédent ; le mélange se décolore et la solution est préparée.

Si le dépôt de ce bain est de couleur foncée, on ajoute une petite quantité d'arsenic ; s'il est d'aspect terreux ou couleur d'ocre, on ajoutera du cyanure ; s'il est trop rouge, il faut ajouter du sel de zinc, ou bien, s'il faut, encore du cyanure ; s'il est trop blanc, on ajoute du sel de cuivre et du cyanure ; si son action est très lente, on ajoutera des sels de cuivre ou de zinc et même du cyanure, s'il est nécessaire. Si, par suite de l'addition de ces substances, le poids spécifique de la solution dépasse 1.091, on devra diluer la solution avec de l'eau jusqu'à ce que son poids spécifique se réduise à 1.036.

3° Pour laitoniser l'acier, la fonte, le fer ouvré et l'étain, on dissout deux parties de bisulfite de soude, cinq de cyanure de potassium et dix de carbonate de soude dans quatre-vingts d'eau distillée ; on ajoute au mélange une partie de chlorure de zinc fondu et une partie vingt-cinq centièmes d'acétate de cuivre, dissous dans vingt parties d'eau.

4° Pour laitoniser des objets de zinc, on dissout vingt parties de bisulfite de soude et cent de cyanure de potassium dans deux mille d'eau ; on dissout, à part, trente-cinq parties de chlorure de zinc, trente-cinq d'acétate de cuivre et quarante d'ammoniaque dans cinq cents parties d'eau ; on mélange les deux solutions et on filtre le mélange. Dans les solutions ci-dessus, si le courant est trop intense, le dépôt est plutôt blanc ; s'il est trop faible ou bien si l'on maintient les objets en mouvement, le dépôt est trop rouge.

On peut augmenter la proportion du zinc dans ces bains, en employant une anode de zinc, et celle du cuivre avec une anode de cuivre. Les anodes de laiton peuvent être maintenues libres d'oxyde de zinc insoluble, en ajoutant une minime quantité d'ammoniaque ; cependant ce dernier ne peut être ajouté aux solutions froides pour laitoniser le fer.

Pour conserver la couleur du dépôt, les objets sont d'abord immergés dans l'eau, puis dans l'eau rendue légèrement alcaline avec de la soude caustique, et enfin séchés à l'étuve.

6. — Le bain suivant a donné de bons résultats :

Eau	1,000 grammes.
Cyanure double de cuivre et potassium.	40 —
— — de zinc — .	40 —
— de potassium pur	2 —
Sel ammoniaque cristallisé	2 —
Ammoniaque	10 —

Cette solution se fait légèrement chauffer ; elle peut être employée aussitôt après la préparation ; elle contient 22 grammes de laiton par litre, au lieu de 7 à 10 que les bains ordinaires en contiennent.

On obtient un bain de cuivre abondant en métal, en remplaçant les 40 grammes de cyanure de zinc de la solution précédente, par une égale quantité de cyanure double de cuivre et de potassium.

7. — Newton a proposé, pour le laitonisage, des solutions consistant en sels doubles des métaux et de quelque base alcaline.

Ces solutions sont mélangées ensemble, dans des proportions variables, suivant la couleur que l'on veut obtenir.

Voici leur composition pour le zinc :

1° Chlorure double de zinc et d'ammoniaque;
2°   —   —   et de potasse;
3°   —   —   et de soude;
4° Acétate   —   et d'ammoniaque;
5°   —   —   et de potassium;
6°   —   —   et de soude;
7° Carbonate de zinc et carbonate d'ammoniaque;
8° Tartrate double de zinc et potasse, soude ou ammoniaque.

A mille parties de la solution de tartrate de zinc à 3° B on ajoute trente parties de chlorhydrate d'ammoniaque et quatre-vingts d'acide chlorhydrique.

9° Azotate de zinc, acidulé avec un excès d'acide citrique. A chacune des solutions ci-dessus, on ajoute une solution analogue de cuivre en proportion convenable pour obtenir l'intensité de coloration voulue.

On obtient aussi de bons résultats avec une solution d'un sel de cuivre dans le cyanure de potassium, à laquelle on ajoute une quantité proportionnée d'une solution d'oxyde de zinc ou d'un sel de zinc dans l'ammoniaque.

On opère à 50-60°; la solution doit contenir un léger excès de cyanure.

Bronzage.

1. — Newton conseille l'usage d'un mélange de tartrate double de cuivre et de potasse, et de tartrate double de protoxyde d'étain et de potasse, avec un excès de potasse.

2. — On fait une solution d'un sel de cuivre dans le cyanure de potassium, et une de protochlorure d'étain dans la potasse; on mélange les deux solutions en proportions convenables pour avoir la couleur voulue et on opère à chaud.

3. — On fait une solution de cyanure de potassium dans cinq litres d'eau, qui accuse 4°. On y ajoute:

    Cyanure de cuivre . . . . 30 grammes.
    Bioxyde d'étain 10   —

On filtre et on retire l'étain qui serait resté à l'état métallique.

Procédé par immersion. — Après avoir poli l'objet que l'on traite, on l'immerge dans un bain formé par une solution de sulfo-phénate de cuivre et de sulfophénate d'étain. Il se forme sur l'objet une couche de bronze. Ce procédé n'est applicable seulement qu'à la fonte et au fer.

Passant les objets au four et les portant à la température de 1000°, dans un courant d'air, le fer s'oxyde d'une façon spéciale sous la couche de bronze, et il se forme de l'oxyde magnétique, préservatif des plus efficaces contre la rouille.

On peut reconnaître si la couche d'oxyde magnétique est suffisante, au moyen d'une sonnerie électrique ; si la couche d'oxyde est insuffisante, le courant passera encore et provoquera le bruit de la sonnerie ; si, par contre, la couche d'oxyde est de suffisante épaisseur, comme elle est mauvaise conductrice de l'électricité, la sonnerie ne pourra se faire entendre.

Cadmium-argent.

Le revêtement de cadmium sur les métaux (sur le fer par exemple) a peu d'importance ; le dépôt qu'il fournit ressemble à l'étamage.

Cowper-Coles a trouvé un procédé qui permet de recouvrir les métaux d'un alliage cadmium-argent dont les avantages sont fort appréciables. Le bain est composé d'une solution de cyanure double de cadmium et de potassium. Comme anode, on emploie une plaque d'alliage cadmium-argent à un titre proportionné au dépôt que l'on veut obtenir.

Ainsi, pour garantir l'acier contre l'oxydation, on a recours à un alliage contenant 7,5 pour 100 de cadmium ; il en est de même pour tous les articles de ménage qu'il s'agira de protéger.

Pour le bain, on varie les proportions des deux métaux, suivant la nature du dépôt que l'on désire obtenir.

Le bain doit contenir environ 125 grammes de métal par quatre litres et demi de liquide.

Plomb et fer.

A une solution de nitrate de plomb on en ajoute une de sulfate de fer, de manière à réaliser une solution peu concentrée; s'il est trop fort, le sulfate de plomb ne se dépose point, mais devient noir. Le liquide limpide que l'on obtient après la précipitation du sulfate de plomb, constitue un bon bain pour le dépôt de l'alliage, lequel étant un peu plus dur que le plomb, fond plus difficilement et est magnétique. On ne peut attaquer cet alliage au couteau. Sa préparation est assez facile par la voie galvanique, tandis qu'elle présente de grandes difficultés par la voie ignée.

Argent-zinc.

En déposant simultanément avec l'argent, de 25 à 30 pour 100 de zinc, on obtient un dépôt qui présente l'éclat de l'argent, mais qui ne ternit jamais. Grâce au procédé suivant, on peut arriver à déposer jusqu'à 90 pour 100 de zinc, ce qui donne un dépôt dont le prix n'est pas plus élevé que celui du nickel, et qui a l'avantage de conserver son éclat.

On fait une solution de cyanure de zinc dans une autre de cyanure de potassium, de manière à avoir un sel double avec excès de cyanure de potassium. On ajoute un peu de cyanure double de potassium et d'argent. L'anode est formée par un alliage de zinc et d'argent, en proportions à peu près égales à celle de l'alliage que l'on veut obtenir.

Magnésium-zinc.

On forme un bain avec une solution concentrée de chlorure de magnésium, que l'on mélange à une solution également concentrée d'un chlorure d'autre métal (sauf l'aluminium):

Chlorure de zinc . . . . 1 gramme.
— de magnésium . . . . 2 —

Chaque solution doit accuser 18° B.

On réussit fort bien avec l'appareil simple. Le vase externe contient la double solution, avec cathode de cuivre, l'anode de zinc amalgamé est immergée dans l'acide sulfurique dilué au

6 pour 100 environ. Le zinc se dépose sous forme arborescente, et le magnésium en cristaux granuleux.

On peut laver, sécher, fondre cet alliage dans un creuset couvert de sel marin.

Le zinc se volatilise et le magnésium demeure à l'état pur.

Alliages d'aluminium.

D'après le procédé Falk et Shay, on obtient des dépôts de ces alliages au moyen de l'électrolyse d'une solution alcaline saturée d'un sel d'aluminium, en présence d'un acide organique non volatil, utilisant comme anode le métal que l'on veut allier à l'aluminium. L'électrolyte peut recevoir une addition de cyanure du même métal. Voici comment on peut procéder pour l'alliage cuivre-aluminium.

Pour obtenir une solution très concentrée d'oxyde d'aluminium dans l'alcali, on dissout de l'hydrate d'alumine dans un acide quelconque, sulfurique, chlorhydrique, acétique, oxalique, citrique ou tartrique, et on charge le bain en y faisant encore dissoudre de l'aluminium métallique jusqu'à saturation. A cette solution on ajoute — si on n'y a pas eu recours encore — de l'acide citrique ou tartrique, afin d'empêcher la précipitation de l'alumine par la voie de l'alcali.

Pour neutraliser, on prend un hydrate ou carbonate alcalin, potasse, soude ou ammoniaque, et on accroît la conductibilité du bain en y ajoutant un nitrate, phosphate ou borate alcalin.

On dissout, à part, un sel de cuivre (sulfate, nitrate, chlorure, acétate, carbonate, cyanure, etc.) jusqu'à saturation, dans une solution concentrée de cyanure de potassium ou de sodium, rendue alcaline par l'ammoniaque ou un carbonate alcalin.

La solution alcaline de cuivre doit se mélanger avec le double de son poids environ du liquide d'aluminium décrit plus haut, et par cent litres de ce mélange on ajoute encore 1 kilogramme environ de nitrate ou de phosphate de potassium, sodium ou d'ammoniaque. Soumettant ce liquide à l'électrolyse avec une anode de cuivre, on obtient un alliage d'aluminium et de cuivre dont la couleur devient toujours plus chargée, à mesure que le dépôt accroît sa richesse en cuivre.

Pour obtenir un alliage dans des proportions à peu près constantes, quand on a reconnu à la coloration du dépôt que lesdites proportions sont réalisées, il faut éloigner l'anode de cuivre ou, mieux, affaiblir et régulariser son action. Dans ce but, on isole l'anode au moyen d'un compartiment poreux et isolateur que l'on immerge dans le bain. L'intervalle entre la lame de cuivre et les parois doit, naturellement, être rempli d'un liquide conducteur, emprunté soit au bain lui-même, soit à une solution de cyanure de cuivre. On arrive par là à ne dissoudre dans le bain, par diffusion à travers la paroi poreuse, que la quantité de cuivre exactement nécessaire à maintenir la composition de l'électrolyte, et régulariser par conséquent les proportions de l'alliage que l'on prépare.

Pour atteindre le même résultat, en ce qui concerne l'aluminium, on ajoute dans le bain, par intervalles, une quantité convenable d'un sel d'aluminium. On peut se passer d'ajouter au bain d'alumine un sel de cuivre, en se contentant d'introduire directement ce métal sous forme d'anode. En pareil cas, il est nécessaire d'ajouter à la solution d'alumine préparée comme on l'a dit, un excès d'alcali caustique ou de carbonate ; mais alors il faut faire usage d'une paroi poreuse pour séparer l'anode — laquelle est formée par le métal qui doit se déposer en alliage avec l'aluminium — de la partie principale de l'électrolyte.

Zinc-aluminium. — On peut faire usage des deux bains suivants :

1° Eau	10 litres.
Glucose ou sucre cristallisé	0 kil. 500
Sulfate de zinc	1 — »
— d'aluminium	0 — 020
2° Eau	10 litres.
Glucose ou sucre cristallisé	0 kil. 500
Chlorure de zinc	0 — 600
— d'aluminium	0 — 035

L'anode est formée d'une feuille de zinc, et le bain est maintenu constant par l'addition de quantités convenables de sels de zinc et d'aluminium. Un courant assez faible suffit pour déterminer le dépôt, mais il faut qu'il soit constant.

Platino-aluminium (sur le zinc). — On emploie un bain de cyanure double de potassium et de platine, et d'aluminate de soude. On fait une solution d'aluminate pur, de manière qu'elle contienne 130 grammes d'aluminium métallique par quatre litres, ou bien 500 grammes d'aluminate du commerce.

A cette solution, on ajoute la solution au platine que l'on prépare en faisant dissoudre 6 grammes de platine dans l'eau régale, et que l'on dilue jusqu'à 200 grammes avec de l'eau. Plus simplement, on peut faire dissoudre 12 grammes de chlorure de platine du commerce dans la même quantité d'eau distillée. On ajoutera, à la solution de platine, une solution de cyanure de potassium jusqu'à ce que le précipité qui se forme tout d'abord, se dissolve de nouveau.

La solution d'aluminate de soude doit être additionnée de 60 grammes de cyanure de potassium, chauffée à 70° et mélangée avec la solution de platine. Comme anode, on fait usage de carbone ou de platine, tandis que la cathode est constituée par l'objet en zinc.

L'alliage d'aluminium et de platine se dépose sous belle couleur d'or, et contient environ 5 pour 100 de platine.

Cuivre, étain, zinc.

On mélange, dans les proportions voulues, les trois solutions suivantes : cyanure double de cuivre et potassium ; zincate de potasse et stannate de potassium; ou bien encore : tartrate double de cuivre et potasse, tartrate double de zinc et potasse et tartrate double d'étain et potasse.

On peut employer une anode d'alliage, ou bien des anodes de cuivre, étain ou zinc purs ; on tient immergées l'une et l'autre anode plus ou moins longtemps, suivant la couleur que l'on veut donner à l'alliage.

Maillechort.

Wat a remarqué que l'on peut précipiter un alliage de cuivre,

zinc et nickel, de manière à composer une assez bonne qualité
de maillechort, en dissolvant ce dernier dans l'acide nitrique, le
précipitant avec un alcali et le dissolvant de nouveau avec du
cyanure de potassium. Morris et Johnson ont employé une solution aqueuse contenant du cyanure de potassium et du carbonate d'ammoniaque, solution chauffée à 65°, avec une large anode
de maillechort et une petite cathode de métal convenable.

Si le dépôt est trop rouge, on ajoute du carbonate d'ammoniaque ; s'il est trop blanc, on ajoutera du cyanure. Tous les
alliages de ce genre réclament des courants très intenses pour
qu'il en résulte un dépôt bien conditionné.

Britannia.

Voici le procédé suivi par Puscher pour obtenir un revêtement
de métal anglais ou *britannia*, sur le laiton ou le fer.

On dissout dans un vase de terre bien verni, 45 grammes de
tartre préparé, 4 grammes de tartre d'antimoine et de potassium
dans un litre d'eau ; puis on y ajoute de 45 à 60 grammes d'acide
chlorhydrique, 125 grammes d'étain en poudre et 30 grammes
d'antimoine également en poudre. Le liquide étant porté à l'ébullition, on y introduit les objets et, au bout de quinze ou
trente minutes, on les en retire couverts d'un revêtement brillant
et beaucoup plus résistant que l'étamage ordinaire.

Bismuth, étain, plomb.

Sur l'acier. — Par la fusion. On immerge les lames d'acier
dans un bain acidulé à 7° d'acide sulfurique, ensuite on les lave
à grande eau et on les nettoie avec de l'acide chlorhydrique.
Finalement, on immerge le métal dans un bain maintenu à la
température de 90°, et contenant un mélange en fusion de :

Étain.	6 parties.
Plomb 3	—
Bismuth. 1	—

Ce bain peut être indifféremment mis en fusion dans des récipients de fer, de fonte ou de cuivre.

Après l'opération, les lames d'acier doivent être séchées entre deux coussinets de drap ou de cuir.

Décomposition.

Alliages de cuivre, or, argent. — Le procédé suivant est dû à Vatkins.

On suspend l'alliage à examiner à l'intérieur de vases poreux remplis d'acide sulfurique dilué, et placés dans une solution de sulfate de cuivre dans laquelle viennent plonger également des lames de cuivre. Ces lames sont en communication avec le pôle négatif du générateur, et l'alliage avec le pôle positif.

Sous l'influence du courant, l'eau acidulée se décompose ; l'hydrogène est absorbé par le sulfate de cuivre, comme dans la pile Daniell, et il se dépose du cuivre sur les cathodes, où on peut le recueillir.

L'oxygène et l'acide sulfurique se portent sur l'alliage et dissolvent le cuivre et l'argent, pendant que l'or se précipite intact au fond des récipients.

Ce premier métal étant séparé de cette manière, on prend le liquide qui contient le cuivre et l'argent, on sature et précipite l'argent au moyen de lames de cuivre. Ce dernier métal demeure à l'état de sulfate que l'on pourra décomposer, à son tour, ou bien utiliser sous la forme où il apparaît.

Bains aux Lactates.

Le professeur W. von Miller a reconnu la possibilité d'obtenir la déposition des métaux par la solution de leurs oxydes respectifs dans l'acide lactique.

L'emploi des lactates a permis de triompher des grandes difficultés que l'on rencontrait dans le platinage, l'aciérage, le plombage et, spécialement, dans l'électro-déposition des alliages métalliques.

C'est ainsi, par exemple, que l'on a pu obtenir l'alliage du plomb et de l'antimoine (plomb dur) par l'électrolyse d'un mélange des lactates de plomb et d'antimoine.

Les solutions des lactates se comportent d'une façon tout à fait particulière, quand elles sont traversées par le courant.

Dans certains cas (lactate d'argent) on a simplement la séparation du métal. Dans les solutions de platine et de nickel, au contraire, on arrive même à la décomposition de l'eau, dont l'oxygène se dégage à la cathode où il oxyde l'acide lactique, incomplètement à la température ordinaire, complètement à 35°; les produits de cette oxydation sont l'acide carbonique et l'aldéhyde acétique.

Pour les métaux qui présentent divers degrés d'oxydation, l'action réduisante que l'acide lactique exerce pour la décomposition de leurs sels relatifs, est absolument précieuse. Les sels une fois réduits et maintenus de la sorte, il devient possible d'accroître le rendement de l'énergie électrique.

Un autre avantage, non moins important, est celui qui consiste à pouvoir préparer les bains avec solutions alcalines ; dans le nickelage du fer particulièrement, on arrive à diminuer les inconvénients qui dérivent d'une détersion trop imparfaite.

Argenture. — Pour l'argenture, on emploie un bain de :

Nitrate d'argent	10 à 30 grammes.
Lactate d'ammoniaque (ou de potassium).	30 à 50 —
Eau.	1 litre.

On rend le bain alcalin par l'addition d'ammoniaque, et l'on peut obtenir l'argenture d'aspect blanc éclatant, comme lorsqu'on fait usage de cyanures doubles, ou bien d'aspect mat, avec rugosités.

Les objets argentés à l'aide de ce bain ne jaunissent pas en vieillissant, ainsi qu'il arrive souvent avec l'emploi des cyanures. Avec des cathodes mobiles, la densité de courant nécessaire est de 0,6 à 0,8 ampère avec 1 volt.

Laitonisage. — Le bain se compose de :

Lactate de zinc	20 grammes.
Sulfate cupro-ammoniacal	20 —
Lactate d'ammoniaque.	20 —
Eau.	1 litre.

On a des dépôts parfaits avec un courant de 2 à 4 ampères.
Il faut maintenir le bain à l'état neutre.

Nickelage. — On emploie un bain composé de :

    Sulfate de nickel. . . . .   30 à 100 grammes.
    Lactate de potassium (ou d'ammoniaque). 50 à 80   —
    Eau . . . .   1 litre.

On neutralise avec l'ammoniaque.

Avec un courant de 0,4 ampère et 3 volts, le dépôt est brillant
et n'a point de tendance à s'effeuiller, même après deux heures
d'électrolyse.

L'opération réussit mieux en agitant l'objet et chauffant le
bain.

Fer. — On peut obtenir le fer en couche relativement forte,
avec un bain composé de sulfate de fer ou bien de sulfate double
de fer et d'ammoniaque, grâce à la proportion nécessaire de lactate d'ammoniaque, ainsi qu'on l'a vu pour les cas précédents.
Ici encore, il est bon de chauffer le bain. L'intensité du courant
doit être de 0,3 à 0,8 ampère, et de 1 à 4 volts.

Platine. — On le dépose en couche brillante comme le nickel,
au moyen d'une solution légèrement alcalinisée avec la soude,
et composée de :

    Chlorure de platine . . . . . .   26 à 130 grammes.
    Lactate de sodium . . . . . .   35 à 170   —
    Eau . . . .   1 litre.

Ou bien :

    Sulfate de platine . . . . . .   35 à 70 grammes.
    Lactate d'ammoniaque. . . . .   50 à 100   —

On rend le bain alcalin avec l'ammoniaque.
Ou bien encore :

    Chlorure double de platine et sodium. 50 à 100 grammes.
    Lactate de sodium . . . . 30 à 100   —
        avec addition de soude jusqu'à la production de la réac-
    tion a'caline.

Le courant le plus convenable est de 1,5 volt, et 0,15 à 0,22 ampère.

On peut prolonger l'électrolyse pendant une heure et demie, avant que le dépôt tende à s'effeuiller. On aurait avantage à chauffer jusqu'à 45°; cependant, à 60° le bain se décompose par l'action réductrice de l'acide lactique.

Antimoine. — Sur les surfaces bien polies à l'émeri, et particulièrement sur le cuivre, on peut obtenir de très beaux dépôts d'antimoine, assez brillants et de forte épaisseur, en employant un mélange de chlorure d'antimoine et de lactate de sodium.

Étain. — L'étain et ses alliages se comportent de même façon et fournissent des dépôts de très belle couleur.

Ainsi qu'on le sait, l'étain et ses alliages, tels que le *britannia*, ne supportent point l'action des réactifs chimiques. C'est pourquoi *Iordis* a pris en 1898, en vue de la détersion de l'étain et de ses alliages, un brevet pour son système de polissage de ces métaux. Ce brevet consiste dans l'usage de l'acide lactique et des lactates, lesquels permettent de faire disparaître les oxydes, lorsqu'on fait agir le courant pendant quelques minutes seulement.

CHAPITRE XVII

COLORATION DES MÉTAUX

La coloration des métaux par la voie chimique, ou électrique, a, de nos jours, atteint une telle importance, qu'elle arrive à constituer l'une des branches les plus considérables de l'industrie et de la décoration des métaux. On sait que tous les métaux, ou leurs alliages, ne présentent pas à un égal degré dans leur aspect naturel — mat ou poli — ces caractères artistiques qui sont tant recherchés.

On n'ignore pas, non plus, que la vente d'un produit dépend, dans la plupart des cas, de l'effet décoratif qui est souvent obtenu au moyen de diverses colorations.

La coloration des métaux a pour but ou d'en rendre l'aspect plus artistique, plus agréable, ou simplement, de le protéger contre l'action nocive des agents atmosphériques.

Ces divers procédés industriels présentent encore cet avantage de produire immédiatement la somme des changements que le temps fait subir, par une lente transformation, à toute surface métallique exposée à l'air.

Il est de la plus grande importance, au point de vue de la *métallochromie*, que la surface des objets à traiter soit absolument polie et nette. Leur parfaite détersion est une condition indispensable, si l'on veut arriver à de bons résultats opératoires. C'est seulement lorsqu'on opère sur une surface uniforme, sans défauts, parfaitement dégraissée et désoxydée, que l'on peut espérer quelques succès dans les efforts que l'on tente pour obtenir une couche absolument impeccable de coloration.

Ce serait une grave erreur que de croire, grâce à une habile coloration, masquer partiellement les défauts qui résulteraient d'un précédent échec. Il arrive plutôt, en pareil cas, qu'on accuse ces défauts avec une évidence qu'il est impossible de dissimuler.

Avant de passer à la description des divers procédés qu'il importe de connaître, nous ferons remarquer au lecteur que, en général, les liquides qu'on emploie pour les colorations chimiques doivent être conservés dans des bouteilles soigneusement bouchées. Car, tout contact avec l'air ambiant peut entraîner une altération qui serait absolument préjudiciable aux produits en question, et les rendrait impropres à l'usage.

Coloration par la litharge. — Une belle application de l'électro-déposition du plomb est, sans contredit, la *métallochromie*. Vers 1826, Nobili découvrit qu'en employant pour cathode un fil de platine, et pour anode une feuille d'acier dans une solution d'acétate de plomb, et en y transmettant le courant d'une pile composée d'une demi-douzaine d'éléments Bunsen, il se déposait sur la feuille une mince pellicule qui reflétait les couleurs du spectre. Il remarqua, de plus, qu'en tenant la feuille horizontale et le fil vertical, ces couleurs étaient disposées en anneau concentrique autour de la cathode. C'est pourquoi ils furent dénommés les *anneaux de Nobili*.

Ce phénomène fut étudié, peu après, par Becquerel, Gassiott et d'autres praticiens qui, à leur tour, obtinrent de très beaux effets, en interposant des lames non conductrices entre l'anode et la cathode, et en variant la forme de cette dernière, la force électro-motrice de la pile et la concentration du bain. Des résultats identiques furent obtenus également, avec des sels de manganèse, du bismuth, du nickel, du cobalt, etc...

La composition employée par Becquerel se réalise en dissolvant 200 grammes de potasse caustique dans deux litres d'eau distillée, que l'on fait bouillir une demi-heure et à laquelle on ajoute 150 grammes de litharge. Puis, quand la solution est devenue liquide, on décante la partie claire et on la dilue avec un égal volume d'eau. La solution, qui s'emploie à froid, cède rapidement le plomb, qui se dépose même sur la cathode. Avec ce liquide, on peut obtenir, suivant la durée de l'opération et par conséquent suivant l'épaisseur variable du dépôt, les plus belles colorations sur les surfaces métalliques bien nettoyées.

La première teinte qui apparaît est d'un blond argentin, qui passe ensuite à la couleur fauve, et puis à toutes les gradations, du violet au bleu, puis au bleu de ciel, au jaune, à l'orangé. Puis, elle va du laque azuré au vert, à l'orangé verdâtre, à l'orangé rose, et passe après du violet verdâtre et vert au jaune roussâtre et rose.

Si le courant est trop fort, toutes ces teintes sont assombries. Si l'on veut obtenir une coloration uniforme sur une surface, ou une portion de surface, il faut veiller à ce que le dépôt atteigne une épaisseur uniforme aux endroits en question.

L'objet une fois relié à des fils de fer ou de cuivre qui le mettent en relation avec le pôle positif de l'électro-moteur, on emploie pour cathode un fil de platine enveloppé par un tube de verre, clos à la lampe, vers son extrémité inférieure et raccourci de toute la partie excédente, de sorte que le courant ne puisse se transmettre que par la section du fil. On groupe parfois en une seule masse plusieurs fils ainsi préparés, ou bien on renferme plusieurs fils de platine dans un tube de verre, scellant à la lampe l'extrémité libre et taillant les parties qui s'en échappent à la façon d'un pinceau. L'électrode ainsi disposée est présentée, à une distance convenable et successivement, aux diverses zones de la surface qu'il s'agit de colorer, sans le moindre arrêt, mais passant d'un point à un autre, jusqu'à ce qu'on voie se réaliser la teinte recherchée, venant à la suite de nombreuses teintes précédentes.

En variant la durée de la pose, on a diverses teintes ou bien des teintes plus ou moins chargées, de telle sorte qu'on peut obtenir de très beaux dessins en couleur, aux nuances variées, imitant soit une fleur, soit un oiseau ou un ornement quelconque.

Quand on a obtenu l'effet décoratif voulu, on retire l'objet du bain, on le lave à grande eau et on le présente à un jet d'eau froide, afin d'en éliminer la potasse, résidu qui ne laisserait pas d'altérer assez rapidement le coloris.

Le dépôt de peroxyde de plomb résiste au frottement ; mais pour préserver efficacement tout coloris artificiel de l'action due aux vapeurs acides et alcalines, il vaut mieux avoir recours à un vernis transparent. Becquerel conseille pour cela l'huile de lin, qui contient de la litharge et peut s'appliquer par couches très légères : vernis d'ailleurs assez efficace, bien qu'il ait le défaut d'altérer les teintes azurées. Il est préférable, suivant nous, d'employer un vernis gras de gomme copal.

Acier.

Acier noirci. — Avec une solution de soixante-dix parties de nitrate de cuivre, dans trente d'alcool, on baignera les objets préalablement chauffés. Le sel de cuivre se décompose et forme une patine d'oxyde noir de cuivre qui, convenablement brossée, prend une teinte grise agréable à l'œil. Pour obtenir un noir intense, on devra répéter l'opération.

Autre procédé. — On couvre le métal d'une légère couche empruntée au mélange suivant : quinze parties de térébenthine et une demi partie de soufre, exposant ensuite l'objet à la flamme d'une lampe à esprit.

Damasquinage électrique. — Pour damasquiner, par exemple, une lame donnée, il faut, quand elle vient d'être forgée, la laisser lentement refroidir, de manière que le carbone s'y répartisse petit à petit. Puis, avant de la tremper, on l'immerge dans un acide apte à dissoudre le fer à sa surface (acide azotique) ; le carbone, mis à nu, forme alors des veines plus ou moins grises, suivant qu'il est plus ou moins abondant.

Autre procédé. — On peut obtenir de jolis effets décoratifs sur couteaux, armes, etc., en revêtant l'objet chauffé d'une gravure exécutée soit directement, soit par report, au moyen de l'encre typographique ordinaire. On pourra également employer à cet effet une encre composée, en parties égales, d'asphalte et de cire.

On immerge ensuite l'objet dans un bain acidulé qui attaque le métal aux endroits non recouverts d'encre, laquelle est lavée ensuite à l'aide d'un dissolvant (essence de térébenthine). On obtient de la sorte un dessin clair sur fond dépoli, et d'aspect agréable.

Aluminium.

Bronzage. — On soumet l'aluminium à l'action d'une solution d'ammoniaque seul, ou combiné à des sels ammoniacaux. Dans le premier cas, l'aluminium, qui contient toujours des traces de fer et de silice, se dissout, mais le fer et le silice restent, formant à la surface du métal une couche adhérente d'un brun grisâtre, couleur qui varie avec la quantité d'impuretés contenues dans l'aluminium.

Si l'on traite, au contraire, l'aluminium par l'ammoniaque allié à des sels ammoniacaux, le silice reste seul. En pareil cas, le fer se dissout, mais les combinaisons qui se sont formées réagissent sur les sels ammoniacaux et se dépouillent de l'hydrate d'aluminium et de l'oxyde de fer qui contribuent à la formation de la couche protectrice.

La surface de l'aluminium est tellement modifiée dans ses propriétés physiques et chimiques, qu'elle est en état de résister à l'action de l'air humide, de l'eau et des acides faibles. De plus, l'aluminium, ainsi préparé, se prête plus facilement au soudage, et les dépôts électrolytiques y adhèrent mieux.

Décoration. — Le procédé suivant est basé sur la propriété qu'a l'aluminium de s'unir à chaud avec le carbone, très divisé, pour former des revêtements assez durables et adhérents. Le moyen le plus commode est celui-ci :

On étend au pinceau, sur la surface à décorer, des solutions à l'alcool ou à la benzine dues à des composés organiques, tels que corps gras, huiles, résines, etc., peu volatils et qui se désunissent à chaud, avec dépôt de carbone très divisé. Les objets ainsi préparés sont cuits ensuite au rouge foncé. Ils se trouvent recouverts d'une couche de carbone intimement unie au métal, et dont la teinte varie avec le mélange employé et la température réalisée au cours de l'opération.

On peut additionner le véhicule de sel qui permet d'obtenir des teintes très variées et favorisent la décomposition.

Argent.

Décoration. — On exécute sur la pièce un dessin au vernis d'asphalte, puis, mettant l'objet dans une solution de sulfure de potassium ou d'ammoniaque, la coloration se révèle sur les parties découvertes. Après avoir dissous le vernis dans l'essence de térébenthine, les dessins exécutés apparaissent en blanc sur fond de teinte plus foncée.

On obtient, au contraire, des dessins colorés sur fond clair, quand on exécute ceux-ci non à l'encre, mais à l'aide d'une solution de gomme dans du sulfure de potassium. Quand le dessin est parfaitement sec, on chauffe l'objet jusqu'à ce que la couche de gomme se détache d'elle-même, à moins qu'on n'atteigne ce résultat à l'aide d'un léger battage opéré sur la couche à détacher.

On obtient des dessins *noirs* et d'autres *clairs*, sur fond sombre, lorsque les premiers sont exécutés à la solution d'asphalte et que les seconds le sont grâce à un mélange de nitrate de mercure et de solution gommeuse terminant l'opération par l'immersion de l'objet dans le bain de sulfure de potassium.

Noircissage. — 1. — On connaît deux substances spécialement aptes à noircir l'argent : le chlore et le soufre. Le premier fournit une teinte brune, tandis que le second (le soufre) donne une teinte noire.

Pour la teinte noire, on peut également traiter les objets d'argent ou argentés, à l'aide d'une solution tiède de sulfure de potassium. Si l'on désire obtenir une teinte brune, on usera d'une solution de sel d'ammoniaque et de sulfate de cuivre, en parties égales, dans le vinaigre.

Plus simplement, on pourra frotter les objets en traitement avec du sel d'ammoniaque, lequel donne immédiatement naissance à la coloration noire qu'il importait d'obtenir. Si l'objet reste tacheté, on remédie à pareil inconvénient par le frottage à la brosse et au graphite.

2. — On réduit en poudre très fine, puis on dissoudra dans un peu d'acide acétique les substances suivantes :

> Sel d'ammoniaque . . . . 2 parties.
> Sulfate de cuivre. . . . . 2 —
> Salpêtre. . . . . 1 —

Si l'objet doit être oxydé sur toute l'étendue de sa surface, on le tiendra immergé quelques instants dans la solution bouillante ci-dessus. Au cas contraire, on fera usage d'un pinceau, en ayant soin de chauffer d'abord et l'objet et la solution elle-même.

3. — Si l'on désirait donner à un objet d'argent ou de cuivre argenté, l'aspect particulier à l'argent antique, on l'immergerait dans une solution aqueuse de sulfhydrate d'ammoniaque au 10 pour 100 environ.

Au sortir du bain, on devra frotter les objets à l'aide d'une brosse en fils de verre, ou bien les brunir à l'agate.

4. — On mélange un peu de noir d'ivoire avec une certaine quantité de vernis de copal, on dilue à l'essence de térébenthine et l'on frotte à l'aide d'une brosse trempée dans ce vernis, les objets à décorer à l'argent antique. On laisse sécher pendant une heure, puis on essuie la partie supérieure avec un chiffon, de façon que le noir reste seulement dans les vides.

Si l'on tient à obtenir une teinte plus adoucie, on traite à nouveau les objets avec une brosse sèche, et on les essuie comme on l'a fait tout d'abord. La couche noire sera, de la sorte, moins forte, et les tons obtenus seront beaucoup plus beaux.

Damasquinage. — On peut obtenir un vrai damasquinage au moyen du courant électrique, aussi bien sur l'argent que sur l'or, le fer, l'acier, le bronze, etc. ; ou bien encore des incrustations de cuivre et de bronze sur un métal précieux quelconque.

On exécute, dans ce but, le dessin au pinceau sur l'objet métallique à damasquiner, en se servant d'un sel de plomb facilement soluble. On recouvre ensuite les parties non dessinées, c'est-à-dire le fond, d'un vernis isolant qui ne doit être attaqué ni par les acides, ni par les alcalis.

On porte ensuite l'objet dans un bain d'acide nitrique très dilué, et on le met en communication avec le pôle positif de la source électrique. Le sel de plomb se dissout et le métal est attaqué dans les parties dessinées.

Quand on juge suffisante l'action corrosive ainsi effectuée, on porte immédiatement l'objet, après l'avoir bien lavé, dans un bain d'argenture ou dorure galvanique de faible densité, opérant du reste à froid.

Le dépôt du métal précieux se produit et adhère parfaitement dans les cavités qui se trouvent convenablement touchées par l'action de l'acide nitrique dans lequel fut immergé l'objet. Lorsque toutes les cavités sont garnies, on retire l'objet du bain, on dissout le vernis et on finit la préparation à la main en égalisant la surface ainsi traitée.

Quand la pièce doit être reproduite à plusieurs exemplaires, le procédé indiqué sert à obtenir le modèle. Après quoi, on reproduit les copies galvanoplastiques, sur lesquelles on opère, ainsi qu'on l'a dit plus haut, des incrustations d'or, d'argent, etc...

On peut obtenir de fort jolies arabesques sur métal, en actionnant un burin au moyen du courant. C'est la méthode qui est suivie par la maison Christophle.

Dépolissage galvanique. — Nombre de praticiens ont dû remarquer le bel aspect blanc et mat que revêt une plaque d'argent après avoir été employée à titre d'anode, et avoir de ce fait abandonné au bain une faible quantité de métal. Il en est de même pour le cuivre, l'or, etc... On peut mettre ce fait à profit pour le dépolissage méthodique des plaques métalliques, ou simplement des objets ou parties d'objets susceptibles d'être décorés par ce procédé. Il suffit, pour cela, de relier l'objet au pôle positif, en le tenant dans le bain exactement de front à une lame d'égale superficie, reliée au pôle négatif. On peut obtenir de la sorte, en quelques minutes, un granité qui sera d'autant plus doux que la solution sera plus concentrée et le courant plus faible.

Ce granité réussit également bien soit dans un bain d'argent, soit dans un bain de sulfate de cuivre.

Comme la lame de cuivre se couvre facilement d'un dépôt noir pulvérulent, on pourra l'en débarrasser en la frottant légèrement avec une brosse douce trempée dans de l'eau à peine acidulée.

Rose. — On donne à l'argent une belle coloration rose, en l'immergeant quelques secondes dans une solution chaude et concentrée de chlorure de cuivre. On le rince ensuite et, une fois sec, on le baigne dans l'esprit de vin auquel on communique le feu.

Bronze.

Patine antique. — On suspend de n'importe quelle manière — après l'avoir poli au moyen des procédés connus — l'objet de bronze dans un vase rempli de gaz acide carbonique. Au fond de ce vase, on mettra un peu de solution de sel marin, sans que ladite solution entre en contact avec l'objet immergé. Celui-ci, tout d'abord, aura dû être passagèrement immergé dans un mélange d'eau et de vinaigre.

On ferme ensuite le vase et on le lute à l'aide d'un mastic qui sèche promptement. On emploiera à cet usage un composé de farine de graines de lin, farine de froment et eau de source. On abandonne alors à lui-même l'objet ainsi traité, durant plusieurs semaines, et à la température ordinaire.

Il se forme, après cela, une patine identique à celle que le bronze aurait acquise, si on l'avait exposé de longues années à l'action de l'humidité atmosphérique. Dans cet état, il résiste fort bien à l'air, sans qu'il en résulte aucun changement d'aspect.

En prolongeant le séjour dans le bain, le bronze en sortirait décoré d'une patine plus belle encore. Toutefois, il ne faudrait pas, pour accélérer la formation de cette patine artificielle, accroître la dose de vinaigre. Car, en pareil cas, la patine obtenue ne résisterait pas à un lavage, même à l'eau simple.

Autres procédés. — On polit l'objet à l'acide nitrique mélangé à deux ou trois parties d'eau, réalisant d'abord une teinte grisâtre et bleu-vert ensuite. Le résultat dépend surtout, en grande partie, du genre d'alliage sur lequel on opère.

On passera, à plusieurs reprises, sur l'objet, le liquide préparé comme suit :

Sel ammoniaque	1 partie.
Carbonate de potasse	3 —
Sel marin	6 —
Eau bouillante	12 —

On ajoute, à la fin, huit parties de nitrate de cuivre. La teinte est d'abord inégale et crue, mais elle devient graduellement plus belle et plus uniforme.

On obtient un magnifique bronze bleu-vert, en se servant, tout simplement, d'ammoniaque concentré, à l'aide duquel on frotte le bronze à diverses reprises.

Solution de 60 grammes de sel ammoniaque dans un litre de vinaigre.

Solution de 1 litre de vinaigre, 15 grammes de sel ammoniaque, 15 grammes de sel marin, 15 grammes ammoniaque. On emploie cette solution au moyen d'une brosse légèrement humectée. On sèche l'objet aussitôt après, en le frottant à l'aide d'une autre brosse. Si, après deux ou trois jours, la teinte est jugée trop faible, on recommence l'opération.

Solution 3 grammes sel d'ammoniaque, 1 gramme sel d'oseille et 25 grammes d'eau.

Solution 2 grammes d'acide oxalique, 1 gramme sel d'ammoniaque et 25 grammes de vinaigre.

Patine résistante. — Il est à noter que les monuments de bronze récemment érigés, acquièrent, après une brève exposition aux intempéries, une teinte brun noirâtre qui les défigure. De plus, nombre de techniciens affirment que la patine verdâtre dont les monuments de bronze antiques sont recouverts, ne peut être reproduite.

Il résulte des études faites à ce sujet que, contrairement à l'opinion de certains praticiens, la composition du bronze et la qualité du cuivre paraissent avoir moins d'influence sur la formation de la patine antique, que les impuretés véhiculées par l'air ambiant.

Tandis que la patine d'hydro-carbonate de cuivre se forme assez facilement à l'air pur, lorsque se réalise l'indispensable proportion voulue de gaz acide carbonique et d'humidité, il arrive au contraire que le noircissement se produit lorsque l'on constate des produits de la combustion du soufre, en raison de la grande affinité du soufre pour le cuivre.

La formation du sulfure de cuivre peut être évitée, d'après A. Lismann, dans le cas seulement où la surface métallique se trouve protégée par une patine résultant de l'hydro-carbonate de cuivre.

En effet, si les objets sont déjà recouverts de vert-de-gris, l'exposition à l'air déjà vicié par l'anhydride sulfureux, n'amène aucun changement de couleur.

L'auteur que nous venons de citer s'est efforcé de produire artificiellement sur bronze la patine verdâtre des objets antiques, au moyen du courant électrique, et il a remarqué que les eaux des sources qui contiennent du carbonate de chaux constituent l'électrolyte de rigueur.

L'expérience a démontré que le bronze soumis au traitement indiqué par A. Lismann, résiste aux intempéries et à l'acide sulfureux contenu dans l'air, et que l'on peut provoquer la formation de la patine d'aspect irréprochable même sur les objets déjà noircis, pourvu que l'on en détache la mince couche de sulfure qui les recouvrait dès l'abord.

La formation électrolytique de l'hydro-carbonate de cuivre peut trouver son emploi aussi bien pour le recouvrement de cuivre de la coque des navires, que pour les objets fondus ou pour les statues, etc.

Lorsqu'il s'agit de traiter des feuilles de cuivre, on doit avoir le soin de les suspendre dans le bain, ainsi qu'on le pratique ordinairement, les unes à côté des autres, ayant la précaution d'employer une cathode du même métal. La distance entre l'anode et la cathode doit atteindre 40 millimètres, et il est bon de réunir deux feuilles adossées afin de les transformer en anode, de telle façon que l'une des faces de la feuille reste bien nettoyée. L'électrolyte se renouvelle constamment en mettant le bain en communication avec la canalisation d'eau.

Les objets de forme variée se suspendent dans un récipient dont les parois font office de cathode, ou bien on aura soin de les envelopper d'un réseau métallique en laissant entre eux un intervalle de 30 à 40 millimètres.

Quand on opère sur des pièces difficiles à mouvoir, on dispose la cathode à la distance voulue, puis on enveloppe le tout à l'aide d'une matière qui permette la libre circulation de l'électrolyte.

Lismann a fait usage, pour ses expériences, de l'eau de source à 0,01 pour 100 d'acide carbonique combiné à la chaux et à la magnésie. La tension du courant peut atteindre 3 volts, limitée néanmoins à 1 ampère par mètre carré.

L'oxygène et l'acide carbonique produits par la décomposition des bicarbonates terreux contenus dans l'eau, sont transportés par le courant à la surface du bronze, où ils opèrent l'oxydation et la carbonisation successive du cuivre, tout en donnant naissance à une mince couche adhérente d'hydro-carbonate de cuivre.

On a, de plus, la possibilité de modifier la couleur de la patine, car en réalisant une oxydation plus ou moins intense, la teinte obtenue peut varier de tonalité au gré du praticien. Si, tout d'abord, l'oxydation est énergique, la patine reste de teinte assez brune.

Au lieu de provoquer directement la formation de l'hydro-carbonate de cuivre, on peut à la rigueur oxyder dès l'abord la surface traitée, et faire agir ensuite l'acide carbonique. La formation superficielle de l'oxyde peut être réalisée encore, au préalable, au moyen des réactifs chimiques.

Il semble que les sujets traités chaque mois au moyen de l'huile, enduite sur la surface métallique à l'aide d'un chiffon de drap, acquièrent une patine d'un vert pur et d'aspect remarquable. Il faut, en pareil cas, éviter un excès d'huile, faute de quoi il se formerait un dépôt de poudre qui viendrait déparer le bronze et lui communiquer une couleur désagréable et sale.

Cuivre (1).

Rouge brun. Procédé chinois. — On fait une bouillie à base d'eau ou d'acide, avec les substances pulvérisées qui suivent :

Vert-de-gris	2 parties.
Cinabre	2 —
Sel d'ammoniaque.	5 —
Alun	5 —

(1) Le cuivre est rarement employé seul. Le laiton est le composé le plus utilisé ; il est formé généralement de 70 parties de cuivre, 30 parties de zinc. Le laiton des roues de montres se compose de 67 à 66 parties de cuivre, 39 à 33 parties de zinc et une partie d'étain.

On étend cette bouillie sur l'objet, on le chauffe quelque temps, même à l'intérieur, s'il est creux et largement évasé. Quand il est sec, on le lave et on répète s'il le faut l'opération. L'addition de sulfate de cuivre porte la couleur un peu plus vers le marron ; l'addition de borax, au contraire, la porte vers le jaune.

Bronzage brun. — On obtient un magnifique bronzage en immergeant les objets en cuivre, bien secs, dans une solution étendue de sulfure d'ammoniaque. On arrive, par la pratique, à produire à l'aide de ce procédé de fort jolies colorations, variant du café clair à une teinte brunâtre, suivant la durée de l'immersion.

Les objets doivent d'abord être repassés à la brosse à fils de laiton et, après séchage parfait, brossés de nouveau et recouverts de vernis transparent à base d'esprit.

Avec le chlorure de platine, on peut aussi réaliser un superbe bronzage, moyennant une faible solution.

Vert antique. — On frotte l'objet avec la solution suivante :

Sel d'ammoniaque.	4 parties.
Acide oxalique	1 —
Acide acétique	1 —
Eau.	30 —

2. — On verse du chlorure de chaux dans un bassin placé dans un lieu clos, et, suspendant au-dessus l'objet à traiter, on l'y laisse jusqu'à ce qu'on ait réalisé la couleur désirable (vert antique).

3. — On obtient encore un beau vert antique avec le mélange que voici :

Sel d'ammoniaque	8 grammes.
Chlorure de sodium	8 —
Ammoniaque	15 —
Vinaigre blanc.	500 —

On frotte et on laisse sécher lentement.

Brun. — L'objet doit d'abord être nettoyé dans un bain de 20 parties de potasse caustique et 200 d'eau. Ensuite on le met

dans un autre bain fait de 5 parties d'acide sulfurique et
100 d'eau : 10 à 20 minutes d'immersion. Finalement, on l'introduit dans un troisième bain de 1 litre d'eau et 100 grammes
de sulfhydrate de potasse.

Imitation du platine. — Immerger les objets dans la solution
suivante :

Acide arsénieux	210 parties.
Acétate de cuivre	35 —
Eau.	1000 —

Rouge. — Chauffer sur la lampe un mélange de 2 parties de
carmin, 2 de chlorure d'argent et 1 de vernis du Japon, jusqu'à
ce qu'il se forme une pâte du tout. En étendre un peu sur
l'objet, après avoir disposé celui-ci sur une lame de verre, face
en l'air, et chauffer jusqu'à ce que la teinte recherchée soit
obtenue.

Rouge bronzé. — Faire bouillir, dans un vase de cuivre non
étamé, l'objet qu'il s'agit de bronzer, dans la solution suivante :

Sous-acétate de cuivre . . .	250 grammes.
Carbonate de cuivre	250 —
Chlorhydrate d'ammoniaque .	450 —
Acide acétique.	100 —
Eau	7 litres.

Rouge brun brillant. — On mélange parties égales de plombagine et de rouge de fard dans l'eau, et on l'applique sur
l'objet bien nettoyé. On chauffe ensuite fortement, on laisse
refroidir et on brosse l'objet, passant au préalable la brosse sur
la cire jaune et le mélange précédent.

Colorations diverses :

Acétate de plomb	200 grammes.
Hyposulfite de soude. . . .	600 —
Eau	10 litres.

Avec cette solution on obtient onze couleurs, variant du gris
au bleu ; on devra cependant enduire l'objet d'un vernis transparent.

Bronzage pour cuivre ; procédé galvanique. — En traitant le cuivre par la solution suivante, dont les proportions peuvent flotter entre certaines limites variables, on obtient de très beaux tons, assez semblables au bronze neuf :

Nitrate de cuivre au 10 pour 100 . . . 50 centimètres cubes.
Chlorure de chaux au 10 pour 100. . . 50   —   —
Bichlorure de mercure au 30 pour 100 . 20   —   —
Chlorure de zinc au 10 pour 100. . . . 10   —   —

On obtient ainsi des tons de bronze jaune vif en ayant soin de brosser, à la brosse de laiton, les parties saillantes.

On peut obtenir de la variété dans les colorations, en ajoutant un peu de chlorure de platine et de chlorure de mercure.

Ce procédé a l'avantage de pouvoir être réalisé à froid et peut fort bien remplacer certains procédés courants de bronzage, tel, par exemple, que celui qui s'obtient par la solution de vert-de-gris dans l'acide acétique.

Bronzage des fils de cuivre. — On obtient ce bronzage en faisant bouillir du sel ordinaire, de la crème de tartre et un amalgame de 1 partie de zinc et 12 de mercure. Le fil doit être passé dans cette solution, par l'emploi de bobines ordinaires.

Jaune foncé et jaune clair. — On peut obtenir une modification notable de la couleur d'un objet en laiton, en s'efforçant de dissoudre l'un des principaux composés de ce dernier, au moyen d'un dissolvant inapte à réagir sur les autres composés de ce métal.

C'est ainsi qu'en frottant le laiton à l'acide chlorhydrique concentré, on rend ce métal rougeâtre par suite de la solution partielle et superficielle du zinc qui entre dans son alliage.

Par contre, si on y emploie l'ammoniaque, on dissout l'oxydule de cuivre de ce métal, et il n'y reste que le zinc, d'où il s'ensuit que l'objet de laiton demeure blanchi.

Noir mat. — Pour donner au laiton une coloration *noir mat*, usitée dans la fabrication des instruments d'optique, on commence par nettoyer soigneusement le métal et puis on l'enduit d'un mélange, très dilué, composé de 1 partie d'azotate neutre d'étain et 2 parties de chlorure d'or. Au bout de 10 minutes, on le débarrasse de ce revêtement à l'aide d'une brosse humide.

Si, dans la préparation ci-dessus, on a eu soin d'éviter l'excès d'acide, le métal en traitement aura une belle teinte noir mat.

On prépare le nitrate neutre d'étain, en décomposant le chlorure de ce métal avec l'ammoniaque liquide, puis en dissolvant l'oxyde d'étain ainsi obtenu dans l'acide azotique.

Bronze Barbedienne. — Pour obtenir la coloration spéciale de ce bronze, on fait usage d'un liquide qui se prépare en faisant dissoudre, dans l'ammoniaque concentré, du sulfure d'arsenic récemment préparé ; on y ajoute du sulfure d'ammoniaque jusqu'à ce qu'il manifeste un léger trouble. Les objets de laiton devront être immergés dans ce bain, chauffé à 35°. On chauffera également les pièces traitées, par intervalles, afin de pouvoir les frotter ensuite et obtenir par là l'intensité de teinte voulue par l'opérateur.

Quand le bain devient inactif, on y ajoute un peu de sulfhydrate d'ammoniaque. Comme, d'autre part, un tel bain est sujet à se décomposer rapidement, il faut le préparer au moment de s'en servir.

Le procédé qui vient d'être décrit n'est applicable qu'aux objets de bronze pur. Quant aux objets de fer ou de zinc recouverts de cuivre, on les traite de la manière suivante :

On mélange 3 parties de sulfure rouge d'antimoine avec 1 partie d'émeri finement pulvérisé, et on réduit ce mélange en pâte moyennant une addition de sulfhydrate d'ammoniaque. On l'applique sur l'objet à l'aide d'un pinceau, on fait sécher à l'étuve, à feu doux, et on polit à la brosse douce.

Violet. — Grâce à un tampon de coton, trempé dans une solution de chlorure d'antimoine, on obtient sur le laiton nettoyé, une très belle teinte violette.

Noir.

Carbonate de cuivre	10 parties.
Ammoniaque	70 —
Eau distillée	15 —

Bleu. — On dissout 10 parties de cuivre dans 75 d'ammoniaque. Les objets devront être suspendus quelques minutes dans cette solution, à l'aide d'un fil de laiton. On les lavera ensuite et les séchera à la sciure de bois.

Coloration au bismuth. — On immerge les objets dans une solution bouillante d'azotate de bismuth préparé avec 15 grammes de ce métal. On y ajoute 30 grammes de tartre dissous dans un litre d'eau chaude, ou bien de 45 à 60 grammes de bismuth en poudre. Cette opération est coûteuse.

Coloration à l'antimoine; méthode Puscher. — On dissout 30 grammes de tartrate d'antimoine et de potasse ainsi que 30 grammes de tartre préparé dans un litre d'eau distillée. On y ajoute de 90 à 120 grammes d'acide chlorhydrique et autant d'antimoine pulvérisé. Dans cette solution bouillante, les objets se couvrent d'une pellicule qui, à mesure qu'elle grossit, reflète toute une série de belles teintes : irisé, couleur or, rouge cuivre, violet, et, sur la fin, gris bleu. Ces diverses couleurs ne s'altèrent pas à l'air ; il est préférable toutefois de les protéger à l'aide d'une couche de vernis transparent.

Les objets devront avant tout, être dégraissés et brunis.

Coloration au sulfure d'étain ; méthode Puscher. — Procédé Puscher, pour obtenir sur le laiton des nuances irisées.

On dissout 30 grammes de tartre préparé dans un litre d'eau chaude, et on y ajoute 30 grammes de sel d'étain dissous dans 125 grammes d'eau. On fait bouillir le liquide et on le laisse déposer. Puis on verse la partie claire, lentement, ayant soin d'y mélanger une solution de 80 grammes d'hyposulfite de soude dans 250 grammes d'eau et de faire bouillir ce mélange. En immergeant le laiton dans cette solution bouillante, on obtient de belles teintes jaune d'or pâle, puis des teintes plus chargées, rouges, cramoisies, bleues et, enfin, brun-clair.

Jaune d'or. — En immergeant une lame de laiton parfaitement nettoyée, dans une solution diluée d'acétate neutre de cuivre ne contenant aucune trace d'acide libre, on voit peu à peu le laiton prendre, à la température ordinaire, une très belle couleur d'or.

Ce procédé, éminemment pratique, est cependant peu utilisé.

Gris d'acier. — Pour les alliages de cuivre que l'on veut recouvrir d'une patine gris d'acier, on emploie un mordant contenant de l'arsenic. Les instruments géodésiques usités en Amérique et en Angleterre, sont colorés par ce procédé.

On mélange un litre d'acide chlorhydrique avec 125 centimètres cubes d'acide nitrique, et on y fait dissoudre 42 gr. 5 d'arsenic, puis, graduellement, 42 gr. 5 de copeaux de fer. Les objets nettoyés au moyen d'une brosse avec de l'eau et du savon, puis lavés, sont après cela suspendus dans le mordant, pendant cinq minutes, en ayant soin de ne pas y toucher avec les doigts.

Les tubes polis au tour à l'aide de l'émeri, se plongent directement dans la solution arsenicale.

Après avoir séché avec un chiffon de drap la surface qui a été colorée, on la recouvre d'un vernis incolore.

Vert olive. — On obtient cette couleur sur le cuivre massif, à l'aide d'une solution brillante de :

Sulfate de cuivre	8 parties.
Sel d'ammoniaque	2 —
Eau	100 —

Étain.

Gris d'argent. — Pour communiquer aux objets en étain la couleur gris d'argent, on emploie une solution composée de :

Nitrate de bismuth	3 grammes.
Acide nitrique	10 centimètres cubes.
Crème de tartre	10 grammes.
Acide chlorhydrique . .	40 —
Eau	1 litre.

En immergeant dans ce bain les objets en étain, ceux-ci prennent une couleur gris d'acier, dès que l'on a retranché l'excès de bismuth venu en séparation à la surface traitée.

La légère teinte d'argent que l'on obtiendra par ce procédé, fait ressortir principalement les parties saillantes des objets, lesquelles apparaissent sous une teinte d'argent d'un gris chaud, tandis que les creux conservent la teinte gris d'acier. Pour conserver ce résultat intact, on passe une couche de vernis à la gomme-laque, ou au celluloïd.

Sepia foncée. — On étend au pinceau, sur l'étain ou ses alliages, une solution de chlorure de platine au 10 pour 100, et on laisse sécher. On lave ensuite, on sèche à nouveau et on brosse jusqu'à ce qu'on ait obtenu la couleur brune brillante qu'il s'agissait de réaliser.

Noir pour alliage d'étain et plomb :

Nitrate de cuivre pur	5 parties.
Sel d'ammoniaque	1 —

Bronzage. — On prépare les deux solutions suivantes :

a. Acétate neutre de cuivre	1	partie.
Vinaigre	4	—
b. Sulfate de cuivre	1	—
— de fer	1	—
Eau	20	—

On mouille les objets avec la solution *b*, on laisse sécher et on frotte à la brosse douce, avec du rouge de fard. On étend alors la solution *a*, et on laisse sécher ; puis on polit à la brosse douce avec de la cire.

Fer.

Noir. — Pour noircir l'acier et le fer, on fait bouillir ensemble quinze parties d'huile de térébenthine et une et demie de soufre. On couvre le métal d'une légère couche de ce composé, et on le tient exposé à la flamme d'une lampe à esprit.

Dans une certaine quantité d'essence de térébenthine, on verse goutte à goutte de l'acide sulfurique, mélangeant continuellement le tout jusqu'à ce qu'il ne se forme plus de précipité. On jette alors le tout dans l'eau, on l'agite, on le décante et on renouvelle le lavage du précipité jusqu'à ce que le papier bleu de tournesol, immergé dans l'eau, ne passe plus au rouge.

Le précipité sera, de la sorte, dépouillé de tout l'acide et, après l'avoir fait égoutter sur une toile, il sera prêt à être employé.

Bleu. — En général, le fer et l'acier se colorent en bleu, en les polissant tout d'abord, et leur appliquant aussitôt après une solution composée d'une partie d'acide nitrique avec dix parties d'eau, jusqu'à ce que la surface traitée acquière la teinte bleue recherchée. On lave ensuite à l'eau tiède, on essuie le métal et on l'enduit d'huile de lin.

On peut encore colorer en bleu, à l'aide d'une simple immersion, dans une solution composée de :

Ferro-cyanure de potassium . . . . .   1 partie.
Chlorure de fer.   1   —
Eau.   400   —

Les petits objets en acier peuvent se bronzer, en les mettant à chauffer dans la cendre de charbon de bois, à la température de 300°C. On les examinera de temps en temps pour se rendre compte si, exposés à l'air, ils présentent la couleur voulue. Une fois ce résultat obtenu, on les retirera immédiatement et l'opération sera complète.

La tête des vis se colore en bleu brun d'acier par le procédé suivant : On polit convenablement la tête des vis, on l'enduit d'une faible quantité d'huile, et ensuite on la chauffe à la flamme oxydante d'un bec Bunsen ou d'une lampe à esprit.

Bronzage. — Les armes et objets similaires, en fer ou en acier, se bronzent en les frottant fortement avec du chlorure d'antimoine fondu. Une seule opération ne peut suffire ; il faut la répéter, en chauffant chaque fois légèrement les pièces en traitement.

On dégraisse et désoxyde les objets, par exemple à l'aide d'une bouillie de blanc d'Espagne et de soude, puis on les immerge dans un bain d'acide sulfurique dilué, et on les frotte de nouveau avec de la poudre de pierre ponce très fine. On les expose alors, deux ou trois minutes, aux vapeurs d'un mélange d'acide chlorhydrique et d'acide nitrique, par parties égales ; puis on les chauffe à 300° jusqu'à ce que la couleur bronzée se développe.

Les objets, une fois refroidis, seront recouverts de vaseline par simple frottage. Puis on les chauffera une seconde fois, jusqu'à ce que la vaseline commence à se décomposer. Après refroidissement, on les recouvrira à nouveau de vaseline.

Les tons que l'on obtient par ce procédé sont très beaux et le revêtement est inaltérable. En ajoutant à l'eau régale (qui n'est pas autre chose que le mélange des deux acides ci-dessus) de l'acide acétique, on obtient de belles teintes jaune bronze. Ce coloris artificiel est inaltérable, même dans un élément chargé des vapeurs acides.

Autre procédé. — Eau distillée 8, sulfate de cuivre cristallisé 2, éther sulfurique 1, chlorure de fer 1/2. On mélange l'éther et le chlorure de fer, ensuite on y ajoute les autres ingrédients. Après avoir agité le tout quelque temps, on applique le mélange sur l'objet à l'aide d'un pinceau. En répétant cette opération de bronzage une seconde fois, on aura, si on le juge convenable, une coloration beaucoup plus intense.

Oxydation. — Méritens a réussi à rendre le fer et la fonte inoxydables par le procédé suivant :

On met les objets (canons de fusil, fourreaux de sabre ou de baïonnette, etc.), dans un bain d'eau naturelle à la température de 80°. On fait traverser ce bain par un courant faible. Le récipient est en fer et sert de cathode.

Au bout d'une heure d'action électrolytique, la couche d'oxyde magnétique dont se recouvrent les objets est assez solide pour résister à la brosse métallique.

Fer-blanc.

Noircissage. — On enduit le fer-blanc avec de l'huile de lin, ensuite on le chauffe jusqu'à la combustion de l'huile.

La surface ainsi traitée est d'un beau noir et résiste à des températures élevées.

On peut, après cela, polir les objets noircis par ce procédé, en les frottant à l'aide d'un chiffon imprègne de benzine ou trempé dans une solution de soude.

Marbrure. — Pour marbrer le fer-blanc, il suffit de le frotter avec un chiffon trempé dans le mélange qui suit :

Sel ordinaire . . . . 4 parties.
Alcool . . . . 8 —
Acide nitrique. . . . . 3 —

Nickel.

Colorations diverses. — On obtient facilement, sur le nickel nettoyé, huit colorations avec le bain suivant :

Acétate de plomb . . . . 20 grammes.
Hyposulfite de soude . . . . . . 60 —
Eau . . . . 1 litre.

On chauffe jusqu'à l'ébullition et on y plonge ensuite les pièces. On obtient d'abord une teinte grise qui passe, en continuant l'immersion, au violet et, successivement, au marron, au rouge, etc., pour arriver au bleu, qui est le dernier ton réalisé.

Il faut une certaine pratique pour obtenir la gradation voulue. On enduit ensuite les objets à l'aide d'un vernis transparent.

Ce procédé est appliqué industriellement dans la fabrication des boutons et nombre d'autres articles.

Autre procédé. — On peut obtenir sur le nickel des colorations disparates, en le nettoyant d'abord dans l'eau-forte et l'immergeant dans un bain chauffé à 75-80° et formé, par volumes égaux, d'une solution de 130 grammes d'hyposulfite de soude dans un litre d'eau, et d'une autre solution contenant 25 grammes de sulfate de cuivre cristallisé, 10 grammes d'acétate de cuivre et 5 grammes d'arséniate de sodium.

La teinte réalisée par les objets change de ton dans l'espace de quelques secondes. Voilà pourquoi il importe de surveiller la marche de l'opération, en retirant de temps à autre du bain une pièce destinée à servir d'épreuve.

Le procédé ci-dessus sert également pour la coloration du cuivre et du laiton, opération qui s'effectue dans l'ordre de couleur qui suit :

Cuivre.	Laiton.	Nickel.
Orangé	Jaune d'or	Jaune
Terre cuite	Jaune citron	Bleu
Rouge clair	Orangé	Irisé
Rouge sang	Terre cuite	
Irisé	Vert olive	

Quelques-unes de ces teintes ne sont pas stables. C'est pourquoi, afin de les conserver intactes, il faut les recouvrir d'un vernis.

Il est de toute nécessité que le bain soit agité sans la moindre interruption, afin que la teinte demeure uniforme. Il faut, d'autre part, qu'il soit préparé seulement au moment de s'en servir, car deux ou trois heures après, le bain se décompose.

La coloration du nickel n'est point, d'ailleurs, une opération fort usitée. Le but que l'on poursuit généralement, quand on a recours au revêtement de nickel, c'est de conserver précisément l'aspect naturel à ce métal, et non de le masquer ensuite par un coloris industriel quelconque.

Or.

Vert antique. — On pétrit ensemble :

Sulfate de fer calciné au rouge	9 parties.
Sel d'ammoniaque	6 —
Vert-de-gris.	2 —

On conservera ce produit en vase parfaitement clos.

Pour s'en servir on mouille l'objet doré en traitement, on le saupoudre du mélange obtenu et on le passe au feu à plusieurs reprises. On termine en l'immergeant dans l'eau. La couleur devient de la sorte plus belle et plus chargée.

Jaune orangé. — On réalise cette nuance sur les bronzes dorés, en les brossant à la brosse dure avec plus ou moins de vivacité, puis on les chauffe un peu plus qu'on ne le fait d'ordinaire pour obtenir le jaune clair. Quand l'objet est froid, on y applique au pinceau une bouillie d'oxyde de fer, alun, sel marin et vinaigre. On chauffe environ à 130° jusqu'à ce que la couleur commence à tirer sur le noir et que l'eau s'évapore en sifflant.

On immerge à nouveau l'objet dans l'eau froide, ensuite dans l'eau faiblement acidulée à l'acide nitrique. On fait sécher à feu doux de charbon et l'on procède au nettoyage de l'objet.

Si l'on désire obtenir une couleur uniforme, on traite l'objet, après l'immersion, à l'aide d'un pinceau trempé dans l'eau froide additionnée de vinaigre.

Les objets à reliefs accusés doivent, au contraire, être brossés au moyen d'une faible solution d'acide nitrique.

L'effet de ces divers procédés consiste à débarrasser la surface du bronze doré des oxydes qui s'y sont formés pendant l'opération de dorure, et à contribuer par là à raviver la couleur d'or pur qu'il s'agit de réaliser.

Coloration imparfaite. — Lorsque la coloration présente de certaines imperfections, on corrige celles-ci au moyen d'une solution composée de :

Salpêtre	2 parties.
Sel marin	1 —
Alun	1 —
Eau	24 —

On chauffe cette solution et on y ajoute, un peu avant l'ébullition, une petite quantité d'acide chlorhydrique, dans la proportion d'environ 1 pour 25 de liquide. On agitera continuellement les objets, au cours de l'immersion, à l'aide d'un fil de platine.

Le chlore naissant qui se développe dans une telle solution, dissout quelque peu d'or, lequel se dépose ensuite de nouveau sur la surface des objets qu'il tend à rendre plus uniforme.

Zinc.

Couleurs vives. — On dissout 45 grammes d'hyposulfite de soude dans un demi-kilo d'eau, et on verse dans cette solution une autre solution de 15 grammes d'acétate de plomb dans 250 grammes d'eau.

Ce mélange, chauffé à l'ébullition, possède la propriété de décomposer lentement et de précipiter du sulfure de plomb en masses brunes. Si le zinc se trouve immergé dans la solution, une partie de ce sulfure se dépose sur lui en le colorant d'une teinte vive.

Pour obtenir une coloration uniforme, il faut que les objets soient chauffés peu à peu, ce qui se réalise en revêtant le vase qui contient la solution saline avec une substance mauvaise conductrice de la chaleur.

Le zinc prend, grâce à ce procédé, une belle couleur de bronze.

Patine verte. — D'après Puscher, on peut produire sur les objets en zinc une belle patine verte, de la manière suivante : dans 500 parties d'eau bouillante, on dissout 50 grammes d'hyposulfite de soude, puis, en agitant, on y ajoute 25 grammes d'acide sulfurique.

Dans le liquide, décanté et chaud, on immerge les objets en zinc qui se recouvrent aussitôt d'une couche d'un vert clair éclatant de sulfure de zinc. En prolongeant le bain, la couleur passe au gris foncé brillant.

Si les objets, ainsi préparés, sont immergés dans un bain d'acide chlorhydrique très dilué, et lavés immédiatement à l'eau, ils perdent le brillant acquis. En les mouillant d'acide chlorhydrique et les passant ensuite dans un bain de sulfate de cuivre acidulé, ils se revêtent d'une patine noir marbré. Combinant, par conséquent, ces divers réactifs, on obtiendra à volonté des teintes bronze antique, fer fumé, etc... Ces patines sont rendues plus résistantes en les vernissant à l'aide d'une solution de copal.

Oxyde gris brillant. — On arrive à produire sur le zinc une couche d'arsenic par voie galvanique, à l'aide d'un bain chaud à fort courant et anodes de platine ou de laiton laminé. La composition du bain est la suivante :

Acide arsénieux	50 grammes.
Pyrophosphate de soude	15 —
Cyanure de potassium (98 pour 100) .	50 —
Eau	1 litre

Bleu foncé. — On emploie, dans ce but, cette solution :

Sulfate de nickel ammoniacal . . .	60 grammes.
Sel d'ammoniaque	60 —
Eau	1 litre.

Les objets en zinc immergés dans cette solution prenaient d'abord une couleur jaune sale, puis brune, violette, pourpre et bleu indigo. Les couches obtenues, très adhérentes, supportent le polissage.

Patine brune irisée. — On obtient cette patine au moyen d'un liquide composé d'acide molybdique et d'eau régale très diluée ; ou bien avec une solution d'acide molybdique et une lessive de potasse très diluée.

En mouillant le zinc avec une solution de sel marin et laissant sécher dans un lieu exposé à l'air et à l'abri de l'humidité, on obtient sur le zinc une belle patine antique.

Brun. — Dans un demi-litre d'eau bouillante, on dissout 15 grammes d'alun de chrome et 15 grammes de sulfate de soude ; on y ajoute 25 parties d'acide chlorhydrique, on filtre et on chauffe à 65—80°, avant d'y plonger les objets.

Rouge cuivre. — On l'obtient par immersion dans un bain de chlorure de cuivre dissous dans l'ammoniaque. Si l'on désire que la nuance tende au jaune, on ajoutera un peu de vert-de-gris cristallisé ou d'acide acétique.

Noir. — 1.

Sulfate de nickel ammoniacal	10 parties.
Eau acidulée 1 pour 100.	100 —

On immerge le zinc nettoyé dans ladite solution, on lave et on laisse sécher.

2. — On dissout 90 grammes de chlorure d'antimoine cristallisé dans 800 grammes d'esprit, et on ajoute 60 grammes d'acide chlorhydrique. On mouille l'objet avec cette solution, à l'aide d'un pinceau ou d'une brosse, et il se colore aussitôt en noir. On sèche au plus tôt cette première couche et on répète immédiatement l'opération, en faisant ensuite sécher en hâte dans un lieu chaud. L'objet une fois bien séché, on le frottera à plusieurs reprises avec de l'huile de lin. Il faut sécher rapidement

la couche d'antimoine qui se sera formée, car ce produit se transforme facilement en oxyde blanc, chose à laquelle vient obvier l'emploi de l'huile de lin.

Pour dissoudre le chlorure d'antimoine, on emploie l'alcool ainsi que l'eau. Ce produit sèche de la sorte plus promptement, ce qui fait que l'on évite d'employer trop d'acide chlorhydrique, ce qui évite la formation de l'oxychlorure d'antimoine.

Cette méthode donne de fort beaux résultats et s'emploie efficacement pour la coloration des feuilles de zinc.

Bronzage.

1. — On frotte les objets à l'aide d'une bouillie de :

Terre de pipe.	10 parties.
Crème de tartre.	1 —
Soude	2 —

Si l'on emploie une solution de vert-de-gris dans le vinaigre, la patine prend un ton brunâtre. Le chlorure de cuivre avec sel d'ammoniaque donne une coloration rougeâtre. Le même sel employé avec du vinaigre donne une coloration jaune brun.

2. — On mouille la surface traitée avec une solution en parties égales de sulfate de fer et de cuivre dans 20 parties d'eau. On laisse sécher et on mouille ensuite avec une solution de 1 partie de vert-de-gris dans 3 de vinaigre. Le zinc acquiert une belle couleur brune, laquelle, au moyen du frottage au rouge anglais, prend une teinte chaude de bronze.

3. — On obtient un bronzage clair, semblable au cuivre, en baignant les objets avec une solution de sulfate de cuivre. On les frotte ensuite quelque temps, sans les sécher, à l'aide de chiffons doux, jusqu'à ce qu'ils deviennent brillants. On répète plusieurs fois l'opération.

En se servant d'une solution de chlorure de cuivre dans l'ammoniaque, on forme, suivant la température du liquide, un bronzage variant du brun clair au brun foncé. Il faut opérer à chaud, séchant et brossant chaque fois qu'on applique une nouvelle couche.

4. — On obtient également de jolis bronzages, en recouvrant de laiton par voie galvanique les objets en zinc, et en les exposant ensuite dans un récipient chargé d'acide carbonique. Au bout d'un certain temps, on obtient une patine verte assez semblable aux bronzes antiques.

CHAPITRE XVIII

RECETTES DIVERSES ET PRODUITS EMPLOYÉS EN GALVANOPLASTIE

Acides.

Acide lactique. — On l'emploie à la préparation des bains aux lactates. C'est un produit obtenu par la fermentation du lait ou par la décomposition du glucose à l'aide d'un ferment.

L'acide lactique du commerce contient 25 pour 100 d'eau. C'est un liquide sirupeux, incolore, inodore et de saveur acide. Il est soluble dans l'eau, dans l'alcool et l'éther, insoluble dans le chloroforme.

S'il est à l'état pur, l'acide lactique ne doit pas se troubler par l'addition de nitrate d'argent. Densité 1.22.

Acide chlorhydrique. — On le trouve difficilement dans le commerce à l'état pur. Il doit être incolore à l'état pur, et de la densité de 1.2.

S'il est impur, il contient généralement de l'acide sulfurique et, parfois, de l'acide azotique et du chlorure de fer, substances qui lui donnent une couleur jaunâtre.

Il est de saveur assez âcre et d'odeur très piquante. C'est pourquoi on le distingue difficilement de l'acide azotique.

Ces deux acides dégagent d'ailleurs des vapeurs jaunes, ce qui, à première vue, les rend fort difficiles à distinguer l'un de l'autre. Dans le cas où deux bouteilles voisines et manquant d'étiquettes, viendraient à créer de l'indécision ou de la confusion chez le praticien, on s'y prendrait de la manière suivante pour les distinguer : On frotterait sur la pierre de touche un morceau d'argent, et l'on toucherait ensuite la trace laissée avec l'un des deux acides à reconnaître. L'acide azotique, en pareil cas, dissoudra l'argent en le transformant en une substance d'un blanc laiteux, tandis que l'acide chlorhydrique n'entraînera aucun changement dans la couleur de l'argent.

Acide azotique. — L'acide azotique ou nitrique porte communément le nom d'*eau forte*, et doit accuser une densité de 36 à 40 B. L'acide azotique du commerce n'a pas toujours une couleur identique. On peut, à cet égard, le classer en trois espèces : 1° l'acide parfaitement incolore ; 2° l'acide jaune paille ; 3° l'acide de couleur rouge plus ou moins foncée. Le premier se prête peu au nettoyage du cuivre et de ses alliages ; il ne contient point d'acide azoteux. Le second contient, en juste proportion, de l'acide azotique et de l'acide azoteux, et c'est celui qui se prête le mieux au nettoyage du cuivre et de ses alliages. Le troisième est assez énergique et attaque vivement le cuivre ; il contient, en proportion notable, du chlore, du brome, ou bien de l'iode.

L'acide azotique est assez vénéneux, et ses vapeurs attaquent fortement les voies respiratoires, de même qu'elles oxydent tous les métaux ordinaires.

Acide sulfurique. — Il est employé en quantité dans les usines où l'on s'occupe de travaux galvaniques. Il est assez lourd, ainsi que l'indique sa densité, qui est de 66° B, avec poids spécifique de 1.850 ; c'est-à-dire qu'un litre de cet acide pèse 1 kil. 850, presqu'autant que deux litres d'eau.

L'acide sulfurique est sirupeux et incolore lorsqu'il est pur. Mais, dans le commerce, il est presque toujours coloré légèrement en jaune, en raison des diverses substances qu'il tient en dissolution.

L'acide sulfurique se purifie, en l'agitant avec de l'huile d'olive, dans la proportion de 5 à 6 grammes par litre. Toutes les substances étrangères véhiculées par l'acide, sont précipitées par l'huile.

Lorsqu'on a besoin de mélanger de l'acide sulfurique et de l'eau, on doit user de précautions et verser lentement l'acide dans l'eau, et non celle-ci dans l'acide.

Acide fluorhydrique. — C'est un liquide incolore de la densité de 0.987. A l'air humide, il répand des vapeurs denses, lourdes, blanches, d'une odeur spéciale et qui provoquent la toux. Cet acide attaque la plupart des corps et, particulièrement, le verre. C'est pourquoi il faut le conserver dans un bocal de gutta-percha ou de plomb, lesquels finissent par le décomposer.

Les manipulations de cet acide doivent être effectuées à l'aide de gants de peau.

Acide tannique. — L'acide tannique s'emprunte aux écorces de certains arbres, tels que le chêne et le châtaignier. Il entre dans la préparation de quelques bains de nickel, et l'on a constaté qu'il facilite le passage du courant. Il a la propriété de coaguler la gélatine et de la préserver non seulement de la putréfaction, mais encore de la rendre insoluble dans l'eau. On donne le nom d'*acide tannique à l'éther*, celui que l'on extrait de la noix de galle au moyen de l'éther sulfurique. Cette dénomination le différencie de l'acide obtenu par d'autres procédés. Quand l'acide tannique est pur, il doit se dissoudre complètement dans l'alcool.

Acide sulfhydrique. — Cet acide, nommé également hydrogène sulfureux, est un des réactifs qui s'emploient en galvanoplastie pour la coloration des métaux ainsi que pour la réduction du nitrate d'argent en sulfure, lequel est très bon conducteur du courant électrique.

L'acide sulfhydrique est un gaz que l'on obtient avec facilité, en opérant un mélange de soufre et de fer dans une bouteille et y versant de l'acide sulfurique dilué.

Acide cyanhydrique ou prussique. — Les amandes du pêcher, du laurier-rose, du laurier-cerise, du cerisier et de l'abricotier contiennent de l'acide prussique et doivent à cette substance leur saveur amère.

C'est un liquide incolore et volatil qui constitue un poison violent. C'est pourquoi on doit user de grandes précautions dans le maniement des divers récipients qui le contiennent, afin d'éviter tout accident regrettable. On le conserve en bouteilles opaques, dans l'obscurité et au frais.

Acide arsénieux (arsenic blanc). — C'est un corps solide, blanc, inodore, âcre, nauséeux, c'est un des poisons les plus violents. On le conserve en bouteilles bien closes, au sec.

Acide acétique. — C'est un liquide incolore, transparent, corrosif, soluble dans l'eau, d'odeur et de saveur très connues ; il dissout la résine et l'albumine.

Acide citrique. — On trouve cet acide dans nombre de végétaux et, spécialement, dans le citron. Il se présente sous forme de gros cristaux et en prismes incolores, translucides ; il est de saveur très acide, soluble dans l'alcool, l'éther et l'eau. Il sert à tempérer l'alcalinité des bains de nickel.

Acide borique. — Corps blanc, d'aspect nacré et brillant, onctueux au tact ; il cristallise en prismes ou écailles peu solubles dans l'eau et déliquescents. Il sert à rendre les vernis plus adhérents aux métaux, et parfois pour acidifier les bains électrolytiques, ainsi que pour les usages photographiques.

Asparagine. — Ce produit se présente en prismes transparents, fragiles, de saveur fraîche et faible ; il est soluble à l'eau bouillante et insoluble dans l'alcool.

On a constaté que l'usage de cette substance est assez avantageux en solution saturée, c'est-à-dire au 5 pour 100, pour les bains de dépôts galvaniques. Ces bains se préparent à l'eau distillée et s'emploient à 70°.

Voici, à ce sujet, les résultats donnés par quelques expériences :

1. — Solution de 0 gr. 2 d'hydrate de cadmium, dans 20 centimètres cubes de solution saturée d'asparagine.

Le mélange est électrolysé avec des anodes de cadmium et des cathodes de cuivre. On obtient facilement, de la sorte, un dépôt blanc et adhérent de cadmium pur ; aucun dégagement de gaz aux électrodes, l'anode demeurant parfaitement nette et brillante.

2. — Solution de 0 gr. 24 d'oxyde de zinc dans 20 centimètres cubes de solution d'asparagine. Anode de zinc et cathode de cuivre ; batterie de six éléments ; dépôt assez satisfaisant ; aucun dégagement de gaz.

3. — Solution de 0 gr. 33 d'oxyde d'argent, dans 20 centimètres cubes de solution d'asparagine. Anode d'argent, cathode de platine ; on obtient un bon dépôt d'argent blanc pur, sans dégagement de gaz.

Le chlorure d'argent est insoluble dans une solution chaude d'asparagine. Avec d'autres oxydes métalliques, on n'a pu obtenir de bons résultats.

Eau régale. — Elle est composée comme suit :

Acide chlorhydrique	2 grammes.
— azotique	1 —

Elle dissout l'or et la platine. On la conserve dans des flacons bouchés à l'émeri et placés à l'abri de toute lumière.

L'or et l'argent peuvent être également dissous, à l'aide d'un mélange d'acide chlorhydrique et d'eau oxygénée.

Amalgamation du zinc par la pile. — On prépare, à cet effet, la composition suivante :

Eau.	100 grammes.
Sulfate de mercure	85 —
Acide sulfurique	15 —
— oxalique.	30 —
Sel d'ammoniaque	35 —

Pile Bunsen perfectionnée. — Ce perfectionnement consiste à remplacer l'eau acidulée dans laquelle le zinc est immergé, par une solution d'environ 15 pour 100 de cyanure de potassium, potasse caustique, sel marin ou sel d'ammoniaque. Le liquide du vase poreux est toujours l'acide nitrique. L'intensité du courant ne doit pas changer ; les zincs n'ont pas besoin d'être amalgamés et leur consommation est moins importante. Ducretet, grâce à une pile de vingt-cinq éléments, put obtenir de bons résultats, en employant du sel d'ammoniaque.

Afin d'éviter le dégagement de vapeurs rouges de peroxyde d'azote qui a lieu dans le fonctionnement de cette pile, il suffit de filtrer l'acide azotique sur des cristaux de bichromate de potasse. La force électro-motrice n'en reste pas amoindrie. Les vapeurs rouges sont éliminées, tout au moins pendant les premières heures.

Altri conseille de recouvrir la pile d'une seule épaisseur de toile légère.

Colles. — *Collage du caoutchouc sur métal.* — On est parfois dans l'obligation d'assembler, au moyen du caoutchouc, des tubes métalliques propres à la circulation des liquides, vapeurs, gaz, etc. En pareil cas, il est indispensable de prévenir toute fuite possible.

La composition suivante donnera pleine satisfaction :

> Gomme laque. . . . . 1 gramme.
> Ammoniaque concentré 10   —

On fait dissoudre à froid la gomme dans l'ammoniaque, ce qui réclame trois ou quatre semaines, temps au bout duquel on obtient un liquide assez limpide, qui ramollit le caoutchouc et permet de l'appliquer sans difficultés sur les joints. L'ammoniaque s'évapore et le caoutchouc durcit, tout en adhérant parfaitement au métal et au bois.

Vernis (résistant aux acides). — On mélange :

> Essence de pétrole. . . . . . . 1.000 grammes.
> Bitume de Judée   14   —

Une seule couche de ce vernis rend les cuvettes et les vases de grès imperméables aux liquides.

Le pétrole et ses dérivés liquides dissolvent bien les substances grasses et la laque, de sorte qu'ils peuvent, pour certains vernis, remplacer l'essence de térébenthine.

Protection du cuivre contre l'oxydation. — On peut le revêtir du vernis suivant :

> Sulfure de carbone . . . . 1 gramme.
> Benzine 1   —
> Essence de térébenthine 1   —
> Alcool méthylique 2   —
> Copal dur . . . . : 1   —

Ce vernis garantit assez bien, surtout lorsqu'on en applique deux ou trois couches.

Eau distillée. — L'eau distillée est le dissolvant, le plus apte à effectuer les diverses solutions connues. L'essai de ce dissolvant s'opère en y laissant tomber quelques gouttes d'une solution de nitrate d'argent ou de chlorure de baryum lesquels ne doivent pas la troubler.

Si l'on ne peut disposer d'eau distillée, il vaut mieux la remplacer par de l'eau de pluie filtrée. Quant à l'emploi de l'eau de source, il est absolument condamnable.

Azotate de mercure. — On le prépare en mettant dans une capsule en porcelaine 50 grammes de mercure et y ajoutant 100 grammes d'acide nitrique à 40°. On chauffe la capsule jusqu'à 100° C, c'est-à-dire jusqu'à la température de l'eau bouillante.

On évitera avec soin, au cours de l'opération, de respirer les vapeurs jaunes, très nocives, qui se dégagent de la capsule. Lorsque ces vapeurs ont totalement cessé de se produire, on retire la capsule du feu et l'on a ainsi l'azotate de bioxyde de mercure à l'état liquide et incolore. Ce produit est employé, avant de passer à l'argenture, à l'amalgamation du cuivre et de ses alliages, opération qui se réalise avec :

Eau.	10 litres.
Azotate de mercure	10 grammes.
Acide sulfurique	20 —

Nitrate d'argent. — Dans 100 grammes d'acide nitrique pur on met 50 grammes d'argent pur lesquels, mis dans une capsule de porcelaine, se feront chauffer à feu doux.

L'argent, en se dissolvant, formera des vapeurs jaunâtres qui, étant pernicieuses comme on sait, ne doivent pas être respirées par l'opérateur. Une fois l'argent complètement dissous, on retire la capsule du feu et on la laisse refroidir durant quelques heures. Enfin, on lave les cristaux à l'eau pour les débarrasser du résidu d'acide, et l'on fait sécher dans l'obscurité.

Sulfure métallique pour niellures. — On fond ensemble une partie d'argent, deux de cuivre et trois de plomb ; on verse le tout dans un bocal en terre cuite contenant du soufre en poudre. Après avoir bouché le bocal, on le secoue vivement, afin que le

métal versé se combine bien avec le soufre ; puis on retire
l'alliage, que l'action du soufre aura déjà contribué à rendre noir,
et on le fond plusieurs fois encore dans un creuset, jusqu'à ce
que le grain se montre égal et bien serré. Réduit ensuite en
poudre et additionné d'une faible dose de borax, on en garnit
les gravures niellées et on fait liquéfier au feu ; enfin, on lime
et on polit.

On peut remplacer la fusion répétée que l'on vient de décrire
par un procédé différent, qui consiste à réduire en limaille
l'alliage des trois métaux, en les refondant ensuite avec une
égale quantité de soufre. Dans ce but, on opère lentement, dans
un creuset bien clos, afin que le soufre ne s'enflamme pas.
On obtient de cette façon un mélange parfaitement homogène.

Nettoyage des récipients en verre. — Les appareils en verre
utilisés dans les laboratoires, sont ordinairement assez difficiles
à nettoyer. Pour effectuer cette besogne avec succès, il faut y
employer des substances oxydantes. La recette suivante est
recommandée pour cet usage :

        Eau   5
        Bicarbonate de potasse   2
        Acide azotique ordinaire 1

Les bouteilles destinées à contenir de la résine, se nettoient à
l'aide d'une lessive caustique et ensuite à l'alcool. Les bocaux
ayant contenu des essences, se lavent à l'acide sulfurique et
ensuite à grande eau.

Les récipients contenant des matières grasses se lavent à la
benzine ou au permanganate de potasse ; il se forme alors du
peroxyde de manganèse hydraté, mais en y ajoutant de l'acide
chlorhydrique fort, il se dégage du chlore qui décompose la
matière organique et permet le lavage à l'eau.

Or liquide. — On l'emploie à tracer des dessins ou des inscriptions sur des armes, des ciseaux, des couteaux, canifs, etc...
On se sert, pour cela, d'une plume d'oie ou d'un pinceau très
fin. Ce procédé, qui contribue également à la décoration de
l'acier et d'autres métaux (damasquinage) permet à l'or d'adhérer

assez facilement. On chauffe les objets afin de faciliter cette adhérence. Voici, du reste, les détails de l'opération :

On fait dissoudre dans l'acide nitrique du sel d'ammoniaque de manière à l'amener à saturation, c'est-à-dire inapte à en dissoudre davantage. Après avoir extrait de l'acide l'excès d'ammoniaque y contenu, on y jette de l'or pur réduit en paillettes. Cet or se dissoudra en peu de temps, surtout si l'on place le récipient sur un feu doux.

A cette solution, on ajoute environ le double d'éther sulfurique, opérant avec précaution, dans un récipient assez grand et clos. On évitera avec soin d'effectuer cette opération auprès du feu ou d'une flamme quelconque, afin de ne point provoquer la conflagration de l'éther.

On agite le tout afin de mélanger intimement les deux liquides, et on laisse reposer. Après quelque temps, l'éther se sépare de l'acide et se porte à la surface de ce dernier, véhiculant avec soj tout l'or, chose que l'on pourra constater par la couleur jaune que prend l'éther, alors que l'acide, au contraire, se décolore complètement. A ce moment, il faut séparer les deux liquides, étant donné que, seul, l'éther est aurifère. Pour effectuer cette opération, on met le liquide dans un entonnoir en verre muni d'un robinet, et lorsque l'acide paraîtra visiblement séparé de l'éther sulfurique, on ouvrira le robinet, ayant soin de le fermer dès que tout l'acide se sera écoulé, de telle sorte que, dans l'entonnoir, il ne reste plus que l'éther sulfurique aurifère, que l'on conservera dans un flacon bouché à l'émeri.

Avec cet or liquide, on peut exécuter, comme il a été dit, des dessins et inscriptions sur métal, en ayant soin, au préalable, de bien nettoyer et dégraisser le métal. L'éther se volatilise peu après, abandonnant sur le métal une couche d'or. L'objet doit être alors porté au feu, afin d'activer entre les deux métaux la parfaite cohésion moléculaire.

L'opération une fois terminée, on pourra brunir la partie dorée que l'on vient d'obtenir de la sorte.

Cyanure d'or. — Pour obtenir le cyanure d'or, on dissout deux grammes de chlorure d'or cristallisé dans 100 grammes d'eau distillée. Dans un autre récipient, on dissout 10 grammes de cyanure de potassium à 98° B. dans 50 grammes d'eau distillée. Versant cette seconde solution, tout doucement, dans la première, et mélangeant sans discontinuer le liquide, il se formera un précipité de couleur jaune-citron qui est le cyanure d'or. Il faudra néanmoins, pendant quelques heures, laisser la solution dans un absolu repos. Le cyanure d'or que l'on obtiendra ainsi devra être recueilli dans un filtre en papier et lavé abondamment à l'eau distillée.

Remarquez bien qu'il ne faut pas verser dans la première solution toute la seconde contenant le cyanure de potassium (10 grammes) mais seulement la quantité nécessaire pour faire précipiter tout l'or à l'état de cyanure. Le liquide obtenu par la filtration indiquée ci-dessus, ne devra pas être uni à l'eau de lavage du cyanure d'or, mais lavé auparavant pour examiner, au moyen d'autre cyanure de potassium, s'il contient encore quelque trace d'or, lequel, en pareil cas, devrait, à son tour, être précipité.

Chlorure d'or. — On l'obtient en dissolvant de l'or pur dans l'eau régale. On a de la sorte du sesquichlorure d'or, lequel, récupéré par la chaleur et chauffé à une température d'environ 230° — ce qui se réalise en immergeant le creuset qui contient le sesquichlorure dans un bain d'étain fondu — se transforme en chlorure et peut être employé directement, ou bien on lui fait subir un lavage préalable pour le débarrasser du chlorure de cuivre auquel généralement il se trouve mélangé.

Chlorure d'étain. — On l'obtient en faisant fondre à chaud de l'étain granuleux dans l'acide chlorhydrique pur. A 70° Baumé, on le reprend et le transforme en masse cristalline, après refroidissement.

Chlorure de platine. — La préparation de ce produit est semblable à celle du chlorure d'or ; cependant l'eau régale devra être modifiée comme suit : 5 parties d'acide chlorhydrique et 3 parties d'acide nitrique.

Cyanure d'argent. — Le cyanure d'argent se prépare en mettant de l'acide cyanhydrique dans une solution d'azotate d'argent (nitrate). Le précipité qui se forme doit être recueilli dans un filtre et lavé à plusieurs reprises ; ensuite de quoi on le conserve humide en flacon de verre opaque, attendu que la lumière le décompose. Le cyanure d'argent est soluble dans le cyanure de potassium, avec lequel il forme un double sel de cyanure double d'argent et de potassium.

Cyanure de potassium. — C'est une combinaison d'acide cyanhydrique et de potasse. A l'état sec il est incolore, d'une saveur âcre, amère et alcaline, et laisse un goût d'amandes. On doit le conserver dans des flacons parfaitement secs, clos à l'aide de bouchons en verre. Ce produit est de fabrication aisée.

Chlorure d'argent. — Ce produit est insoluble dans l'eau et les acides, mais très soluble dans l'ammoniaque liquide, le cyanure, les hyposulfites et les sulfites alcalins. On le prépare au moyen d'une solution de sel marin ou d'acide chlorhydrique, dans une autre solution de nitrate d'argent, jusqu'à ce qu'il ne se forme plus de précipité blanc caséeux, qui est le chlorure d'argent. Ce produit, ainsi obtenu, devra être recueilli dans un filtre et lavé à diverses reprises pour le dépouiller de sa partie acide. On le conserve en flacons opaques, en raison de la décomposition que la lumière pourrait lui faire subir.

La confection de ce sel doit être effectuée en plein air, à cause des vapeurs nocives qu'il dégage.

Cyanure de cuivre. — Ce sel se dissout bien dans le cyanure de potasse, avec lequel il contribue à former des bains alcalins employés au cuivrage du fer, de l'acier, de la fonte, du zinc et autres métaux qui peuvent être attaqués par les acides.

Il est préférable, pour la préparation de ce produit, d'avoir recours à l'électrolyse, en faisant passer un courant dans une solution de cyanure de potassium, et employant des feuilles de cuivre comme cathode et anode, par courant assez fort.

Ammoniaque. — L'ammoniaque n'est pas autre chose que du gaz ammoniacal dissous dans l'eau; celle-ci peut en contenir 500 fois son propre volume, c'est-à-dire qu'un litre d'eau peut dissoudre 500 litres de gaz ammoniacal.

L'ammoniaque a une densité qui varie de 22 a 29° de l'aréomètre Baumé. L'ammoniaque du commerce titre habituellement 24°. C'est une substance alcaline incolore, d'une odeur très piquante. Une bande de tournesol, rougi par n'importe que acide, reprend sa couleur primitive, si on l'immerge dans l'ammoniaque.

Bicarbonate de soude. — C'est un sel de couleur blanche et d'aspect non cristallin. Il est doué de réaction alcaline et on l'emploie pour raviver la couleur de la dorure et de l'argenture.

Dans l'industrie, le bicarbonate de soude est employé à un grand nombre d'usages.

Borate de soude. — Ce produit est employé dans le soudage des métaux entre eux, en raison de la propriété dont il jouit de dissoudre la plupart des oxydes qui se forment lentement sur les métaux par l'action des agents atmosphériques.

Bitartrate de potasse. — On emploie avantageusement ce sel à la préparation de certains bains destinés au blanchiment de l'argent. Il est doué de réaction acide et est peu soluble dans l'eau.

Sulfate de cuivre. — Dans le commerce, on trouve assez difficilement ce sel à l'état pur, car il contient en général du fer et d'autres substances étrangères.

Il est de couleur bleu-clair et se cristallise sous forme de prismes rhomboïdaux. Il est assez soluble dans l'eau, surtout si celle-ci est acidulée à l'acide sulfurique. On l'emploie à la préparation des bains galvanoplastiques, mais à la condition qu'il soit pur ou qu'il ne contienne pas plus de 2 pour 100 de fer. *Épreuve :* on dissout, dans un verre d'eau pure, une pincée du sulfate de cuivre soumis à l'examen, et réduit en poudre, puis on y ajoute quelques gouttes d'ammoniaque. Si le sulfate est pur, il apparaîtra sous la belle couleur bleu-violet du sulfate de cuivre ammoniacal ; si, au contraire, il contient du sulfate de fer, il se produira une coloration bleu sale et foncée qui deviendra graduellement plus claire, tandis qu'une substance floconneuse, de couleur bleu-noir, se déposera au fond du verre : le liquide qui reste au-dessus prendra alors la belle teinte bleu-violet relatée ci-dessus.

En versant du lait de chaux dans une solution de sulfate de cuivre au 10 pour 100, on obtient un précipité azur rouille, qui se transformerait en blanc sale, si le sulfate contenait du zinc.

Enfin, si l'on est en présence du sulfate de cuivre pur, le lait de chaux donne un précipité bleu de ciel.

Sulfate de fer. — C'est un produit couleur vert de mer, qui cristallise comme le sulfate de cuivre. Il est employé à la précipitation de l'or des solutions acides. L'or que l'on précipite de la sorte, se présente sous forme de poudre de couleur brune.

Sulfate de nickel. — Le sulfate de nickel impur contient presque toujours, en plus ou moins grande quantité, du fer et du cuivre, et parfois même d'autres métaux. Il est de couleur émeraude et cristallise sous forme de prismes rectangulaires.

La présence du cuivre et du fer se reconnaît de la manière suivante. On fait une solution de sulfate de nickel et on y ajoute de l'ammoniaque par excès, de façon à transformer la coloration verte en bleu-violacé. Si la solution contient du fer en abondance, il se formera aussitôt un précipité rouge rouillé ; s'il n'en contient seulement que 1 ou 2 pour 100, le précipité se formera au bout de quelques heures.

La présence du cuivre se constate comme suit. A cette solution de sulfate de nickel dans l'eau ordinaire, on ajoute quelques gouttes d'acide sulfurique, de manière à la rendre sensiblement acide. Dans cette nouvelle solution, on agite une petite lame de fer, bien nettoyée, laquelle ne devra pas changer de couleur si le liquide ne contient point de cuivre. Au cas contraire, au bout de quatre ou cinq minutes, on observerait la formation d'une mince couche de cuivre sur la lame de fer.

Pour la préparation des bains de nickel, il est indispensable que le sel de nickel soit de la meilleure qualité, c'est-à-dire chimiquement pur, faute de quoi les dépôts de nickel ne présenteraient pas les conditions voulues d'adhérence et d'éclat.

Sulfate de nickel ammoniacal. — Il se compose d'une partie de sulfate de nickel et d'autant de sulfate d'ammoniaque. On le trouve tout préparé dans le commerce, sous le nom de sulfate de nickel double. Il faut le dissoudre dans l'eau chaude, en raison de son peu de solubilité à l'eau froide.

Sulfate de zinc. — On obtient le sulfate de zinc en faisant réagir de l'acide sulfurique sur le zinc. En effet, dans les piles électriques où le zinc plonge dans l'eau acidulée, avec addition d'acide sulfurique, après quelques jours d'opération on trouve au fond du vase, sur les parois et même à la surface du zinc, un sel blanc, semblable, pour la forme, au sulfate de soude et à celui de magnésie. C'est du sulfate de zinc. C'est un sel de saveur âcre, métallique, très soluble dans l'eau

Sulfure de carbone. — Le sulfure de carbone est un liquide assez volatif et inflammable.

C'est un liquide assez lourd, d'odeur désagréable, quelque peu comparable à celle du chou putréfié. Il dissout les résines, le caoutchouc, la gutta-percha, le soufre et le phosphore.

Acétate de plomb. — On donne également à ce sel le nom de sel de Saturne. C'est un corps d'apparence cristalline, incolore, ressemblant quelque peu au sucre. Il doit se dissoudre complètement dans l'eau distillée ; au cas où cette solution ne se réaliserait point, on ajouterait une faible quantité d'acide acétique.

Acétate de cuivre. — Il se présente sous la forme de cristaux de couleur vert foncé, solubles dans l'eau. Le vert-de-gris ordinaire, en petites feuilles ou en poudre, est de couleur verdâtre et contient beaucoup de cuivre ; il n'est pas soluble dans l'eau, mais dans l'acide acétique dilué, et forme alors le même liquide que l'on obtient par la solution du vert-de-gris cristallisé.

Antimoine. — La meilleure qualité de ce métal est celle qui porte le nom d'antimoine étoilé. On le reconnaît à son apparence blanchâtre et aux traces de structure cristalline, assez semblables à des feuilles de fougère.

Amalgame d'or. — Pour le préparer, on chauffe du mercure pur, environ à 200° c., et on y introduit l'or en rubans ou en feuilles ; ce métal est vivement dissous et se convertit alors en amalgame.

Chaux caustique ou chaux vive. — La meilleure qualité est de blancheur parfaite et, après avoir été éteinte et détrempée, se réduit, mélangée à de l'eau, en une sorte de crème. Les particules sablonneuses qu'on y remarque sont de la silice. La chaux se conserve dans des récipients en terre hermétiquement clos ; l'humidité l'altère et peut même provoquer la rupture du récipient.

Mercure. — Quand le mercure est pur, il est brillant et ne laisse paraître aucun résidu tandis qu'on le verse, tout doucement, d'un vase dans un autre. Il se volatilise complètement en le chauffant. On le conserve dans de forts bocaux, en évitant de le laisser en contact avec d'autres métaux, à part le fer, la platine et l'aluminium.

Nickel. — Ce métal est toujours allié à la silice et au carbone, qui forment un résidu de poudre noire, quand on dissout le nickel dans un acide. Cette poudre noire, fondue avec du salpêtre, produit un mélange de silicates et de carbonates de l'alcali. Souvent, le nickel contient du cuivre. Pour en constater la présence, on dissout le nickel à l'eau régale, réduisant ensuite la solution à un faible volume par évaporation. On dilue cette solution avec de l'eau et on y ajoute de l'eau sulfhydrique ; si, alors, il ne se forme aucune vapeur noirâtre, c'est un indice certain que le nickel ne contient point de cuivre.

Étain. — Ce métal se présente quelquefois allié au plomb.

Pour découvrir la présence du plomb dans l'étain, on découpe celui-ci en fragments aussi réduits que possible, et on les fait dissoudre dans l'acide nitrique chaud et dilué. On fait évaporer le liquide clair, en le réduisant sous un faible volume, puis on le dilue avec de l'eau et on y ajoute de l'eau sulfhydrique. Si l'on obtient un précipité noir, ou si le liquide noircit, cela signifie qu'il y avait du plomb dans l'étain.

FIN

TABLE DES MATIÈRES

CHAPITRE V

Dorure.

CHAPITRE VI

Argenture galvanique.

CHAPITRE VII

Nickelage.

CHAPITRE XIII

Plombage.

CHAPITRE XIV

Zingage.

CHAPITRE XV

Antimonage et autres métaux.

CHAPITRE XVI

Alliages.

CHAPITRE XVII

Coloration des métaux.

CHAPITRE XVIII

Produits employés en galvanoplastie.

Publications récentes

DE LA LIBRAIRIE

BERNARD TIGNOL

Librairie Scientifique, Industrielle et Agricole

ACQUÉREUR DES PUBLICATIONS DE LA

Librairie de l'École Centrale des Arts et Manufactures

53 bis, quai des Grands-Augustins, Paris

TÉLÉPHONE : 823-28.

LES AÉROPLANES

Historique, Calcul et Construction des Aéroplanes

Par H. de GRAFFIGNY

DEUXIÈME ÉDITION

Un beau volume in-8°, avec figures et planches dans le texte, 4 planches hors texte en phototypie. — Prix . . . . 4 fr.